협업과 창의적 조직
- 협업은 어떻게 창의적 조직을 만드는가?-

강상목 · 박은화

法 文 社

머 리 말

오늘날 조직이 직면하는 문제들 가운데 너무 복잡해서 개인이나 한 조직이 해결하기 어려운 사건들이 많이 발생한다. 이를 해결하려면 다양한 분야의 전문지식이 필요하고 여러 사람과 여러 조직들이 함께 머리를 맞대어야 가능하다. 조직은 구성원들의 집합체로서 구성원들이 소속된 조직의 일원으로 개인적으로 자기 업무를 잘 수행하는 것도 중요하지만 조직의 공동업무에 효과적으로 참여하고 좋은 아이디어를 내고 기여하는 것도 동시에 중요하다. 사람의 모임인 조직에서 공동의 업무를 수행할 때 가장 중요한 요소가 의사소통과 친밀한 관계 형성이다. 아무리 뛰어난 구성원들로 팀을 구성하더라도 서로 소통이 안 되고 융합이 되지 않으면 그 팀의 공동업무는 원활하게 진행되기 어렵다. 본서에서 제시하고자 하는 협업의 핵심은 어떻게 협업을 하면 조직의 집단창의성이 효과적으로 나타나서 성과를 높이는 데 기여할 수 있느냐하는 점이다. 협업은 단순한 개인들의 집합이 줄 수 없는 상호작용에서 나오는 시너지 효과가 있다. 따라서 현장에서 발생하는 다양한 문제를 반영할 수 있고 미숙한 아이디어를 보다 완전하게 만들어 줄 수 있어서 조직의 생산성을 크게 향상시킨다고 알려져 있다.

최근 이러한 협업의 필요성이 많이 대두됨에 따라서 여기저기 협업을 이야기하고 이를 적용하려는 시도는 많이 이루어지고 있으나 언제, 어떤 문제가 정말 협업이 필요한 사안인지 여부의 판단도 제대로 이루어지지 않은 상태에서 이루어지는 사례도 많다. 심지어 협업이란 용어를 정확히 이해하지 못한 상태에서 상대방이나 상대기관과 같이 논의하거나 같이 진행해야 할 일들이 발생하면 협업을 언급하는 사례도 발생하고 있다. 무엇보다 염려스러운 점은 협업의 원리를 제대로 이해하지 못한 채로 협업을 하겠다는 시도가 많이 일어나고 있다는 것이다. 협업은 나의 의도와 목표만 가지고 진행되는 것이 아니라 상대가 있어서 서로 호흡을 맞추어 나가야 하는 것이기 때문이다. 실제 기존에 존재하는 협업 관련 서적들은 많지만 그 대부분은 협업을 하자는 필요성과 목적을 설명한 정도에 그치고 있다. 또한 협업의 부분 주제에 대한 글들은 많이 나오고 있으나 비슷한 주제에 대해서도 서로 상반된 주장들이 들어 있기도 하다. 무엇보다 협업을 효과적으로 진행시키기 위해서 갖추어야 할 참여자의 자질이나 조직의 문화, 각자의 역할, 회의 방식, 아이디어 교환, 협업의 과정과 구조 설계 등 어떻게 협업을 해야 하느냐에 대한 구체적인 지침을 제공하고 방법론을 제시한 책은 찾아보기 어렵다.

본서는 협업의 원리를 조직에 적용해 보고자 시도하는 사람들에게 기초적인 방법론을 제시하는 데 그 의미를 두고 있다. 나아가 협업을 통하여 보다 나은 대안과 아이디어들을 효과적으로 발전시켜 나갈 수 있는 방안을 소개하고자 집필하게 되었다. 특히 저자들은 국내의 다양한 조직에 근무해 본 경험이 있고 외국기업에도 근무한 경험이 있다. 즉, 직접 조직 내에서 여러 사람들과 접촉하면서 공동 과업을 수행해 본 다양한 경험이 있다. 또한 학교에서 연구를 통해서 협업을 수행한 경험들과 학생들에게 강의하고 지도하면서 향후 일하게 될 조직에 필요한 협업의 원리를 알려주고 싶은 필요성을 절감하면서 이 책을 집필하게 되었다. 본서가 중점을 두고자 했던 점들은 다음과 같다.

첫째, 협업의 결정요소들을 열거하고 그 중에서 중요한 협업의 문화, 협업의 리더, 협업팀의 창의력과 협업팀의 성과를 높일 수 있는 네트워크의 구축 및 협업팀의 운영과정과 구조 등 협업의 각 단계에서 필요한 원리를 소개하는 것이다.

둘째, 본서는 협업에 관한 여러 사례를 통하여 원리를 설명하고자 노력하였고 협업팀에서 중요한 아이디어를 도출하는 과정, 네트워크의 중요성과 활성화를 강조하였다.

셋째, 각 장마다 실제 우리 일상에서 일어났던 협업의 사례들을 각 장의 마지막 부분에 제시하여 생활 속에 협업들을 접할 수 있도록 하였다.

협업의 방법론은 정부와 민간조직을 포함한 다양한 조직에 적용가능하다. 본서에서는 주로 비즈니스를 담당하는 기업을 중심으로 설명하고자 하였다. 그러나 이는 정부와 공기업, 기타 비영리기관 등 공동의 목표를 중심으로 함께 일하면서 보다 높은 성과를 달성하고자 하는 모든 조직에서 활용이 가능하다.

본서를 집필하는 과정에서 많은 분들의 도움이 있었다. 본서를 집필하게 된 동기를 부여한 글로벌경제컨설팅 계약학과의 석박사 대학원생들은 실제 기업에서 일을 하면서 학위과정을 배우는 학생들로서 자신들이 근무처에서 발생하는 다양한 애로 사항과 현실을 알려주었고 이를 함께 논의하는 과정에서 좋은 아이디어들도 얻을 수 있었다. 실제 수업에서 협업의 원리를 열심히 경청해준 글로벌경제컨설팅 과정의 대학원생들에게 감사드린다. 또한 이 책의 출판을 흔쾌히 맡아주신 법문사의 사장님 이하 편집을 맡아 주신 배은영님, 권혁기님에게도 감사를 드린다. 특히 배은영님은 세심하고 꼼꼼한 교정과 지적으로 책의 완성도를 높여 주었다.

책을 집필하는 데 많은 시간을 투입하였으나 많은 부분이 아직 미흡함을 절실히 느끼고 있다. 이번 집필은 협업의 원리를 소개하는 데 중점을 두었다. 앞으로 새로운 부분들을 보완할 수 있는 기회를 마련하도록 할 것이다. 아무쪼록 이 분야에 관심이 있거나 조직에 몸담고 있으면서 인간관계와 협업의 어려움을 느끼고 있는 분들에게 좋은 지침이 되어서 직면한 문제들을 해결하는 데 도움이 되는 책이 되기를 희망한다.

2018년 4월

저자일동

차 례

제1장

협업의 목적과 협업정신

제1절

협업의 필요성과 목적

1. 협업의 필요성과 목적

개인으로서 인간은 불완전하고 많은 실수를 하는 존재이다. 인간은 혼자 일할 수도 있고 여러 사람들의 집합체인 조직에서 일할 수도 있다. 그런데 인간은 사회적 동물이기 때문에 사람들과 접촉을 통하여 서로 교류하며 함께 일해야 하는 존재이다. 혼자일 때 인간은 불완전하기에 미래는 불확실하고, 하는 일이 상대와 관련되어 있기에 자신이 하는 일이 자신과 상대를 만족시킬 수 있는 일인지 확신을 가지기는 어렵다. 또한 좋은 아이디어를 가지고 있더라도 이를 추진하는 과정에서 그 아이디어가 원하는 대로 추진되기도 어렵고 그대로 실현되기도 쉽지 않다. 개인은 불완전하기 때문에 다른 사람의 조언과 도움이 필요하고 서로 함께 일을 처리하는 협업이 필요하다. 우리가 흔히 사용하는 속담 중에 한 명의 천재보다는 두 명의 평범한 사람이 함께 일하는 것이 더 낫다라는 속담이 있다. 혼자는 자신의 잘못을 잘 알지 못하고 보다 나은 방법을 찾아내기가 어렵다. 그러나 둘 이상이 함께할 때 각자는 다른 사람의 일의 실수나 잘못을 알아볼 수 있고 지적해 줄 수 있기 때문에 보다 나은 방법을 찾아갈 수 있다.

개인들은 자신이 진행하는 일이 불완전하기에 불안감을 갖는다. 일을 진행하는 중간에 어설픈 일이 진행되고 있는 것을 다른 사람에게 보여주기를 두려워한다. 따라서 어떤 사람들은 자신이 잘 할 수 없는 불완전한 일은 하고 싶어 하지 않거나 다른 사람에게 그런 모습을 보여주고 싶어 하지 않는다. 그 어떤 사람도 불완전하고 어설픈 자신의 일로 비난과 비판받기를 원하지 않기 때문이다. 아직 완료되지 않은 일에는 항상 실수가 있게 마련이고 이는 다른 사람에게 우습게 보일 수도 있다.

인간은 본성적으로 자신의 우수성을 남들에게 보여주고 싶어 하는 존재이다. 자신의 우수성은 남들보다 나은 새로운 아이디어에 대한 영감을 얻어서 제시하는 것이다. 아이디어의 우수성을 보여주기 위하여 남들이 보지 못하게 조용한 곳에서 혼자서 오랫동안 작업을 준비한다. 아직 완성되지 않은 일을 다른 사람들이 본다는 것은 불안할 수 있고 자신이 우수한 인간이 아니라고 평가될 수도 있다. 또한 그 작업을 보고서 완성되지 않은 실수들을 보고 비웃을 수도 있을 것이다. 이런 불안감 때문에 인간은 조용히 혼자 숨어서 일하고 숨어서 혼자 실수를 수정해 나간다. 그러면 아무도 자신의 실수를 볼 수 없고 완성된 일을 다른 사람들이 보면 모든 것이 완벽하여 사람들이 자신의 일에 감동하고 우수성을 인정하게 된다는 것이다. 또한 자신이 중간에 아이디어를 다른 사람과 공유하면 다른 사람이 그 아이디어를 이용하여 다른 작품이나 다른 일들을 먼저 발전시킬 수 있다는 두려움이 존재하기 때문이다. 특히 이러한 현상은 경쟁사회에서 남들보다 더 나은 일과 작품을 만들어내야 인정받을 수 있고 보다 나은 자리를 차지할 수 있기 때문에 좋은 아이디어나 지식을 공유하여 같이 일하려 하지 않는 태도가 종종 조직에서 나타나고 있다.

그러나 혼자서만 일하고 다른 사람과 함께 일하지 않는다면 자신이 하는 일이 어디로 가고 있는지 어떤 문제가 있는지 잘 모를 경우가 있고 자신이 고려하지 못한 사항으로 인하여 실패할 위험도 증가하게 될 것이다. 또한 이는 다른 사람의 경험과 지식을 공유하지 못하므로 보다 빨리 배우고 더 빨리 성장할 수 있는 가능성을 잃어버리는 것이 될 수 있다. 만약 혼자 일을 한다면 그 일의 속도도 더디게 진행되기에 아이디어를 세우는 동안 세상에는 이를 구현한 일들이 일어나서 자신이 만들고자 하는 제품이 이미 쓸모없는 아이디어가 될 수도 있다. 현실에서는 거의 대부분의 영역에서 경쟁이 너무 치열한 사회분위기로 인하여 좋은 아이디어를 가진 사람은 이를 다른 사람과 공유하려 하지 않고 혼자 일을 추진하거나 연구하려 한다. 이 과정에서 일어나게 되는 많은 실수가 있다고 하더라도 이를 숨기고 모든 과정이 순조롭고 명확하게 진행되었던 것으로 보이는 결과물을 발표한다. 그런데 이런 결과물이 때로는 우리 사회에 무익한 결과물에 불과한 것으로 드러날 때가 많다. 이미 다른 누군가가 고민하여 만들어 놓은 것과 거의 동일하거나 그렇게 사회에 유익한 것이 아닌 경우가 비일비재하다. 이렇게 혼자 많은 고민을 한 결과물들이 쓸모없고 시간낭비로 버려지는 것은 너무 안타까운 일이다.

오늘날 세계는 너무 복잡하게 엮여 있는 문제들이 일어나기 때문에 혼자 힘으로 자신만이 최고라는 생각으로 문제를 해결하려 하면 문제는 해결될 수 없게 된다. 가령, 전기, 전화기, 비행기, 스마트폰 등 문명의 이기를 발명한 사람들을 우리는 잘 알고 있지만 이 발명가들은 사실 혼자서 작업한 것이 아니다. 그 뒤에 많은 사람들이 동일한 생각을 하고 있었고 이들이 이전의 작업에 근거하여 하나의 방점을 찍은 것이다. 역사적으로 보면 위대한 발견이나 발명은 대부분 여러 사람이 협업collaboration을 통하여 이루어 낸 것들이라 할 수 있다. 위대한 발견이나 발명으로 알려진 인물 옆에는 항상 함께하는 많은 사람들이 있었던 것이다. 콜럼버스가 신대륙을 발견하였다고 알고 있지만 콜럼버스가 이룬 신대륙발견은 범선을 타고 함께한 많은 사람들이 있었고, 에디슨이 발명한 전기도 에디슨과 함께 하였던 실험실에 팀원들이 있었던 것이다.

좋은 아이디어를 숨기고 아무에게도 보여주지 않고 혼자서만 하게 되면 초기부터 많은 결함을 지니기 쉽고 보다 많은 시행착오를 거치게 될 확률이 높아진다. 자신의 아이디어나 일의 방향이 올바른지, 고려하지 못한 사항은 없는지 먼저 확인해야 한다. 초기 단계에서 많은 피드백을 얻어야 더 큰 실수를 줄일 수 있다.

또한 혼자서 일을 한다는 것은 더 오랜 시간이 걸리고 매우 힘든 과정이 된다. 혼자서 일을 하다가 일이 진행되지 못하여 딜레마에서 빠져 나오기까지 많은 시간을 소비한 적이 없는가? 누군가가 옆에서 진퇴양난에 빠진 자신을 발견하고 그 실수를 찾아내서 해결방안을 지적해 줄 때, 감사함을 느낀 적은 없는가? 사람들은 각자 다른 관점을 가지고 있어서 차이가 있고 다양하지만 일의 완벽성을 위해서는 그 추진된 일이 흠이 적고 보다 나은 발명이나 결과물이 되려면 상이한 관점에서 발생할 수 있는 결함을 보완하는 것이 필요하다.

다른 사람과 직접 협업을 하게 되면 이러한 다양한 지식을 함께 공유하는 것이고 나의 눈을 보완해 줄 수 있는 다른 눈이 중요하다는 것을 인식하게 된다. 항상 어떤 프로젝트이든 간에 계획과 다르게 예상하지 못한 돌발상황이나 오류가 등장하기 마련이고 의도하지 않은 일들이 앞을 가로막는 경우가 등장하게 된다. 이런 경우 최초의 계획이나 일의 방향을 수정해야 한다는 것을 알기 위해서는 그 일에 필요한 다양한 분야의 지식을 가진 사람들이 관여해야 가능하다. 이들은 계획이 수정되어야 한다는 점을 혼자일 때보다도 더 잘 인식하고 어떻게 수정이 되어야 할지 그 방향도 더 잘 제시해 줄 수 있을 것이다.

다양한 시각을 가진 사람들을 함께 꾸준하게 협업하게 하는 방법은 이들이 팀을 구성하여 일하게 하는 것이다. 우리 속담에 사공이 많으면 배가 산으로 간다는 얘기가 있지만 리더가 있고 사람 간에 협력이 잘되는 팀이라면 다양한 시각으로 보기 때문에 추진하는 일이 실수가 적고 보다 나은 방향으로 진행되는 것이다. 혼자서 모든 것을 이루어낸 사람은 거의 존재하지 않는다. 이 세상을 바꾼 위대한 업적에는 항상 협업이 존재하였고 이를 뒷받침하는 팀들이 존재하였다는 사실이다. 팀은 협업을 뒷받침하는 중요한 단위조직이다. 세상의 위대한 발견이나 발명 뒤에는 항상 그들과 함께하며 생각을 나누고 영감을 공유한 팀원들이 함께하고 있었다는 사실이다. 여기서 알아야 할 사실은 협업이 팀을 구성하여 함께 일하였을 때 그들이 이룬 성과는 각 개인들이 각자 일했을 때 이루어낼 수 있는 일들보다 더 크고 위대한 업적이 되었다는 것이다. 즉, 팀이 이룬 전체는 각 개인들을 단순하게 합친 것 보다 크다는 사실이다. 좋은 협업이 이루어지는 팀은 조직성공의 핵심요소이다. 조직 내에서 협업만이 복잡하게 일어나는 문제에 대처할 수 있고 다양한 욕구를 지닌 소비자를 만족시킬 수 있는 길이 될 것이다.

한편, 전문화와 분업화를 통하여 대량생산과 업무의 발전을 도모하였던 산업사회는 지식에 기초한 사회, 디지털정보로 연결된 사회로 접어들면서 업무의 방식이 바뀌고 있다. 과거에는 분업화를 통한 전문화가 대세였다고 할 수 있다. 산업사회에서는 각 부서를 나누고 각 부서에서 각자 자신의 주어진 임무만 충실히 수행하면 되는 업무방식이었다. 이러한 산업사회에서는 각 부서 간에 성과를 비교하고 부서 내 개인 간에 업무의 성과를 비교하여 유인과 보상을 주기 때문에 부서 간에, 개인 간에 경쟁이 치열하였다. 즉, 개인들과 부서들 간에 협업을 하기 어려운 경쟁 조직의 구조였다.

그러나 오늘날 모두가 온라인으로 서로 연결되어 있는 디지털 시대에는 조직 간의 높은 벽을 허물고 지식의 공유와 융합을 통하여 협업하는 것이 보다 높은 성과를 거둘 수 있는 업무방식이 되고 있다. 더욱이 복잡다기한 사회문제는 한 부서만으로 대체하기에는 너무 다양한 전문지식이 요구되고 있다. 따라서 공유와 융합의 시대에 필요한 인재는 협업할 수 있는 사람이다. 올바른 협업은 각자 개인들이 일하는 것보다 훨씬 높은 생산성과 성과를 가져다 주기 때문이다. 이제 사람들은 반드시 다른 사람들과 함께 일해야 한다. 비전을 공유하고 생각을 교환하여 토론하며 다른 사람에게 배울 수 있는 것들은 배워야 한다. 멋진 팀을 만들어 협업을 할 수 있어야 한다. 그러므로 협업의 궁극적인 목적은 조직이 지금보다 나은 생산성과 성과를 달성하기 위함이다. 우리는 혼자가 아니라 서로 힘을 합쳐서 일할 때 더 많은 일들을 성취할 수 있다. 물론 협업에 적합한 파트너를 만나기는 쉽지가 않다. 그러나 일을 하다보면 서로 잘 맞는 사람을 만날 수 있고 그렇지 못한 사람을 만나더라도 좋은 친밀한 관계로 이끌어 가기 위해서 노력해야 한다. 모르는 사람도 서로 함께 일을 하다보면 의외로 잘 맞는 사람도 있기 마련이다.

2. 협업과 유사한 개념 비교

자연계의 동물들도 서로 협력하여 생활한다. 사람은 개미와 벌들보다 더 서로 도와가면서 살아간다. 서로 도우면서 살아가는 것은 인간사회에서 일상적인 삶의 모습이다. 인간은 이기적인 존재이면서 또한 이타적인 존재이다. 인간은 사회공동체의 전체 이익을 지향하면서 그 속에서 자신의 이익도 함께 추구해 나간다. 사회 전체 이익을 도외시한 채 자신만의 이익을 추구하는 인간은 사회에서 비난을 면치 못하고 지탄의 대상이 되며 사회의 제재를 받기도 한다. 사회 전체의 이익 추구는 모두의 이익을 위한 것이므로 사회 구성원 모두를 유익하게 하는 것이 불가능한 것은 아니다.

그 동안 우리 사회는 너무 경쟁주의와 성과주의를 지향해 왔기에 전체 이익을 무시하는 것은 아니지만 이것을 소홀히 여기거나 나의 일은 아니라는 이기심과 개인주의가 팽배하여 다른 사람과 조직의 협업을 생각할 여지가 거의 없었다. 너무 개인의 업적과 성과에만 치중한 사회적 평가와 보상이 일반화되어서 서로 협업하여 일하면서 만들어 낼 수 있는 큰 성과들에 대한 고려를 소홀히 여겨왔던 것이 사실이다. 따라서 조직 전체를 위한 일에 나서려는 사람은 적고 그에 대한 충분한 보상은 적었다. 결과적으로 거의 대부분의 조직에서 개인에게 이익이 되는 일은 열심히 하지만 조직 전체를 위해서 일하려는 사람은 거의 없었다.

앞서 언급하였듯이 인간은 불완전하고 자주 실수하기 때문에 다른 인간들과 서로 교류하며 함께 일해야 하는 존재이다. 이기심과 이타심은 서로 배타적인 것 같지만 그렇지는 않다. 개인주의를 존중하고 개인의 독립성과 자율성, 책임성을 소중하게 생각하는 사람이 이기적이어서 자기중심적이고 조직과 사회의 이익을 무시하는 사람은 아니다. 이들은 개인의 자유와 자율성을 중시하는 동시에 개인들의 집합체인 조직과 사회의 이익도 역시 소중하게 생각한다. 다만 지금까지 조직이 개인들의 능력에만 주로 의존하는 경쟁과 개인적 성과에 기초한 평가와 보상시스템을 강조하였기에 개인들은 이기심과 개인적 이익에만 열을 올리게 된 것으로 보인다. 조직과 사회적 시스템을 이기주의 뿐만 아니라 이타주의와 협업을 동시에 강조하는 형태로 바꾸어주면 개인적 이익과 조직의 이익은 공존할 수 있다.

지금까지 상대적으로 소홀히 다뤄져 왔던 조직 전체의 이익과 개인적 이익을 공존시키는 조직시스템으로 조직을 재구성하는 작업이 필요하고 재구성된 조직시스템을 잘 활용하는 방법을 학습하고 실천하는 일이 필요하다. 이는 개인적 이익과 협업의 이익을 공존시키는 조직의 제도가 되어야 하고 이를 조직 내에서 활성화하는 조직구조의 재편성과 그에 따른 평가와 보상시스템의 구축 등이 이루어져 나가야 한다. 이제 이러한 협업을 위한 작업이 필요한 시기를 맞고 있다.

앞에서 협업의 필요성과 목적에 대하여 설명하였다. 그런데 협업이란 것이 도대체 무엇인가? 협업의 정의는 일의 성격과 수준에 따라서 다르기 때문에 연구자마다, 분야마다 다르게 정의하여 왔다. 대체로 이를 정리하여 한 마디로 요약하여 표현한다면 "협업이란 둘 이상의 사람이나 조직이 공동의 목표를 달성하기 위하여 함께 일함으로써 보다 높은 성과를 달성하는 것이다." 협업에는 둘 이상의 다수의 사람이 포함되어야 하고 공동의 목표, 일의 역할분담, 수행방법, 의사소통, 투입자원 등이 포함되어 추진된다. 이렇게 협업의 정의와 그 구성요소들을 간단히 소개하였지만 실제 협업의 실천은 의외로 복잡한 과정이다. 사실 혼자 일하면 공동의 목표, 역할분담도 필요없고 복잡한 수행방법이나 의사소통도 거치지 않아도 된다. 따라서 협업에는 초기에 많은 노력과 시간이 소요될 수 있기 때문에 효율관점에서 보면 협업의 비용 대비 성과가 클 때, 협업을 하게 되는 것이다. 따라서 협업은 서로 잘 맞는 사람끼리 추진하는 것이 가장 바람직하다. 그러나 조직에서 항상 모든 환경이 협업에 완벽하게 맞도록 갖추어져 있지는 않다. 초기에는 서로를 받아들이고 어느 정도 인내하면서 맞추어 나가는 노력이 필요하다.

그런데 협업이란 지금까지 사용되어 오던 협조 혹은 협력cooperation 등 관련 용어들과는 어떤 차이가 있는가? Himmelman(2002, pp. 1-5)은 협업과 관련하여 4가지 용어를 구별하여 정의하고 있다. 즉, 협업은 함께 일하는 4가지 공동형태 가운데 하나로 분류하였고 이 4가지는 조직의 상이한 형태에 따라서 달리 나타난다고 보았다. 즉, 첫째, 네트워킹networking은 정보가 상호교환되는 관계로 주로 비공식적인 관계로 간주하였다. 이 네트워킹의 관계는 제한된 시간, 낮은 수준의 신뢰, 영역공유 등에 머무르는 단계이다. 둘째, 협조cooperation 내지 협력은 분리된 활동이나 프로젝트에서 공동의 목표를 위하여 공식적인 합의를 통하여 조직적으로 서로 노력하고 정보교환, 자원공유를 함께 한다. 역시 네트워킹에 비하여 높은 수준의 시간투입과 신뢰가 필요하다. 셋째, 조정coordination은 서로 간의 이익을 주고 공동목표 달성을 위하여 보다 많은 정보교환과 활동이 설정되는 공식적인 관계를 의미한다. 네트워킹보다는 조정이 보다 많은 시간과 더 높은 신뢰에 기반한 업무형태를 말한다. 넷째, 협업은 장기적인 상호작용을 기초로 한 공동의 목표를 세우고 당사자들이 위험과 보상을 공유하면서 많은 시간을 투자하는 형태이다. 신뢰수준이 협조나 조정보다 높고 공동영역을 보다 공유한다.

이처럼 네트워킹, 협조, 조정, 협업의 개념은 유사하지만 조금씩 차이가 있는데 이를 협업의 연속 스펙트럼으로 펼쳐보면 [그림 1]과 같은 관계를 보인다. 협업 관련 유사한 개념은 각자 다른 목적과 다른 상황에서 사용되고 있기 때문에 비교해 볼 필요가 있다.

협업의 연속 스펙트럼에서 보듯이 좌측의 경쟁에서는 조직의 연결은 없고 완전히 독립적으로 활동하는 것이고 우측의 통합은 두 조직을 완전히 병합하여 하나로 만들어서 활동하는 것이다. 조직이나 개인 간에 결합이 낮은 단계에서 상호 이익을 위하여 정보 교환은 하기 쉽다. 경쟁, 공존, 의사소통 등은 낮은 초기 신뢰 수준에 있고 함께하는 시간이 짧으며 권한 공유가 별로 필요하지 않다. 그러나 결합이 높아지는 협업이나 통합으로 갈수록 높은 신뢰와 장기적 관계가 지속되며 개

그림 1 협업의 연속 스펙트럼

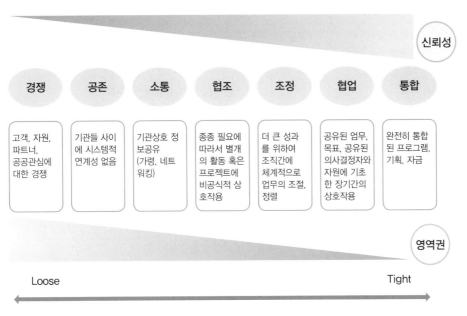

출처: http://www.collaborationforimpact.com/ca-subpage-2.

별 조직의 권한은 공유되기 때문에 약해진다. 요컨대, 협업의 연속 스펙트럼은 경쟁, 공존, 의사소통, 협조, 조정, 협업, 통합의 순서로 결합과 신뢰의 강도는 높아진다. 이와 동시에 서로 참여하는 조직들이 관여할 수 있는 권한은 조정, 협업, 통합으로 갈수록 약화되고 있다. 또한 경쟁, 공존, 의사소통 수준에서는 상이한 조직 간에 그 결합이 약하기 때문에 신뢰수준도 낮다. 반면에 조정, 협업, 통합으로 갈수록 조직의 결합은 강하여 신뢰는 높아진다.

여기서 협업과 매우 연관이 높은 개념은 협조, 조정, 협업이다. 이들에 대한 개념을 보다 구체적으로 살펴볼 필요가 있다. 이를 제시하면 〈표 1〉과 같다. 사실 세 개념은 정보를 교환하고, 활동을 변경하며, 상호 이익을 위하여 자원을 공유하고 공통 목적을 달성한다는 점에서 거의 동일하다. 그러나 신뢰수준, 소통수준, 권한의 공유수준, 관계의 기간 등에서 협업이 보다 더 긴밀한 관계로 나아간다는 것

협업, 협조, 조정의 개념 비교

협조(협력)	조정	협업
느슨한 연결, 낮은 신뢰	중간정도 연결, 일에 기초한 신뢰	밀도 있는 상호연결, 높은 신뢰
암묵적 정보 공유	구조화된 소통, 공식적 일중심	빈번한 소통
즉석소통흐름	의 정보 공유	암묵적 정보 공유
독립적 목표	결합정책, 프로그램, 제휴된 자원	시스템변화
서로 적응하기, 다른 활동과	준독립적인 목표	공동자원
목표 수용하기	권한은 모조직에 남아있음	의견교환된 공유 목표
권한은 조직과 함께 남아있음	모조직과 프로젝트에 전념과 책임	권한은 조직 간에 공유됨
자원은 조직과 함께 남아있음	이전 프로젝트를 기반	네트워크우선, 공동체, 모조직에
자신의 조직에 전념과 책임	중기기간 관계	전념과 책임
단기기간의 관계		장기기간 관계(3년 이상)
낮은 위험/낮은 보상		높은 위험/높은 보상

주) 암묵적 정보(지식)란 그 분야에서 널리 알려져 있는 사전 전문지식을 말함.
출처: http:/www.collaborationforimpact.com/ca-subpage-2.

을 확인할 수 있다. 그리고 이들에 비하여 협업이 궁극적으로 질적인 관점에서 다른 점은 조직과 개인이 각자의 일에서 더 많은 것을 배우며 더 나은 성과를 달성한다는 것이다. 상이한 조직이 서로 연결되면 집단적인 영향collective impact을 주고받는다. 집단적 영향면에서도 협업은 개인과 조직에 더 큰 영향을 미치게 된다. 집단적 영향은 협업을 위한 기본 틀로서 협업 노력이 성공하고 영향력을 창출할 수 있는 기회를 증가시키는 핵심 요소가 된다. 협조와 조정에서 각자가 타인이나 타조직에 주는 집단적 영향은 그렇게 크지 않다. 또한 협업조직으로 나아가려면 조직이 위험, 책임 및 보상을 공유하고 상당한 기간, 높은 수준의 신뢰 및 권한 공유가 있어야 한다는 것이다.

한편 이와는 조금 다른 개념으로 분업은 일을 나누어서 한다는 의미로 일종의 역할분담에 해당한다. 협업은 협력하여 업무를 함께하는 것이다. 즉, 이질적인 업무를 서로 조직에 포함하여 함께 새로운 가치를 만들어 내는 것을 말한다. 분업은 새로운 가치를 만들어내지는 못하고 업무를 나누어서 신속하게 처리한다는 개념에 불과하다. 분업은 작업의 단순반복을 통하여 업무의 처리속도를 앞당기는 방법인 반면 협업은 인력과 자원을 결합하여 새 아이디어를 만들고 기존의 방법이 아닌 새로운 방법으로 일을 처리하는 방법을 말한다.

제2절

협업의 정신과 그 적용

1. 협업의 정신

제1절에서 협업의 필요성과 목적 그리고 협업팀이 중요한 이유 등을 설명하였다. 훌륭한 성과를 위해서 필요한 요소가 협업이고 팀워크라면 여기서는 팀워크를 잘 만들어낼 수 있는 정신이 갖추어져야 한다. 협업의 정신이 먼저 갖추어져야 협업은 참여한 사람들에게 고통을 주지 않고 즐거움을 줄 수 있다. 협업의 정신으로는 겸손, 존중(배려), 신뢰를 들 수 있다. 이런 정신들이 전제되어야 인간관계가 친밀하고 정이 넘치는 관계로 발전이 가능하고 갈등이 생겨도 수월하게 해소할 수 있게 된다. 협업을 원만하게 진행하기 위한 전제가 되어야 할 협업정신을 하나씩 살펴보자.

첫째, 겸손humility이다. 자기자신과 다른 사람들에 대하여 자신이 완전하지 않음을 인정하고 항상 배우고 개선하려는 마음의 자세를 가져야 한다. 자신이 늘 조직의 중심이라는 생각을 버리고 자신도 실수할 수 있고 실패할 수 있음을 받아들여야 한다. 이에 따라 항상 약점과 실수를 고치고 향상시키려는 마음자세를 가지고 있어야 한다. 다른 사람을 나보다 우선시 하고 그들로부터 배울점이 있음을 찾으려는 마음을 가져야 한다.

둘째, 존중respect이다. 함께 일하는 사람을 한 인간으로서 인격적으로 대하고 진심으로 그들의 능력과 업적에 감사하는 마음의 자세를 가져야 한다. 이는 배려의 정신과도 연결되는 것으로 협업의 참여자는 자신의 이익뿐만 아니라 다른 사람의 이익도 함께 챙기는 정신을 요구한다. 상대를 불편하게 하지 않고 그 사람 자체를 이해하고 편하게 해주려는 자세를 가져야 할 것이다.

셋째, 신뢰trust이다. 함께 일하는 사람은 믿을 수 있는 사람이고 항상 올바르게 일할 것이라고 믿어 주는 것을 말한다. 상대의 일처리 능력과 양심을 믿고 이를 인정해 주는 정신을 가져야 한다.

이러한 세 가지 정신을 가지면 상대의 불만과 고통을 줄여주고 갈등을 해소하며 사람들을 치유할 수 있다. 조직 내에서 충돌이나 갈등이 생기는 이유는 이러한 정신이 결여되어 있을 때 일어나게 된다. 가령, 나 자신이 상대를 존중하지 않으면 상대도 나를 존중하지 않게 된다. 먼저 겸손하고 상대를 존중하는 태도를 보이면 대개의 경우 상대도 나를 존중하게 되고 이런 관계가 유지되고 지속되면 신뢰가 생겨서 서로 믿을 수 있는 관계로 발전하게 된다. 완전한 협업의 차원으로 들어가려면 세 가지 정신을 마음에 항상 품고 있어야 가능하다. 서로 간에 이러한 정신이 함께 일할 때마다 마음속의 중심에 자리잡고 있어야 한다.

나아가 서로에 대한 존중뿐만 아니라 각자의 상대 조직에 대한 이해와 존중의 정신도 가져야 한다. 협업그룹의 제도적 규범과 문화적 규범, 그리고 가치, 한계점, 기대 등을 이해하고 받아들이며 이를 존중할 줄 알아야 한다. 협업을 시작하기 이전에 협업파트너들은 협업의 목표에 앞서서 먼저 서로를 이해하고 배우는 일을 시작해야 한다. 이것이 선행되지 않으면 일하는 과정에서 일하는 방식이 서로 달라서 서로에 대한 오해가 생기고 갈등의 소지가 될 수 있기 때문이다. 협업의 구성원들은 자신들의 의도와 계획을 정직하게 공개적으로 표현하여 서로에 대한 신뢰를 구축하는 과정이 필요하다. 강한 유대관계를 형성하는 것은 짧은 시간에 가능하지 않고 어느 정도 시간이 소요된다. 협업그룹들은 구성원들 간에 신뢰와 이해를 얻기 위하여 충분한 시간과 노력을 들여야 한다. 즉, 구성원들이 어떻게 사고하고 이야기하며 서로를 어떻게 인식하고 있는지를 이해하기 위해서는 시간과 노력이 필요하다.

그런데 문제는 협업의 원리를 배운 사람들은 이러한 정신을 이해하고 받아들여서 실천하지만 협업을 모르는 사람들은 협업의 정신을 이해하지 못할 것이고 이를 무시할 수도 있을 것이다. 사실 사람들 가운데는 무례하고 상대하기 어려울 정도로 이기적이며 상대의 입장을 전혀 배려하지 않는 이들도 없지 않다. 이에 대응하여 이들로부터 협업팀을 보호할 뿐만 아니라 이들과 같이 일을 해야 할 때 이들의 무례함과 공격성을 잠재우고 협업팀에 흡수되도록 할 수 있어야 할 것이다. 협업팀이 정말 확고하게 성공하려면 이와 같은 도전에서 문제를 일으키는 사람들을 무마하고 협업팀의 정신에 동화시켜나가는 것이 필요하다.

사실 일을 시작한다는 것은 사회적 관계 속에서 사람들과 상이한 생각과 입장들을 같이 모아서 공동의 일을 수행해 나가야 하기 때문에 서로 간에 친밀한 관계가 유지되지 않을 경우 일에서 서로 도움을 주고 받기가 어려워진다. 그러므로 먼저 서로 친밀한 관계를 형성하는 것이 일을 위하여 매우 중요하다. 어떤 특정한 일보다 사람과의 관계는 더 오랫동안 지속되고 다음에도 함께 일하고 싶은 마음으로 연결되기도 한다.

2. 협업 정신의 적용

협업 정신을 인지하고 있다고 협업에서 자연스럽게 나타나는 것은 아니다. 협업 정신은 배우고, 실제 일에서 실습하고, 서로 피드백을 통하여 잘못된 점들은 고쳐나갈 때 서서히 몸에 익숙해지기 시작한다. 인간관계는 서로 상대적인 것이라서 상대가 예의를 무시하면 겸손하게 대하려던 자신도 본능적으로 무례하게 대응하게 된다. 이처럼 상대에게 겸손이라는 예의를 갖추지 않으면 상대도 무례하게 반응한다. 모든 사람은 자신이 가장 유능하고 뛰어난 사람이라는 것을 내세우는 교만한 사람과 일하고 싶어 하지는 않는다.

항상 일의 중심에 자신이 있어야 하고 모든 논의의 시작과 종결을 맡아서 해야 한다고 생각하는 사람이 있다면 이런 사람은 일을 자기중심적으로 처리하는 사람이라고 할 수 있다. 겸손한 사람은 자신감이 없고 항상 그 겸손으로 인하여 다른 사람에게 당하는 사람이라고 생각하는 사람들이 있다. 이러한 생각은 겸손의 정신을 잘못 이해하고 있는 것이다. 조직에서 겸손이란 너무 나서거나 자신이 다른 사람보다 더 똑똑한 것을 보여주려는 자세나 행동을 하지 말라는 것이다. 조직에서 겸손은 자신이 다른 사람보다 더 똑똑하고 현명하다는 것을 나타내려 하지 말고 팀의 자부심을 높이는 데 헌신하려는 자세로 나타나야 한다. 이와 반대로 조직 내에서 자신의 주장을 강하게 관철시켜서 진행하려는 사람은 자기중심적인 사람이고 이런 사람들은 불필요한 충돌이나 갈등을 일으킬 수가 있다.

겸손한 사람은 조직이 정한 제도를 겸허하게 순응하고 이를 준수한다. 조직의 제도를 배우고 실천하는 데 소홀하거나 거부한다면 조직 내에서 많은 이견과 충돌을 일으키는 겸손하지 못한 사람이라고 봐야 한다. 다른 사람의 업무평가를 할 때에는 그 업무의 결과물에 대하여 건설적으로 비판하는 것과 그 사람의 성향을 비판하는 것은 구별해야 할 것이다. 절대 사람의 성향을 비판하는 것은 하지 말아야 한다. 그 비판은 그 사람을 변화시킬 수 없다. 업무의 평가는 항상 그 결과물에 한정하여 비판하여야 한다. 하지만 그 비판은 건설적이어야 하고 도움이 되어야 하며 대안을 제시해 줄 수 있어야 한다. 건설적인 비판이란 진심으로 상대를 위하여 그 상대가 하는 일이 개선되기를 바라는 입장에서 이루어져야 한다. 그 비판은 항상 상대에 대한 존중이 드러나야 하고 예의를 갖추는 방식으로 이루어져야 한다. 우리가 상대를 존중하고 배려하는 마음을 갖고 있을 때 이에 적합한 자세와 표현을 사용하려고 노력하게 될 것이다. 쉽지는 않지만 이는 꾸준한 연습이 필요하다.

반대로 우리는 상대로부터 지적이나 비판을 수용하는 방법도 익히고 연습하여야 한다. 우선, 비판하는 상대가 그 일이 잘 진행되기를 바라는 뜻으로 언급하고 있다고 믿고 바로 반발할 것이 아니라 수용하는 자세를 가져야 한다는 것이다. 마찬가지로 그 비판이 나 자신이나 나의 능력에 대한 것이 아니라 그 일에 대하여 지적한 것이라고 구분지어야 할 것이다. 우리 사회에도 이러한 비판을 자신과 동일시하는 사람이 적지 않기 때문에 건전한 비판이 자리잡지 못하는 경우가 많이 일어난다. 즉, 비판을 받는 사람의 입장에서는 일에 대한 비판과 자신에 대한 비판을 구분하지 못하고 혼동하거나 오해를 하는 경우가 많이 발생한다. 그러므로 비판을 하거나 이를 받아들이는 사람 모두가 서로 상대를 존중하고 배려하는 마음에 철저히 머물면서 비판을 해야 한다. 서로 대화를 할 때 이런 문제가 일어나지 않도록 하기 위해서는 먼저 이 대화는 사람에 대한 것이 아니라 일 그 자체에 대한 비판이라는 것을 전제한 것임을 밝히고 시작하는 것도 한 방법이다.

하나의 사례를 들어보자. 가령, 회사에서 급히 야근을 시켜서 계획서를 완성하여 제출한 팀원에게 팀장이 이를 점검하여 보니 계획의 구체성이 많이 결여된 것을 발견하였다고 가정하자. 팀장은 이 팀원을 불러서 다음과 같이 두 가지로 상이한 지적을 한다고 가정하자.

첫째, "자네의 계획서에는 구체성이 필요한데 이것이 잘 보이지 않는 것 같아. 이를 좀 보완하면 좀 더 좋아지지 않을까?"라고 계획서 그 자체에 대하여 지적할 수 있을 것이다.

둘째, "다른 사람들이 작성한 계획서를 본 적이 없나? 자네는 계획서를 어떻게 작성해야 하는지 전혀 모르고 아주 잘못 작성하였어. 계획서는 항상 그 계획의 구체성이 드러날 수 있어야 한다고....."

첫째의 지적은 바로 업무 그 자체에 대한 지적일 뿐만 아니라 상대에 대한 존중이 들어가 있는 표현이지만 둘째의 지적은 팀원의 잘못을 지적하고 있고 이를 바로 잡으려는 질책이 느껴진다. 또한 이 계획서를 작성한 팀원의 능력을 비하하는 느낌을 주고 감정을 상하게 할 수 있는 지적이다. 이러한 지적을 받게 되면 대부분의 팀원은 팀장이 자신을 존중한다는 생각을 갖기는 어려워지고 공격적인 지적으로 받아들여서 본능적으로 이를 방어하려는 자세를 취하게 될 것이다.

때로는 협업의 정신으로 잘 무장하고 연습이 되었다고 하더라도 개인 간의 성격이나 일하는 스타일이 달라서 의견차이가 있을 수 있고 지나친 주장과 대립으로 시간과 에너지를 낭비할 수도 있다. 이러한 경우도 흔히 일상에서 나타나기 때문에 어느 정도 상대를 이해하기까지는 인내하고 또 인내하는 적응기간이 필요하다. 이를 참지 못하면 정작 중요한 파트너를 잃어버릴 수도 있다.

특히 창의적인 업무는 지금까지 수행된 적이 거의 없기 때문에 어떤 형태로 수행하여야 할지 그 답이 정해져 있지 않다. 이를 맡은 협업팀은 새로운 길을 개척해야 하기 때문에 실패할 위험도 그만큼 높다. 협업의 정신에서는 실패를 하는 것은 당연한 것이고 실패의 경험을 빨리 배우라는 것이다. 잘 알려져 있듯이 구글의 모토로서 '실패는 선택'이라는 글이 있다. 구글에서 실패는 보다 나은 성과를 위하여 필요한 것을 배우고 개선시켜 나갈 수 있는 소중한 기회로 간주된다. 구글에서는 완벽해질 때까지 일을 숨기지 말 것을 지침으로 한다. 이에 따라서 약간의 용도라도 있다면 그 제품은 소비자에게 공개하고 문제점을 보완하여 보다 나은 제품으로 출시한다는 것이다. 때로는 불완전한 제품을 조기에 출시함으로써 구글이 소비자로부터 불만을 얻기도 하지만 실패를 개선시켜서 빠르게 새로운 제품을 만들어낸다는 것이다.

세계적인 투자가인 워런버핏은 하버드 비즈니스 스쿨에 합격하지 못하고 실패한 적이 있다. 그는 콜럼비아 비즈니스 스쿨에서 공부하면서 이를 극복한 자신의 스토리를 강연에서 소개하곤 한다. 또한 스타벅스의 창업자인 하워드 슐츠도 비즈니스로 커피숍을 하겠다고 주위 사람들에게 말했을 때, 성공하기 어렵다는 부정적인 말들을 많이 들었다고 고백한다. 이는 너무 평범한 업종으로 누구나 할 수 있는 일이라고 생각했기 때문이었다. 그러나 그는 남들의 부정적인 말에 개의치 않고 수없는 실패를 반복하면서 실패로부터 교훈을 얻어서 지금의 스타벅스로 발전시켰다. 그도 워런버핏과 마찬가지로 반복된 실패가 자신을 강하게 만들었고 사업을 성장시켰다고 고백하였다.

이 처럼 실수를 할 때마다 협업에서는 이를 비난해서는 안 되고 오히려 철저하게 이를 문서화해서 실패의 기록을 남기는 것이다. 이 기록은 다른 사람들이 다시 확인함으로써 동일한 실패는 하지 않을 수 있다. 나아가 이전의 사람들이 걸어갔던 실패의 자국들을 남겨둠으로써 이에 도전하는 새로운 사람들이 계속 참조하여 나아갈 수 있도록 해주는 것이 필요하다. 그러한 기록에는 실패의 스토리, 실패의 원인, 그에 따른 피해, 실패를 고치려던 조치들, 재발방지를 위한 조치들, 실패의 교훈 등을 포함하게 될 것이다.

한편, 협업의 팀에는 주로 각 분야의 전문가가 참여하게 된다. 특히 창의적인 업무나 새로운 업무에서는 전문지식을 가진 사람들이 참여해야 하기 때문이다. 오랜 동안 협업팀에서 일을 하게 되면 자신이 해오던 일이 새로운 일이 아니라 점차 자신에게 익숙한 일상적인 일들로 여겨지게 되고 어느 순간에 이르게 되면 같은 일을 반복하게 되어 같은 분야의 일도 지루한 것으로 느껴지게 된다. 모든 사람들은 원하는 분야에서 오래 근무하면서 최고의 경지에 이르기를 희망한다. 그런데 놀라운 점은 실제 그런 사람들이 그 분야에서 오래 근무하면서 가장 전문지식이 높고 최상위의 위치에 오르게 되면 더 이상의 배움을 계속하지 않고 이를 지루하게 느끼는 순간이 찾아온다는 것이다. 또한 그 분야의 최상위의 위치에 오르면 협업의 정신을 잊어버리고 오만해지는 사람으로 변화되기도 한다는 점이다.

이러한 오점을 남기지 않으려면 항상 새로운 것에 계속 관심을 가지고 배우려는 자세를 가져야 한다. 새로운 것을 배우지 않으면 겸손을 잊어버리고 최고라는 자기 체면에 걸려서 더 이상 발전이 없게 될 수도 있다. 그러므로 최고의 전문가로 나아갈수록 겸손의 정신을 가지고 남을 가르치는 것과 동일하게 배우려는 의지와 겸허함을 갖추려고 노력해야 한다. 자신의 영역을 넘어서 보다 더 높은 목표를 이루어나가는 도전을 계속해야 더욱 많은 영향력을 끼칠 수가 있을 것이다.

영향력을 많이 주고 받으려면 협업의 정신으로 다른 사람과 자주 대화하고 소통하는 시간을 가질 필요가 있다. 그런데 대화를 하다보면 사람에 따라서 자기주장이 너무 강한 사람을 만나기도 한다. 절대 자기주장을 굽히지 않는 사람을 만나면 일을 진행하기가 매우 불편하고 어려워질 수도 있다. 이로 인하여 다른 사람들의 피로감은 증가하고 함께 일하는 것에 회의가 들 수도 있다. 이런 고집센 사람을 만나면 모든 사람이 기피할 수도 있으므로 이런 사람이 되지 않도록 나의 생각도 바뀔 수 있다는 융통성을 가지고 일하는 것이 필요하다. 또한 서로 의견이 상이하여 논쟁이 일어나면 자신의 의견을 전달하는 데 신중해야 한다. 보통의 경우 대부분의 사람들은 논쟁에서 상대의 주장에는 관심이 없고 자기생각만을 반복해서 주장하는 경우가 많다. 나의 주장을 펼치기 전에 먼저 상대방의 주장을 주의 깊게 경청해야 한다는 점을 유념해야 한다.

그리고 내가 실수했을 때 솔직하게 그 실수를 인정하고 그 일에서 한발 물러서는 것이 상대에 대한 나의 겸손과 존중을 표현하는 것이고 상대의 의견을 신뢰한다는 표현을 보여주는 것이다. 이를 인정하지 않고 끝까지 자기의 견해를 고집하면 서로의 장벽은 더 높아지고 같이 일하는 것을 기피하거나 꺼려하게 만들 수도 있다. 가끔 현실에서 정치인들이나 국회의원들이 자신들의 실수나 오류가 분명한데도 이를 인정하지 않고 갖은 변명으로 일관할 때, 우리는 실망하게 되고 다시는 그들이 말하는 것을 믿지 않게 된다. 협업에서도 이와 마찬가지로 자신이 모르는 것은 솔직히 모른다고 인정하고 실수가 있으면 그 잘못을 인정하는 태도가 협력자가 가져야 할 자세이다. 자신의 팀 구성원은 경쟁해야 할 상대가 아니라 같이 협력해야 할 대상이기 때문이다. 그럴 때 협업은 오래 지속되고 서로 간에 믿음과 신뢰가 굳어질 수 있다.

애플과 소니의 협업 사례

2001년 10월 23일 애플의 카리스마 넘치는 최고경영자 스티브 잡스가 애플 본사의 작은 강당 무대에서 "이 놀라운 기기에 음악 1,000곡을 저장할 수 있고, 이렇게 주머니에도 쏙 들어갑니다."라며 아이팟(iPod)을 소개하였다. 객석에선 폭발적인 갈채와 환호가 터져 나왔다. 아이팟의 진정한 가치는 애플의 하드웨어 부문 수석 부사장인 존 루신스타인의 말처럼 획기적인 기술이 아니라 기존에 이미 존재하던 다양한 기술과 제품들을 치밀하게 결합했다는 데 있었다.

아이팟이 출시되기 전까지 소니가 휴대용 음향기기 시장을 장악하고 있었다. 소니의 소니뮤직과 소니전자가 워크맨 부문, 바이오 PC부분, 음반유통을 거의 지배하고 있었다. 소니가 아이팟에 들어가는 배터리를 제공하였으며 소니는 세련된 디자인으로도 유명했다. 소니는 휴대용 음악 플레이어와 온라인 뮤직 스토어를 연계시키는 계획을 추진하였다. 더 나아가 소니의 다른 부문들도 연결시키려는 목표를 세웠는데 이 계획을 그들은 커넥트라고 이름붙였다. 이를 통하여 소니는 아이팟을 출시해 대성공을 거둔 애플에 대항할 준비를 하고 있었다.

한때, 소니는 각 부서가 독립된 기업처럼 독자적으로 히트 제품을 개발하는 경쟁적인 기업문화를 가졌는데 이것이 성공 요소가 되기도 했다. 소니는 사내 부문들 간의 치열한 경쟁을 장점으로 생각하는 분권화된 회사였다. 이러한 기업문화는 협업을 시도하기에는 매우 유해한 조직환경이었다. "과거 소니의 성공 신화는 사내 엔지니어들이 서로 협업하기보다는 경쟁하도록 부추기는 치열한 경쟁 문화에서 나왔다." 실제로 워크맨과 플레이스테이션 게임기의 경우도 사내 경쟁의 산물이었다. 하지만 다른 부서와 소통하지 않고 자신의 이익만을 추구하는 사일로현상이 많이 나타나서 소통이 잘 이루어지지 못하였다. 이처럼 소니의 한계는 다양한 부문들 간의 협업 문화라는 중요한 핵심이 빠져 있었다는 점이다. 소니의 커넥트 프로젝트 실패는 기술의 실패가 아니라 협업의 실패라고 할 것이다.

반면에 애플의 아이팟을 개발하는 프로젝트 팀은 소프트웨어팀, 하드웨어팀, 펌웨어팀 서로 간에 아무런 경계선도 없이 부서 간의 장벽을 허물고 모두 한마음이 되어 소통하였다고 한다. 이러한 단합과 협업으로 아이팟이 탄생되었다.

물론 소니 커넥트와 애플 아이팟 간의 일전은 협업이라는 하나의 요인으로 설명할 수는 없을 것이다. 애플은 뛰어난 소프트웨어 기술, 눈부신 디자인, 최고의 사용자 인터페이스를 갖추고 있었고 개발팀은 탁월한 능력과 경험을 보유했으며 스티브 잡스는 개발팀에 전폭적인 지원을 아끼지 않았다. 하지만 협업은 아이팟 성공의 중요한 한 요소이다. 아이팟-아이튠즈개발 프로젝트가 협업이 되지 않았다면 어떻게 되었을까? 만약 소니가 다른 팀들과 협업을 적극적으로 진행했다면 어떻게 되었을까? 복합적인 조직활동에 있어서 효과적인 협업은 성공의 필요조건이 될 것이다.

제2장

협업의 결정요소

이 장에서는 비영리조직이나 정부조직, 기업조직, 기타 조직에서 일어나는 협업의 성공에 영향을 주게 되는 주요 요소들을 제시하고자 한다. 기존의 연구들에 의하면 이러한 협업을 결정하는 요소들이 영리조직 뿐만 아니라 비영리조직을 연계시켜주는 협업노력에 적용되어야 할 요소들로 언급되고 있다. 이러한 요소들로는 주로 협업을 위한 환경관련요소, 비전과 목적 관련요소, 협업과정과 구조 관련요소, 의사소통 관련요소, 협업의 이용가능 자원 관련요소들로 구분될 수 있다.

사실 협업을 한다고 할 때 그 조직이 위치한 지리적, 공간적 위치와 사회경제적 문화 등 다양한 환경적 요소가 주어진 배경과 환경으로 자리하고 있을 뿐만 아니라 협업의 참가자들이 협업을 할 수 있는 정신과 자세가 되어 있느냐 하는 요소도 중요하다.

어떤 협업을 할 것인가를 정해야 할 때 협업이 가능한 비전과 목표를 정해야 그 성취가 가능할 것이다. 나아가 협업을 진행할 때 직면하게 되는 문제들을 포함하고 있는 협업의 과정과 구조 등 진행과정이 원활하지 못하면 성공하기가 어려울 수 있다. 또한 협업에서 참가자 간의 원활한 의사소통은 신속하고 효율적인 일처리를 가능하게 하기 때문에 빼놓을 수가 없다. 마지막으로 협업에 주어진 자금과 인적 자본, 인적 자본들의 역량 등 부존 자원들의 요소들도 협업의 성공에 영향을 미치게 될 것이다. 그런데 이들 중에 협업의 정신은 너무 중요하여 제1장에서 이미 설명하였기에 이하에서는 이를 제외한 요소들에 대하여 기본 개념 위주로 간단히 그 의미만을 각각 살펴보고자 한다.

제 1 절

환경과 배경

　　협업을 계획할 때 우선 그 조직이 위치한 지리적 위치와 사회문화적 배경을 고려하지 않을 수 없다. 협업 조직 간에도 지리적 원근에 따라서 긴밀한 접촉이 가능할 것이다. 최근에는 인터넷매체의 발달로 이러한 지리적 근접성의 중요성이 다소 덜 중요하기는 하지만 여전히 서로 대면하고 소통하는 것이 보다 명확한 의사전달이 가능하다는 점에서 중요하다. 또한 사회문화적 배경도 협업에 영향을 주는 요소이다. 사회가 조직 간에 다양한 연결과 모임을 활성화하는 분위기이면 개인 간의 정보 교환이 활발하고 협업의 성공가능성이 높아지지만 그렇지 못한 분위기이면 협업의 가능성은 다소 떨어질 수 있다. 문화적인 요소도 무시할 수 없다. 상호 협동하는 정신이 강한 사회일수록 협업의 추진과 성공은 높아지지만 그렇지 못한 문화에서는 이를 기대하기 어렵다.

　　협업조직은 이러한 환경적 요소에 영향을 받기도 하지만 이들을 통제하지는 못한다. 특히 그 사회의 협업이나 협동의 역사는 협업을 시작하기 위한 좋은 배경이 된다. 이러한 역사적 배경은 협업 조직에게 잠재적인 협업의 파트너를 쉽게 연결시켜주게 되고 협업에 필요한 역할과 기대를 잘 이해하기 때문에 좋은 파트너십을 가능하게 한다. 또한 좋은 파트너십은 협업과정에 필요한 신뢰를 구축하게 해준다. 따라서 다른 조건이 일정하다고 할 때, 협업은 협동이나 협업 활동의 역사가 오래된 지역이나 사회에서 성공할 확률이 높아지고 활성화될 수 있다. 협업을 하게 될 때 협업의 목표 달성 여부는 그 지역사회에서 이미 형성된 협업 혹은 협동의 발전 수준, 협업의 이해도, 협업의 수용성 정도에 따라서 의존하게 된다. 그러므로 협업의 목표를 설정함에 있어 그 사회의 협업의 역사를 고려해서 그 수준을 설정하는 것이 필요하다.

그런데, 협업의 역사가 거의 없다고 해서 협업을 할 수 없는 것은 아니다. 다만 협업의 역사를 가진 사회보다는 경험이 부족해서 시작하는 데 좀 더 어려움이 있을 수 있다는 것이다. 따라서 경험이 부족한 사회문화적 배경에서 협업을 시작할 때에는 환경적 요소를 고려해서 협업을 준비하는 사전 작업을 이루어놓고 협업을 시작하는 것도 필요하다. 가령, 협업을 지원하는 제도나 기금의 모금 혹은 협업의 이점과 그 과정에 대하여 잠재적인 협업참가자들을 미리 교육시키는 활동들이 이루어질 필요가 있다.

예를 들어 우리 사회는 역사적으로 두레나 수눌음과 같은 상호협동 활동이 농촌지역에서 많이 이루어져 왔다. 그러나 해방 이후 경제개발 과정에서 빠른 성장을 위하여 우수한 인적 자본을 필요로 했고 이에 필요한 산업인력을 배출하기 위한 경쟁위주의 입시교육제도가 도입되었다. 뿐만 아니라 인구밀도가 높고 좁은 국토에 좋은 일자리는 제한되어 있어서 경쟁이 치열했고 기업을 포함한 각 조직은 각 개인의 역량에 의존하는 경쟁위주의 성과에 많이 의존하는 운영에 치중하였다. 이러한 경쟁위주의 조직사회에서 같은 조직에서 함께 일하지만 진정한 협업이 아니라 겉으로만 이루어지는 공동작업의 수준에 머무르는 협력이 적지 않았다. 내부적으로는 경쟁에서 서로 살아남기 위하여 서로를 믿지 못하고 서로를 존중하지 않는다. 공동의 목표는 있으나 이를 공유하지 못하고 과정에 있어서도 진정한 협업의 정신에 기초하여 협력하지 못하거나 최종적으로 그 결과에 대해서도 책임을 공유하지 않고 서로 책임을 떠넘기는 사례들도 없지 않았다. 이와 같이 어떤 사회가 협업에 우호적이지 못한 환경을 가지게 되면 진정한 협업을 시작하려고 해도 많은 부정적인 시각과 생각들의 저항이 있어서 보다 많은 시간과 노력이 소요될 수 있다. 협업에 필요한 상호존중, 신뢰의 정신과 비전과 목표의 공유, 협업의 문화, 상호의 사소통, 협업의 네트워크 구축 등 다양한 요소들은 금방 구축될 수 있는 요소들이 아니기 때문이다. 그렇더라도 진정한 협업은 각 개인이 일을 하는 것보다 훨씬 더 큰 성과를 이루어준다는 확신이 있다면 지금이라도 이를 시작해야 하고 협업의 역사를 새롭게 펼쳐나가는 것이 필요하다.

우호적인 사회적, 문화적 배경도 중요한 협업의 환경요소가 된다. 사회문화적으로 조직 간에 서로 교류가 활발하고 상호협동하는 분위기가 조성되어 있을수록 협업은 원활하게 진행된다. 특히 사회적으로 자원을 관리하고 통제하거나 공공의 이익을 결정하는 정치적 리더나 의사결정자들이 협업조직의 임무에 지지를 많이 할수록 더 유리하다. 따라서 협업의 파트너들은 협업을 위한 최적의 정치, 사회 문화적 분위기를 조성하기 위하여 사회적 주요리더들에게 협업을 소개하여 그 효과를 널리 이해시키는 데 우선적으로 노력을 기울일 필요가 있다. 때때로 정치, 사회적인 분위기가 조성되면 이것이 협업을 위한 호의적인 외부적 동기를 유발하여 협업을 촉진시킬 수도 있다. 반대로 의사결정자들은 정치적으로 직면한 주요 공공의 문제를 해결하기 위하여 협업을 강조하고 활성화하기를 요구할 수도 있다. 가령, 치안문제를 해결하기 위한 방안으로 경찰조직의 협업을 강화하기도 한다.

우리나라도 과거에 관할 구역이 다르다는 이유로 인근에서 범죄가 일어났음에도 방관하거나 화재가 인근에서 일어났는데도 우리 관할이 아니라는 이유로 소극적으로 임하는 등 협업이 부재하여 귀중한 생명과 재산을 잃는 사례가 많았다. 시민의 안전과 재산을 지키는 공익에 협업을 도입하면 사건과 사고에 보다 효과적으로 대처하여 높은 성과를 거둘 수 있다. 따라서 정치사회적으로 협업의 분위기를 잘 조성해 두는 것이 협업을 자연스럽게 일어나게 하여 공공의 이익을 보호하는 하나의 방안이 될 수 있다.

만약 이러한 분위기가 조성되어 있지 않다면 협업의 파트너들은 협업의 목표를 달성하기 위하여 공공여론을 환기시키고 정치가들을 설득하고 사회적인 리더들을 설득하는 등 이를 위한 다양한 노력을 기울여야 한다. 그리고 협업 그룹들은 목표를 설정할 때 정치적이고 사회적인 전제조건을 고려해서 현실적으로 그 목표를 설정해야만 한다. 이러한 협업그룹의 목표와 그 과정은 비용효과적이고 사회적 혼란과 시간낭비를 초래하지 않게 효율적으로 진행될 수 있어야 하고 그렇게 인식되어져야 협업이 가능해진다. 뿐만 아니라 이미 진행되는 지역사회의 활동이나 노력 등과 중복되거나 충돌이 생겨서는 안 될 것이다.

사실 협업에 대한 정치적이고 사회적인 분위기도 항상 일정한 것이 아니라 시기나 상황에 따라서 조금씩 변화될 수 있다. 그러므로 협업이 진행되는 동안에도 이러한 분위기를 잘 확인하여야 한다. 그리고 부정적인 분위기가 조성되지 않도록 주위의 기관들과 의사결정자들에게 환기시키는 것도 필요하다.

제 2 절

협업 비전과 목표

협업의 목적은 협업그룹이 추구하는 협업노력의 개발, 결과, 비전에 대한 근거와 협업그룹이 수행하기 위하여 필요하다고 정의한 특별한 과업이나 프로젝트를 말한다. 무엇보다도 협업은 구체적이고 실현가능한 목적과 목표를 수립해야 한다.

목적은 '왜 협업을 해야 하는가?' 하는 그 이유가 되는 것이고 목표는 협업의 목적을 달성하기 위하여 구체적으로 해야 하는 것들을 의미한다. 가령, 기업들이 왜 기업을 운영하느냐고 물으면 기업활동을 통하여 사회적 기여 혹은 살기 좋은 사회를 만들기를 원한다고 답한다면 이는 목적이고 이를 달성하기 위하여 구체적으로 매년 생산규모를 확대하여 매출을 어느 정도 확대하겠다고 결정한다면 이는 목표가 될 것이다. 목적은 가치지향점을 말하고 목표는 그것을 달성하기 위하여 구체적으로 해야 할 것들로 계량화하여 정한 설정치를 말한다. 협업 조직의 목적과 목표는 모든 파트너들에게 명확하게 밝혀야 하고 현실적으로 달성가능해야 한다. 명확성과 달성가능성을 결여한 목표는 열정을 시들게 만든다. 명확하고 달성가능한 목표는 열정을 불태우게 만든다. 미국의 케네디 대통령이 1960년대에 소련에 뒤진 우주비행의 기술을 역전시키기 위하여 목표를 설정할 때 미국이 우주비행에서 우위를 탈환하자는 모호한 목표를 설정하기보다는 인간의 달착륙man on the moon이라는 목표선언은 역사상 가장 잘 알려진 목표설정 중의 하나로 인식되고 있다. 만약 우주비행에서 우위를 탈환하자는 모호한 목표를 설정하였다면 그 목표는 명확하지 못하고 달성가능한 구체적인 목표가 되지 못하여 구성원들의 열정을 불러일으키지 못하였을 것이다. 1960년대가 끝나기 전에 인간을 달에 착륙시키고 안전하게 지구로 돌아오도록 한다는 목표는 알기 쉽고 단순하며 구체적인 목표였기에 많은 조직을 협업하게 만들었고 그 결과도 효과적으로 달성할 수 있었다는 사례로 많이 언급된다.

협업그룹들은 지속가능하려면 협업과정 동안 진행되는 성공을 경험하지 않으면 안 된다. 협업의 궁극적인 목표를 달성할 때만 성공으로 간주하여 성공을 너무 좁고 멀리 정의하면 실망하여 동력이 떨어지고 지속되기 어려울 수도 있다. 시작단계에서 협업그룹은 명확한 목표를 제시해야 하고 정기적으로 그 진행과 발전과정을 보고해야 한다. 협업그룹이 최종목표를 위하여 단기와 장기 목표들을 다 제시하고 나아간다면 보다 높은 성과를 달성할 수 있고 성공은 보다 달성가능한 것이 될 것이다.

협업그룹의 임무와 목표 혹은 접근방법은 적어도 개별조직의 임무와 목표 혹은 접근방법과는 다르다. 협업그룹의 임무와 목표는 나름의 활동의 범위를 만들어 내지 않으면 안 된다. 이 활동범위는 때로는 개별조직의 것과 중복될 수도 있으나 그 어떤 개별조직의 활동범위와 동일해서는 안 된다. 특히 협업조직에 참여한 구성원들은 모두가 협업조직의 임무와 목표를 알고 있어야 한다. 이미 개별 구성원이 각자 일하고 있는 목표를 달성하기 위하여 경쟁적인 조직 가운데서 협업을 시도하려고 하면 실패하기 쉽다. 그 조직은 개별 구성원이 경쟁하는 형태로 시스템이 짜여져 있기 때문에 협업이 잘 작동되기가 어려워진다. 이런 조직에서는 협력하려는 시도를 하면 할수록 일은 더 어려워질 수 있다. Pitt(1998, p. 18)는 9개의 이웃한 지역사회에 협업조직을 연구하였는데 그에 의하면 그룹 간에 활동이 너무 파트너 조직들의 활동과 유사하면 구성원들이 긴장하게 된다고 주장한다. 이들 간에는 영역의 문제가 많은 형태로 나타나게 되고 각 조직은 자신들과 유사하게 일하는 조직과 협업하게 되면, 각 조직은 위협을 느끼게 되기도 한다. 혹은 각 조직이 자신들의 프로젝트에서 경쟁하는 것처럼 인식하게 되면 적극적으로 협업으로 연결되는 것을 반대하기도 한다.

한편, 파트너와 협업을 한다는 것은 임무와 목표 그리고 전략에서 명확하게 동의하고 동일한 비전을 갖는 것을 의미한다. 협업을 시작할 때 공유된 비전이 갖추어져 있지 않으면 파트너들은 상의해서 빠른 시간 내에 공유된 비전을 만들어서 공유해야 한다. 협업을 할 때 이 공유된 비전이 없으면 일을 진행하다가 충돌이나 갈등이 생기기 쉽고 중간에 협업이 중단되는 위험을 맞이할 수도 있다. 공유된 비전이 있으면 협업파트너들은 동기가 부여되고 갈등이 있더라도 그 비전 하에 해결하고 지속적으로 구체적 목표를 향하여 일할 수가 있다. 구성원들이 비전을 구축하는 노력에 가능한 동참하는 것이 좋고 이 공유된 가치로부터 소통하고 일하는 것이 필요하다. 때로는 공동의 비전을 세우기 위하여 자체적으로 만드는 것도 좋지만 컨설팅회사 등 외부의 도움을 받아 세우는 것도 하나의 방법이 될 것이다. 그리고 협업파트너들 간에 힘의 균형이 깨어져서 공동의 비전이 위협을 받을 정도이면 이러한 불균형은 중단되고 해소되어야 협업이 가능하다.

협업의 리더와 구성원

1. 협업의 리더

협업에 참여하는 협업자들은 대인관계의 기술과 의사소통의 기술을 포함한 리더십을 함양해야 한다. 협업의 리더로는 소통이 되는 협업과정을 만드는 기술, 좋은 이미지, 주제영역에 관한 높은 지식 등을 갖추고 있는 자를 필요로 한다. 따라서 새로운 협업의 리더를 영입할 때는 이러한 요소를 잘 갖추고 있는지를 면밀하게 잘 확인하고 심사숙고해서 뽑아야 한다. 또한 리더십을 교체할 때에도 마찬가지이다. 리더를 바꾸는 것은 자칫 잘못하면 권력투쟁이 일어나 값비싼 희생을 치를 수도 있고 앞으로 나아가는 동력을 잃을 수도 있다. 그러므로 협업의 리더는 협업의 과정과 과업활동 간에 균형을 잘 유지할 수 있어야 하고 참여한 모든 구성원들이 협업그룹 내에서 자기자신의 역할을 유지하고 찾아가도록 도와주어야 한다.

협업의 리더는 조직의 상하관계와 부서 간의 장벽을 완화하고 각자의 문제와 책임에 매몰된 부서의 수장들과 의사소통을 통하여 연계시킬 수 있는 역할을 수행해야 한다. 특히 리더가 자신의 이득을 추구하는 것으로 다른 구성원들의 눈에 보일 경우 협업은 어려워지고 위기가 오면 쉽게 협업조직이 와해될 수도 있다. 반대로 협업의 리더가 협업의 공동의 이익을 위하여 헌신하고 자신을 희생하는 모습을 보여준다면 협업의 공동체는 단결하게 되고 위기가 오더라도 굳건하게 견뎌내고 지속적으로 발전할 수가 있다.

2. 협업의 구성원

협업의 소속감을 구성하는 요소들은 협업그룹을 구성하는 조직의 문화와 역량뿐만 아니라 협업그룹 내에서 각 참가자가 갖고 있는 기술, 태도, 견해들도 포함된다. 협업그룹들은 각 구성원들이 가지고 있는 단면들이 있다. 그러한 구성원들이 가지고 있는 역량과 태도, 생각들이 협업에 영향을 미치게 된다. 따라서 협업조직은 과업을 위하여 누가 이 협업활동에 들어와야 하는지를 주의 깊게 살펴봐야 한다. 이는 적재적소에 사람을 배치하는 것을 말한다. 그리고 주어진 과업에 명시적으로 혹은 암묵적으로 영향력이 있는 사람을 찾아내는 데에도 노력해야 한다. 이들을 찾아내는 것은 일을 빠르고 효율적으로 진행하는 데 필요하다. 과업에 주요 핵심이 되는 사람들을 찾아서 파트너가 되거나 협업에 참여하도록 하는 것이 필요하다. 또한 협업을 진행하는 과정에 장애나 막힘이 생길 경우에는 새로운 그룹이나 개인들이 진행되는 과정에 포함되어야 하는지를 지속적으로 모니터해야 한다. 그리고 새 멤버가 유입될 경우에는 협업의 한 일부가 되도록 이들에게 협업의 팀문화와 제도를 잘 설명하고 교육시켜야 할 것이다.

협업의 구성원들의 규모는 가능하면 너무 많은 것보다는 적은 것이 협업하기에 수월하다. 협업의 구성원이 많으면 통제하기가 어렵고 관리가 되지 않아서 협업이 원활하지 않게 된다. 그러나 필요에 따라서는 많은 협업자가 필요할 수도 있다. 특히 B2C에서 고객과 협업을 할 때는 그 수가 많을 수도 있다. 만약 상이한 조직이지만 두 조직이 그들이 하는 일의 목적, 구조, 전문분야, 대상고객이 비슷한 조직의 경우, 협업하기 유리하다. 왜냐하면 이미 이들 조직은 상당히 공통되는 요소가 많아서 서로 이해도가 높고 상호의존성이 조성되어 있기 때문이다.

때로는 협업의 구성원들은 사익관점에서 협업을 보기도 한다. 협업파트너들은 그들이 협업을 함으로써 이익을 거둘 수 있다고 믿거나 각 구성원들이 얻는 이익이 스스로 행하는 독립활동이나 고유영역의 상실과 같은 협업에 따른 비용을 차감하고도 남는다고 믿는다. 협업을 구성하는 조직들은 협업으로부터 이득에 기반하고 있고 그 조직들이 협업을 진행하는 동안 항상 가시적으로 볼 수 있도록 협업의 기대가 목표에 반영되어 있어야 한다. 개별 조직이 참여하고 그렇게 유지하는 데 따르는 인센티브들이 협업노력 속에 반영되어 있어야 하고 이 인센티브가 구성원들에게 지속적으로 동기를 부여하고 있는지를 모니터해야 한다.

또한 협업파트너들은 타협할 수 있어야 한다. 왜냐하면 협업노력 속에 이루어진 많은 결정들은 모든 구성원의 선호를 완전하게 다 만족시킬 수는 없기 때문이다. 그리고 그 조직의 대표들에게 파트너들 간에 동의를 이끌어내는 데 있어서 어느 정도 위임을 주지 않으면 안된다. 너무 확고한 규정과 확고한 기대를 정해두는 것은 협업이 이루어질 수 없도록 만드는 요소가 된다. 협업 구성원들은 결정을 내릴 때 시간을 충분히 주고 의도적으로 그리고 인내하며 움직여야 한다. 구성원들이 처음에 같은 의견을 공유하지 않는 상황에서 협업 구성원들은 타협하거나 공통의 근거를 마련해야 할 때와 어떻게 원만하게 주된 결정들을 협상하는지를 알아야 한다.

협업그룹은 그 스스로 조직이 이루어지고 과업을 성취하도록 다양한 방법들에 개방되어야 하고 변화에 자연스럽게 적응할 수 있는 융통성을 지니고 있어야 한다. 협업구성원은 일을 추진하는 구조와 방법 모두에서 융통성을 가져야 한다. 협업을 시작할 때 융통성의 필요성과 기대효과에 대하여 논의하는 것은 매우 중요하다. 경직된 조직에서는 변화가 생겼을 때 신속하게 반응하여 변화를 추구할 수 없고 능동적으로 대응할 수 없기 때문이다. 따라서 협업조직과 구성원은 지속적으로 융통성이 유지되는지를 모니터하고 원활하게 움직이도록 하는 것이 높은 성과를 얻기 위하여 필요하다. 늘 그렇듯이 시간이 흘러가면 조직들은 규범과 제도에 얽매여서 경직되기 쉽고 이로 인하여 각 구성원들의 사고와 행동이 제약을 받게 된다.

시대에 맞지 않는 규범과 제도는 협업그룹에서 논의되고 수정해서 변화하는 미래를 대비하는 구조와 절차를 만들어가는 것이 중요하다.

협업과정과 구조

여기서 과정과 구조는 협업노력의 관리, 의사결정, 운영시스템을 말한다. 협업의 구성원들은 협업과정과 결과물에 대한 나름의 소유지분을 공유한다. 그러므로 협업그룹의 구성원들은 그룹이 일하는 방식과 그 일의 결과물에 대한 주인의식을 가져야 한다. 협업노력에서 모든 참여자들 간에 주인의식을 갖도록 충분한 노력, 시간, 자원으로 뒷받침해야 한다. 주인의식을 가지는 구성원들은 의사결정과 결과에 관한 협업그룹의 운영원리와 절차들을 잘 알고 있을 뿐만 아니라 이를 점차적으로 발전시켜나가야 한다. 협업그룹은 그룹에 속한 구성원들이 주인의식을 가지고 있는지 지속적으로 모니터해서 이를 관리해야 한다. 주인의식이 있을 때 협업은 주도적으로 추진되고 책임감 있게 진행될 수 있다. 따라서 협업의 과정과 구조에서 이를 고취시키기 위한 변화가 필요하다.

그리고 참여하는 상위관리단계, 중간관리단계, 실행하는 각 계층은 각자가 협업을 추진하는 데 적어도 각자 대표성을 갖고 그 일에 관여한다. 성공적인 협업그룹들은 각 조직에서 다양한 성향의 구성원들을 참여시키고 그들이 조화해서 함께 일하도록 분위기를 조성하는 메커니즘을 만들어 주어야 한다. 협업의 시작단계에서 각 조직에서 필요한 구성원들을 선발하고 과업이 할당되도록 협업시스템을 만들어야 한다. 단지 각 조직의 협업리더만을 주된 협업에 연결시켜두는 것만으로는 충분하지가 않다. 조직 내부의 각 구성원들이 연결되고 소통하고 통합되도록 하는 것이 보다 강한 결속을 가져오고 성공의 가능성을 높여줄 것이다. 또한 협업조직에서도 결속하고 결집력이 강한 재능있는 핵심 구성원들을 참여시키는 것이 필요하고 이들에게 협업프로젝트의 핵심 과업을 할당하고 끊임없이 성공을 위한 마인드컨트롤을 하도록 고무하는 것이 중요하다.

협업파트너들은 협업에서 정한 명확한 규율과 정책지침을 정하고 이를 발전시켜나가야 한다. 협업을 진행할 때 그들의 역할, 권리, 책임들을 명확히 이해해야 하고 그들의 책임을 수행하는 방법을 이해해야 한다. 구성원들은 파트너들의 역할, 권리, 책임들을 서로 논의해서 정해야 하고 서로 의사소통을 명확하게 하여 오해의 소지가 없도록 해야 한다. 필요하다면 이들에 관한 공동합의서를 작성해서 공유하는 것도 도움이 될 것이다. 협업파트너들은 조직의 피고용인으로서 해야 할 역할과 협업팀의 구성원으로서 해야 할 역할 간에 발생하는 갈등이 생기지 않도록 조정하고 정리되어져야 한다. 협업조직에 참여할 때에 이러한 역할 갈등이 생기지 않도록 조직의 정책과 절차를 조정해서 문제의 소지를 없애줘야 할 것이다. 그러나 그 역할의 정의가 경직되어서 구성원의 융통성flexibility을 제약하지 않도록 해야 할 것이다. 때에 따라서는 특별한 상황에 맞게 과업과 그 책임을 각각 부여하는 것도 있을 수 있다. 이 때 구성원들은 자신의 관심과 호기심이 가는 일에 끌리게 되어 있으므로 구성원의 일에 대한 관심과 역량을 고려해서 과업을 할당해 줘야 할 것이다.

비록 변화하는 상황에 대처하기 위하여 주요 목표와 구성원을 교체할 필요가 있다 하더라도 협업그룹은 주된 변화가 일어나는 가운데서도 그 자체적으로 지속해 나가는 능력을 갖는다. 이는 협업구조가 갖는 또 하나의 특징인 적응력 adaptability이라는 특성이다. 적응력과 융통성은 비슷한 것처럼 보인다. 그러나 이 두 관점은 협업그룹이 갖는 상이한 면을 의미한다. 융통성은 협업의 수단에 해당한다. 가령, 융통성은 프로젝트의 변화하는 수요에 맞추기 위하여 방법과 구조를 바꾸는 능력을 말한다. 반면에 적응성은 목적과 관련된다. 새로운 학습이나 새로운 상황의 결과가 진행됨에 따라서 협업조직의 비전, 근본적인 목표, 혹은 철학 등을 조정하는 협업그룹의 능력을 말한다. 협업그룹은 그 스스로 지역사회의 추이, 다른 환경의 변화, 구성원들이 추구하는 방향을 줄곧 의식하고 파악해 나가야 한다. 이런 노력이 그 협업그룹을 발전시키는 요소이다. 협업의 과정에서도 협업그룹의 비전과 목표는 필요하고 적절하다면 다시 검토될 수 있고 수정될 수 있다. 각 구성원의 목표와 결과물이 변화하고 달라지게 되면 협업목표와 결과물도 지속적으로 필요한 변화를 통합함으로써 보조를 맞추어 나가야 할 것이다.

협업그룹은 조직이 발전되기 위한 적절한 시간과 속도 그리고 경로가 필요하다. 협업그룹의 구조, 자원, 활동들은 시간에 따라서 변화해서 추진하는 각 지점에서 그룹의 용량을 고갈시키지 않고 그룹의 필요를 채워주게 된다. 학습된 협업그룹은 새롭게 시작하는 그룹보다도 더 잘 준비되어 있어서 복잡하고 대규모의 협업벤처를 더 잘 다룰 수 있다. 이전에 필요했던 파트너를 줄이고 같이 하지 않았던 새 파트너를 영입하는 활동이 때때로 적절하게 이루어질 수도 있다. 그러나 협업파트너들의 수와 형태는 주어진 시간에 지원할 수 있는 역할 이상으로 늘어나서는 안된다. 협업의 초기 단계에서 작은 단기의 목표를 달성하면 구성원 간의 신뢰를 공고하게 하고 관계를 구축하는 데 도움이 된다. 이러한 기초 위에 보다 안정되고 잘 구축된 협업노력을 기울일 때 보다 큰 목표를 달성할 수 있다.

때때로 협업은 상이한 시점에 상이한 자원공급을 필요로 하게 된다. 특히 프로젝트를 시작하는 초기 단계에 충분한 자금과 적절한 구성원들이 매우 기여할 수 있다. 서로 다른 형태의 전문가들을 보유한 조직들 가운데 협업을 할 때, 가치를 새롭게 할 필요성이 순환적으로 일어나게 된다. 가령, 한 조직이 어느 일정 시점에 알고자 했던 것들을 모두 배우고 나면 협업을 계속하려는 관심이 약화될 수도 있다. 이러한 것은 흔히 일어날 수 있는 것이므로 협업파트너들은 조치를 취해서 각 협업 단계에서 자부심, 공유된 비전, 목표 등 성공요소들을 다시 강화해야 할 것이다.

의사소통과 네트워크

　　의사소통이란 그룹의 활동에 영향을 줄 수 있는 협업파트너들 간에 정보를 주고받고 서로 정보를 유지하고 의견을 교환하는 데 사용되는 채널을 말한다. 협업을 원활하게 하려면 협업파트너들 간에 개방되고 빈번한 의사소통이 필요하다. 협업그룹의 구성원들은 종종 서로 소통하고 정보를 주고받고 이슈들을 공개적으로 토론하며 모든 필요한 정보를 서로에게 그리고 그룹 외부의 다른 사람들에게 전달하곤 한다.

　　협업을 시도하는 초기에 의사소통의 시스템을 구축하고 각 구성원들이 의사소통에 필요한 책임을 부여하면 그룹의 노력을 크게 상승시켜서 보다 큰 성과를 가져올 수 있다. 협업그룹의 규모와 복잡한 정도에 따라서 의사소통을 하는 구성원들의 기능이 달라질 수가 있다. 가능하면 조직 내에 그리고 조직 간에 의사소통을 효과적으로 하도록 하고 비효율적인 의사소통을 줄여주기 위하여 인센티브를 제공하는 것이 필요하다. 또한 협업그룹의 구성원들이 스타일에 따라서 다양하게 소통할 수 있도록 의사소통 전략을 만들어 줄 필요도 있다. 협업자들은 일어나는 문제와 서로 소통되어야 할 것들을 빨리 인식할 수 있어야 한다. 때로는 갈등이 일어날 수밖에 없지만 의사소통이 원활하게 이루어지는 협업조직에서는 그 갈등이 의사소통을 통하여 해결될 수 있다. 협업자들은 불일치한 것을 일치하게 만들기 위하여 의사소통을 할 것이다. 하지만 의사소통을 위하여 의사소통의 수단을 선택적으로 정해두는 것은 하지 말아야 할 사항이다. 이것은 그룹의 원활한 소통을 방해하기 때문이다. 가령, 조직에서 보고는 이메일이나 문자로 해서는 안되고 반드시 대면보고를 한다든지, 혹은 과업의 책임자가 아니면 그 일에 대하여 보고하지 못하도록 하는 등 형식과 격식을 엄격하게 정하여 의사소통을 너무 제약하거나 방해하는 제도는 바람직하지 못하다. 과거 우리나라에도 공공조직에서는 일을 추진하려할 때 반드시 대면하여 서면보고를 해서 결재를 받아야 했다. 직급에 따라서 위로 단계적으로 보고를 하다 보면 그 결재를 받기까지 한 달이 소요되는 경우도 있었다. 이와 같은 일 처리방식은 너무 명확한 의사소통을 위하여 시간을 오래 잡아둠으로써 일의 추진 속도를 떨어뜨리고 의욕을 반감시키는 요소가 될 수도 있다.

의사소통을 원활하게 한다고 너무 자주 보고하게 하거나 특히 문서로 자주 보고하게 하는 것은 신속한 의사소통에 별로 도움이 되지 못한다. 가령, 우리나라 정부조직에서는 일일보고도 하고 주간보고도 하는 등 매일 혹은 매주, 매월 등 상위 책임자에게 보고하는 것을 생활화하고 있다. 이것도 무엇이 어떻게 진행되고 있는가를 알림으로써 서로 간에 의사소통이 원활하게 하여서 일이 잘못되는 위험은 줄여주겠지만 일상화된 보고는 일하는 직원들을 지치게 만들고 보고를 위한 보고를 하게 만드는 부작용이 많다. 이제 보다 간편하고 신속하게 의사전달이 될 수 있는 수단을 허용하고 과거와 같이 권위주의에 익숙한 보고체계는 시대의 흐름에 따라 수정해 나가지 않으면 조직의 정체를 가져오는 걸림돌이 될 수도 있을 것이다.

또한 의사소통을 원활하게 하려면 비공식적 관계를 잘 활용하고 [그림 2]와 같이 의사소통 네트워크를 잘 구축해 두는 것도 매우 중요하다. 의사소통의 공식적 채널도 중요하지만 개인 간에 평소에 원활한 관계를 유지함으로써 이러한 대인 관계 채널이 과업을 수행할 때, 신속한 일처리와 이해를 증진시키는 데 기여한다. 때로는 공동의 프로젝트에서 화합하는 조직을 만드는 것은 공식적인 채널보다 비공식적인 개인 채널과의 관계가 더 소통을 원활하게 할 수도 있다. 의사소통 조직 간에 자유롭고 안정적인 표현과 대화를 가능하게 하려면 각 구성원 간의 강한 개인적

그림 2 의사소통의 유형(계층적 유형, 허브와 바퀴살 유형, 네트워크 유형)

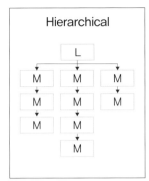
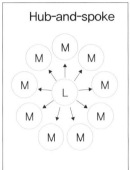
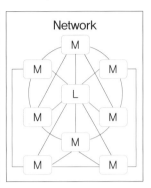

	Hierarchical	Hub-and-spoke	Network
장점	팀리더에 유리 단기에 효율적임	리더는 팀원을 통제함 각 팀원은 같은 메시지를 받음	모두에게 효율적 팀원은 서로서로 정보를 주고받고 배움 리더는 가장 높은 수준의 이슈에 초점을 둘 수 있음 권한을 부여받은 팀원은 동기부여가 되고 참여가 됨
위험	낮은 직급의 직원들은 권한이 적고 동기부여 안됨 일방적인 흐름은 혁신과 피드백에 장애가 됨	리더가 병목이 됨 팀원은 서로서로 고립됨	근거규칙이 수반되지 않으면 정보과부하가 일어남

주) L: 리더, M: 팀원.
출처: Gardner(2017, p. 146).

접촉과 연대를 발전시키는 것이 필요하다. 따라서 조직의 대표자들도 너무 빠르게 교체된다든지, 모임을 할 때마다 교체된다든지 하면 강한 연대를 가진 협업조직으로 발전시키기 어렵다. 협업그룹 간에 모임, 훈련 등 의사소통을 활성화하여 이해와 협력, 정보교류를 증진시켜야 할 것이다. 하지만 협업조직에서는 너무 공식적인 모임을 강조하기보다는 비공식적인 개인적인 모임, 가령, 서로가 같은 취미나 오락을 공유하도록 권장함으로써 친밀감을 갖도록 해주는 것이 협업에 유익하다. 가능하면 다양한 의사소통이 이루어질 수 있도록 제도와 절차를 규칙적으로 점검하고 고쳐나가는 것도 필요하다.

오늘날 대부분의 높은 성과는 혼자 달성한 것보다 여러 사람이 네트워크를 통하여 이루어 낸 것에서 나온다. 자신만의 동굴 속에서 외롭게 혼자 아이디어를 생각하고 만들어 나가는 데에는 그 한계가 있다. 거의 대부분의 경우에 네트워크는 여러 사람의 아이디어를 결합시키는 집단창의성을 불러일으키는 힘이 있으므로 네트워크를 통한 일의 추진이 개인들을 능가한다.

제6절

이용가능 자원

협업이 성공하려면 재정적인 투입과 인적 자본의 투입, 시간도 필요하다. 충분하고 지속적인 재정이 지원되고 적합한 인력이 동원될 수 있는가? 하는 점도 하나의 변수가 된다. 이 가운데 보다 더 중요한 요소는 인적 자본이다. 즉, 협업에 참가하는 사람이 어떻게 하느냐에 따라서 협업은 성공할 수도 있고 실패할 수도 있다. 인적 자본을 투입할 때 고려해야 하는 것은 이 사람이 이 협업에 적합한 역할이 있는가 그리고 이 사람이 이 일을 하기를 원하는가가 동시에 만족이 되어야 한다. 만약 적합하지 않은 사람에게 과업을 맡기면 일에 의욕과 열정을 보이기 어려우므로 일의 성과가 떨어지고 다른 협업구성원에게도 나쁜 영향을 미칠 수 있다. 따라서 이상적으로는 적재적소에 사람을 배치하는 것이 협업에서도 중요하다. 개인과 일이 서로가 잘 맞기 때문에 열심과 열의가 나올 수 있고 높은 성과를 보여 줄 수가 있기 때문이다. 협업에서는 조합이 잘 맞는 사람과 일을 결합하여 자율과 책임 하에 일하게 함으로써 습득한 지식이 꾸준히 축적이 되고 이 축적된 지식을 공유함으로써 더 큰 과업으로 나아갈 수가 있게 된다.

이러한 관점에서 보면 우리나라의 공무원 조직에서 일반화된 순환보직은 2-3년간 일정 업무에 익숙해서 지식을 좀 축적할 만하면 다른 부서로 옮겨가고 또 일정기간이 지나면 다른 부서로 이동한다. 이렇게 순환해서 보직을 옮겨서 일하다

보면 근무하는 직원들은 거의 대동소이한 일반화된 폭넓은 지식을 갖게 되지만 각 분야에 깊이 있는 지식을 갖기는 어려워진다. 즉, 일반화된 지식을 가진 사람은 많지만 각 분야에 매우 수준 높고 깊이 있는 전문가는 없는 그런 조직이 되는 것이다. 협업에서는 이러한 일반화된 구성원을 필요로 하는 것이 아니라 자기 분야에서 오랫동안 깊이 있는 지식을 습득한 전문화된 인력이 필요하다. 협업의 성공요소는 바로 투입된 협업자의 역량에 의해서 결정된다. 협업을 하는 이유가 서로 상이한 영역에서 전문지식을 가진 참여자들이 그 전문지식을 활용하여 보다 높은 성과를 이루어내고자 하기 때문이다. 또한 협업에 필요한 인재는 한 조직 내에서 뿐만 아니라 외부의 다른 조직에서도 영입해 올 수 있다.

그 다음으로 과업에 적합한 재정투입이 이루어져야 한다. 특히 협업의 시작 단계에서 여러 협업자를 함께 모아서 팀을 이루어야 하므로 재정이 많이 소요될 수 있다. 유동성이 높은 재정흐름으로 협업을 뒷받침할 때 협업은 더 원활하게 수행될 것이고 문제해결에 보다 적합한 인재와 기관들을 많이 참여시킬 수도 있을 것이다. 나아가 예산제약으로 다루지 못하는 문제들도 재정이 지원된다면 확대해서 처리할 수 있는 기회를 가질 수 있을 것이다.

마지막으로 협업의 자원으로 들 수 있는 요소는 시간이다. 협업의 시간도 협업의 성공에 영향을 미친다. 협업에 참여자들이 얼마나 시간을 투입하느냐에 따라서 그 성공여부도 달라질 수 있다. 협업을 진행할 때 너무 서둘러서 결과를 얻으려 하면 협업의 요건들이 제대로 충족되기 어려우므로 성공이 쉽지가 않다. 협업에 필요한 신뢰관계 등은 시간이 좀 걸린다. 목표는 인내와 끈기를 가지고 추진될 때 쉽게 달성될 수가 있다.

지금까지 협업의 주요 결정요소들을 간략히 살펴보았다. 이들 가운데 보다 상세한 설명이 필요한 주제들로서 협업리더와 구성원, 의사소통과 네트워크, 협업 과정과 구조 등은 이 책의 다음에 차례대로 보다 구체적으로 그 의미와 중요성을 자세하게 소개하고자 한다.

유네스코 세계유산 자유의 여신상(Statue of Liberty)

자유의 여신상은 뉴욕 항에 입항하는 이민자들을 맞아주는 아메리칸 드림의 상징이자 미국의 자유와 민주주의의 상징이다. 미국 뉴욕 리버티 섬에 세워진 93.5m의 키에 204t의 육중한 체중을 가진 여신상으로 머리에는 7개의 대륙을 나타내는 뿔이 달린 왕관을 쓰고 있고 오른손은 횃불을 치켜들고 왼손으로는 독립선언서를 안고 있다. 정식 명칭은 '세계를 밝히는 자유(Liberty Enlightening the World)'이지만 일반적으로는 자유의 여신상 혹은 Statue of Liberty라는 이름으로 불리어진다. 1984년에는 유네스코 세계문화유산에 등록되었다.

자유의 여신상은 미국이 독립전쟁을 승리한 100주년 기념으로 영국의 앙숙이자 미국의 독립을 지원했던 프랑스가 만들어서 선물했다. 최초 착안자는 프랑스의 법학자이자 노예폐지론자였던 에두아르 르네 드 라부라이에(Édouard René de Laboulaye, 1811~1883)였다. 제작은 조각가 프레데리크 오귀스트 바르톨디(Frédéric Auguste Bartholdi, 1834~1904)가 맡았으며, 내부의 뼈대는 에펠탑을 만든 귀스타브 에펠이 설계했다. 자유의 여신상은 아이디어를 내고 조각을 하고 그 뼈대를 만드는 사람들이 각자의 역할을 담당한 합작품이었다. 여신의 얼굴은 바르톨디가 자신의 어머니가 만 18살이던 시절의 모습을 모티브로 했다고 한다. 프랑스 조각가 바르톨디는 조각상의 내부 강철 프레임을 형성할 금속 골격을 디자인하고 제작한 에펠과 협업하여 파리에서 그것을 제작하였다. 외부를 '봉투'처럼 둘러싼 판은 석고 모형으로 만든 단단한 목재 거푸집 안에 황동 판을 넣고 망치로 두들겨 펴서 만들었다. 이 판들은 납땜과 못으로 고정하여 이어 붙였다. 바르톨디는 강철 프레임 위에 구리판을 주조하여 파리에서 전체 형상을 조립식으로 만든 후 1885년에 241개의 나무 상자에 담아 미국으로 실어 보냈다.

이 조각상의 디자인과 건축은 당시 19세기 최고의 기술적 성취 중 하나로 인정되었으며 10년 뒤 마침내 헌정되었을 때는 예술과 공학을 잇는 가교로서 열렬한 갈채를 받았다. 유명한 미국 건축가 리처드 모리스 헌트(Richard Morris Hunt)가 디자인한 받침대에 서 있는 자유의 여신상은 뉴욕 항 입구의 한 섬에 놓인 이후 배를 타고 미국에 도착하는 수백만 명의 이민자들을 환영해 왔다. 발코니까지 엘리베이터가 올라가며 거기에서부터 전망대인 머리부분까지는 나선형의 계단이 설치되어 있다. 여신상은 원래 등

대였기 때문에 뉴욕 항을 향하고 있다. 횃불은 등대의 역할을 했었지만, 구름에 반사되어 선박 운항에 방해가 된다는 청원으로 등대의 기능은 없어지게 되었다.

받침대 입구에 있는 현판에는 받침대를 지을 기금을 모으기 위해 에머 래저러스가 지은 《새로운 거상》(The New Colossus, 1883)이라는 시 구절이 새겨져 있다.

> "정복자의 사지(四肢)를 대지에서 대지로 펼치는,
> 저 그리스의 청동 거인과는 같지 않지만
> 여기 우리의 바닷물에 씻긴 일몰의 대문 앞에
> 횃불을 든 강대한 여인이 서 있으니
> 그 불꽃은 투옥된 번갯불, 그 이름은 추방자의 어머니
> 횃불 든 그 손은 전 세계로 환영의 빛을 보내며
> 부드러운 두 눈은 쌍둥이 도시에 의해 태어난, 공중에 다리를 걸친 항구를 향해 명령한다.
> 오랜 대지여, 너의 화려했던 과거를 간직하라!
> 그리고 조용한 입술로 울부짖는다.
> 너의 지치고 가난한
> 자유를 숨쉬기를 열망하는 무리들을
> 너의 풍성한 해안가의 가련한 족속들을 나에게 보내다오.
> 폭풍우에 시달린, 고향없는 자들을 나에게 보내다오.
> 황금의 문 곁에서 나의 램프를 들어올릴 터이니."

- 출처: 위키백과(자유의 여신상) -

자유의 여신상은 인간의 창조적 영혼들이 협업하여 만들어 낸 걸작이다. 이 조각상은 뉴욕 항 입구에서 이민자들을 환영했는데 이것은 탁월한 보편적 중요성을 가진 사건, 즉 19세기 후반에 이질적인 민족들이 모인 인종의 용광로 같은 미국의 인구 구조와 관련이 있다. 국제적인 기부로 자금을 조달한 조각상이 프랑스 조각가에 의해 만들어졌다는 사실은 세계적으로 유명한 이 작품의 상징성을 더욱 두드러지게 한다. 조각상을 건립하는 데 사용된 비용 중 일부는 미국의 학생들이 기부한 것이었다. 19세기에 자유를 찾아 미국에 온 수백만 명의 이민자들에게 이 조각상은 확실히 자신들의 꿈의 실현이었다. 조각가 또한 자신의 작품이 인간 자유의 거대하고 인상적인 상징이 되기를

의도했으므로, 자유의 여신상은 정치적 자유와 민주주의에 대한 가장 보편적인 상징 중 하나가 되었다.

'세상을 계몽하는 자유의 여신상'은 미국인들에게 워싱턴과 링컨의 이상을 상징하도록 복구작업이 실시되는 등 지금까지 전 세계 사람들에게 계속 영감을 주고 있다.

〈자유의 여신상〉

제**3**장

협업의 유형과 제약요인

제 1 절

협업의 유형

　　협업이란 서로 다른 조직의 구성원들이 공동의 목표를 달성하기 위하여 일을 같이 함으로써 같이 하지 않고 개별적으로 할 때보다 높은 성과를 거둘 수 있는 가능성이 있을 때 생겨나게 된다. 협업은 협업자의 유형과 조직의 형태에 따라서 다양한 협업 형태가 나타날 수 있다. 협업자의 관계의 수준과 조직의 형태는 협업의 효율과 성과에 중요한 영향을 미치게 될 것이다. 협업은 협업에 투입되는 사람 및 관계와 조직의 자원이 가장 적게 투입되는 형식적 협업수준에서부터 관계와 조직의 자원이 가장 많이 투입되는 정교한 소통을 포함하는 깊고 높은 차원의 협업수준까지 여러 수준의 협업유형이 있을 수 있다.

　　먼저 조직과 프로그램의 형태에 따라서 협업의 유형을 구별할 수도 있다. 가령, 조직의 통합을 통한 협업으로 관리조직과 예산 등을 통합하거나 혹은 프로그램 중심의 통합으로 공식적인 것과 비공식적인 것으로 구분하기도 한다. 공식적인 프로그램으로 상이한 프로그램의 정보, 자원, 자금을 공유하고 연계하기도 하고 비공식적인 프로그램에서도 정보, 자원, 사무공간 등을 공유하거나 연계할 수 있을 것이다. 특히 조직과 관련한 협업의 유형으로 세부적으로 다음과 같은 다양한 협업의 유형이 있을 수 있다.

첫째, 완전통합유형으로 두 개 이상의 조직이 하나의 조직으로 목표를 정하고 활동을 합칠 때 일어난다.

둘째, 부분통합유형으로 각 조직은 각자의 조직의 고유성을 유지한 채로 일부 조직을 결합할 수 있다.

셋째, 공동프로그램 추진유형으로 각자 조직이 조직은 그대로 둔 채로 하나 이상의 공동프로그램이나 공동파트너십을 형성하여 함께 추진하는 형태의 협업이 있을 수 있다.

넷째, 두 개 이상의 조직이 새로 독립적인 조직을 조직하여 새 조직을 기초로 하여 공동프로그램을 운영하기도 한다.

다섯째, 두 개 이상의 조직이 공동프로그램을 추진하면서 이를 뒷받침하는 지원조직의 프로그램을 마련하여 공동프로그램을 효율적으로 지원하는 형태의 협업을 할 수 있다.

여섯째, 각 조직은 독자적으로 운영되는 한편 전체 조직을 위하여 일하는 형태도 가능하다.

다음으로 참여주체의 유형에 따라서 협업은 구별될 수도 있다. 가령, 고객중심 협업 혹은 기업중심의 협업으로도 구분해 볼 수 있다. 고객중심 협업은 고객의 아이디어를 적극 수렴하고 통합하여 성과를 올리는 데 치중한 것인 반면에 기업중심 협업은 기업 간에 긴밀한 소통과 협력을 하거나 기업내부에서 협업을 증진시키는 형태의 협업이 될 것이다. 최근 인터넷 기술이 크게 발달하면서 기업 간 혹은 기업 내 협업뿐만 아니라 대 고객과의 협업이 크게 증가하고 있다.

궁극적으로 협업의 목표에 따라서 협업의 유형은 구별될 수 있다. 다음과 같이 어떤 목표를 갖느냐에 따라서 협업을 구별해 볼 수 있다.

첫째, 지식 공유형이다. 포트폴리오에서 지식과 역량을 공유해야 할 때마다 협업이 필요하다. 여기에는 모범 사례 공유, 기능 영역에 대한 전문 지식 공유, 비즈니스 문제 해결을 위한 지식 공유가 포함될 수 있다. 실제 노하우는 거의 문서화되지 않는다. 서적 및 매뉴얼은 일반적으로 비즈니스 프로세스 수행의 원칙을 다루며 실제 사례 연구만으로는 실제 비즈니스 프로세스에서 실전 지식을 공유할 수 없다.

둘째, 자원 공유형이다. 비즈니스의 최적화, 규모의 이점 활용 및 중복노력의 제거는 조직 내에서 물리적 자산과 자원의 공유가 필요할 수 있는 영역이다. 협업 없이는 수행할 수 없기 때문이다. 이것은 합병 및 인수의 가장 큰 이유 중 하나이기도 하다.

셋째, 협상력 공유형이다. 기업은 가격 전략과 협상력에 달려있다. 구매 규모와 공동 협상 등의 이점과 경제성으로 인해 기업은 실용적이다. 여러 비즈니스 또는 부서에 공통적으로 투입물을 구매하려면 적극적인 협력이 필요하다.

넷째, 비즈니스 전략 조정형이다. 합병 및 인수 합리성을 제공하는 또 다른 중요한 영역에서 협업이 필요하다. 이것은 둘 이상의 기업의 비즈니스 전략을 조정할 때 얻을 수 있는 이점에 관한 것이다. 이는 같은 조직 내에서 일이 더 쉬워지는 영역이지만, 독립적인 조직 간에는 결탁과 협업 사이의 경계가 희박하며 조심스럽게 진행되어야 한다.

다섯째, 제품 또는 서비스의 흐름 조정형이다. 수직적 통합이 필요하거나 서비스 또는 제품의 흐름을 조정할 필요가 있는 곳이면 어디에서나 협업이 필요하다. 파생 상품의 이점은 재고 비용의 절감에서 용량 향상, 제품 개발 공유, 용량 활용도 개선, 시장 접근 개선에 이르기까지 다양하다.

여섯째, 새로운 비즈니스 창출을 위한 협업형이다. 공통 목표를 위해 서로 다른 단위의 노하우를 결합해야 하는 새로운 비즈니스를 창출할 때 협업이 필요하다. 내부 또는 외부 합작 투자 또는 동맹은 이러한 유형의 협력을 잘 보여준다.

협업자의 마음에 합리적 근거와 필요성이 명확하지 않으면 협업이 이루어지기는 어렵다. 그러나 이러한 다양한 영역을 염두에 두면 효과적으로 협업하는 데 도움이 될 수 있다. 협업에 중요한 요소는 조직과 사람이다. 협업은 조직 내 혹은 조직 간에 어떤 형태이든 간에 사람들의 참여가 있어야 한다는 것이다. 그런데 협업의 조직과 사람의 외부적 형태로 보면 이상과 같이 구분할 수 있지만 내부의 질적인 관점에서도 얼마든지 유형화해 볼 수가 있다. 가령, 조직은 크게 계급을 기준으로 계급의 위계질서가 강한 수직조직과 수평 조직으로 나눌 수가 있고 다른 한편으로 외부에 대하여 개방적 혹은 폐쇄적인가에 따라서 개방조직과 폐쇄조직으로 구분이 된다. 즉, 개방성과 계층 구조라는 두 가지 차원에 따라서 4가지 상이한 협업의 형태가 나올 수 있다. 즉, 수직과 개방, 수직과 폐쇄, 수평과 개방, 수평과 폐쇄 등의 4가지 유형의 협업이 있을 수 있다. 각 조직은 효율성과 성과를 높이기 위하여 협업을 결정할 때면 이 중에 어떤 것을 선택할 것인지 항상 결정해야만 한다. 개방성이란 누구나 참여할 수 있는지, 또는 조직이 특정 참여자의 협업만을 추구하는지 여부를 말하며, 계층 구조는 의사 결정자가 누구인지를 가리킨다.

게리피사노Gary Pisano와 로베르토 베르간티Roberto Verganti의 하버드 비즈니스 리뷰Harvard Business Review에 실린 기사에 따르면 이들은 협업에서 중요한 4가지 공동 작업으로 '혁신 쇼핑몰, 혁신 커뮤니티, 엘리트 서클, 컨소시엄' 등을 제시한 바 있다.

첫째, '혁신 쇼핑몰'은 수직과 개방모드를 말하는데 여기서 조직의 리더는 문제를 정하고 조직의 구성원은 누구든지 해결책을 제안할 수 있다. 그런 다음 회사는 개발할 아이디어를 결정한다. 좋은 예가 InnoCentive.com인데, 회사는 비즈니스, 사회, 정책, 과학 및 기술 문제에 혁신 솔루션을 집중시킬 수 있다.

둘째, '혁신 커뮤니티'란 협업유형으로 수평과 개방모드를 말한다. 혁신커뮤니티에서는 누구나 문제를 제안하거나 설정할 수 있고 그 해결책도 누구나 제공할 수가 있다. 이것의 가장 좋은 사례 중 하나는 한 공동체의 사람들이 문제와 해결책에 대해 토론하고 문제를 해결할 수 있는 소프트웨어를 개발하는 Linux 오픈 소스 소프트웨어이다.

셋째, '엘리트 서클'은 수직과 폐쇄모드를 말한다. 조직의 일부가 해결해야 할 문제를 정하고 이 문제를 해결하기 위한 사람도 일부 사람들이 그 참여자를 정하는 것이다, 그리고 최종 해결책(솔루션)도 일부 사람들이 선택을 한다. 예를 들어 Alessi는 브랜드를 위한 새로운 가정용 제품을 개발하는 200명의 디자인 전문가 그룹을 선정하였다.

넷째, '컨소시엄'은 수평과 폐쇄모드를 말한다. 이 모드에서는 비공개 그룹의 참가자가 공동으로 문제를 선택하고 작업 방법 및 솔루션을 공동으로 결정한다. 특정인이 문제를 선택하는 것이 아니란 점에서 수평적이지만 참여자를 제한한다는 점에서 폐쇄적이다. 이러한 유형의 좋은 사례는 반도체 기술을 공동 개발하려는 일부 회사와 IBM의 파트너십을 들 수 있다.

이처럼 개방성과 계층 구조라는 조직의 두 가지 차원에 따라서 네 가지 서로 다른 협업의 유형이 나타날 수 있게 된다. 물론 상이한 각각의 협업유형은 모든 비즈니스에 적합하지는 않고 각각의 장점과 단점이 있다. 예를 들어 개방모드의 협업에서 회사는 많은 수의 솔루션을 내부와 외부로부터 받을 수 있으므로 일반적으로 보다 광범위하고 흥미로운 아이디어를 얻을 수 있다. 그러나 솔루션을 제공하는 많은 사람들을 참여시키기 어려울 수 있고 솔루션을 검증하는 데 시간이 많이 걸리고 어려울 수 있다. 반면 폐쇄적인 형태의 협업은 조직이 이미 결정하여 선택한 참여자를 통해서만 솔루션을 제공받는다는 것을 의미한다. 물론 아이디어에 접근하기 위한 올바른 당사자를 정확히 찾는 데에 문제가 있을 수 있다.

또한 계층구조의 관점에서도 수직 및 수평 유형의 협업에 장점과 단점이 있다. 수직적 협업을 통하여 조직은 소수의 의사결정자가 혁신의 방향을 통제하고 혁신의 가치를 찾아낼 수도 있다. 그러나 의사결정을 일부 참여자에 제한함으로써 올바른 방향을 선택하는 것은 어려울 수 있다. 이러한 부담은 단순한 협업에서는 가능하지만 참여자가 수익성이나 높은 성과를 얻으려 할 경우에는 적합한 해결책을 얻는 데 어려움이 있을 수 있다.

그런데 협업이 효과적으로 이루어지려면 협업하지 않을 때보다 더 나은 성과를 가져올 수 있어야 한다. 이 때 협업을 해야 할 것인지 말아야 할 것인지, 언제 협업을 할 것인지 등을 잘 판단하여 결정할 수 있어야 한다. 이를 판단하기 위해서는 주로 다음과 같은 기준을 중심으로 평가할 수 있을 것이다.

첫째, 협업을 해야 할 과제가 과연 협업을 할 경우보다 나은 성과를 거둘 수 있는지를 객관적으로 평가할 수 있어야 한다.

둘째, 협업과제가 보다 나은 성과를 거둔다 하더라도 너무 많은 비용이 들어간다면 효과적이지 못하므로 협업의 잠재적인 순편익(=편익−비용)을 평가해 보아야 한다.

이하에서는 이와 같은 협업의 잠재적 성과나 협업의 필요성 등을 판단하기 위해서 협업해야 할 시기, 제약요인과 그 제약요인의 극복방안 등을 살펴보고 마지막으로 효과적인 협업에 관하여 논의하고자 한다.

협업해야 할 시기

　　언제 협업을 해야 하는가? 이는 협업을 하고자 하는 개인이나 조직에게는 매우 중요한 질문이다. 협업을 하면 많은 이점들이 존재한다. 그러나 협업은 여러 형태의 공동 작업 관계의 한 형태이지 모든 문제에 만능은 아니다. 협업은 협업이 가장 효과적일 수 있는 상황이 있다. 즉, 협업의 환경이 구현되지 않으면 효과가 나타나지 않을 수도 있기에 모든 상황에서 적절하지는 않다. 함께 일하기를 원하는 개인과 조직은 협업을 사용해야 할 때와 단순한 접근을 선택해야 할 때를 구별해서 선택할 수 있다.

　　제1장에서 설명하였듯이 협업에 가까운 공동작업에는 협업과 더불어 협조와 조정 등이 있다. 이 세 가지 접근은 모두 유용하고 매우 효과적일 수 있다. 그러나 각각은 상이한 각기 목적이 있고 서로 다른 상황에서 가장 잘 작용한다. 협조에서 협업으로 이동해 감에 따라서 참가자들에게는 그 이익도 증가하지만 보다 더 높은 위험에 노출될 수 있다. 많은 경우에 정보, 전문 지식 및 추천 정보 등을 공유하는 것으로 충분하다. 때로는 새로운 협업을 조성하기보다는 다른 차원에서 기존의 자원과 노력을 잘 정렬하여 함께 일하는 효과적인 방법을 개발하는 것이 유리할 수도 있다. 가령, 테스크포스팀과 기관을 연결하는 위원회 등을 사용할 수도 있다. 동일하게 단일 조직이 개별적으로 활동하는 것이 보다 적절한 상황도 있을 수 있다. 협조, 조정, 협업을 포함하여 공동 작업 관계의 여러 형태 중에서 어느 것이 적절한

지를 결정하는 데 필요한 기준을 살펴보고자 한다.

프로젝트 관리자나 실무자가 협업과 다른 접근방법 중에서 언제 각각이 필요한지를 어떻게 결정할 수 있을까? 협업할 것인지 아닌지의 결정은 다음과 같은 정보가 필요하다.

첫째, 직면한 문제의 성격과 복잡성의 정도

둘째, 관계된 조직과 개인들 간에 상호의존성의 수준

셋째, 새로운 사고와 행동을 도입하고 지지하려는 모조직parent organization과 그 구성원들의 의지

넷째, 행동을 바꾸고자 하는 집단적 헌신 내지 공동헌신collective commitment의 수준

이러한 요인들은 서로 연관되어 있지만 보다 쉽게 이해하기 위해서는 이하에서 하나씩 상세하게 설명하고자 한다.

1. 문제의 복잡한 수준

협업은 복잡한 문제를 해결하기 위하여 필요하다. 여기서 복잡한 문제는 풀기 어려운 다층적이고 상호 연결되어 있는 요소들을 포함하고 있다. 이들 복잡한 문제들은 정확하게 문제를 정의하기가 어렵고 명확한 해결책을 갖지 않으며, 다양한 정책과 서비스 영역을 넘나들고 단일 기관에 의해서 해결이 되지 않는 것들이다. 이들은 한 조직이나 부분조직의 역량을 넘어서는 것들이므로 여러 조직들과 사람들의 자원, 지식, 기술, 능력들을 모두 결합하는 전체적이고 통합적인 접근을 통하여 해결책을 마련해야 한다. 이러한 기준들을 만족시키지 못하는 문제들은 앞에서 소개한 공동작업의 연속 스펙트럼에서 제시한 협조나 조정 등으로 대부분 다루어져야 할 것 같다. 문제가 복잡하면 할수록 협업이 가장 좋은 접근방법이다.

2. 상호의존성

협업은 조직들이 그들의 개인과 조직의 목표를 달성하기 위하여 서로 함께 일하는 즉, 그들의 시간, 지식, 자원을 동시에 맞추는데 가장 좋은 방법이다. 이 상호의존성은 협업이 홀로 일하는 조직에서 성취될 수 있는 결과보다 나은 결과를 얻을 것이라는 인식에 기초하고 있다. 그러나 공동의 목표를 공유하거나 동일한 문제를 해결하기를 원하는 조직들은 종종 같은 결과를 정확히 추구하는 것이 아닐 경우도 있다. 각 참가자는 다른 의제가 있을 수 있다. 예를 들어 재정안정, 지식과 역량의 개발, 서비스 확장의 기회 등이다. 그러나 다른 조직과 협업하지 않는 한, 그들은 자신들이 원하는 바를 이룰 수 없다는 것을 깨닫는다. 그러므로 각 참가자는 다른 참가자에게 의존할 뿐만 아니라 상호의존적이게 된다. 어떤 형태의 결합관계가 최선인지를 결정할 때 프로젝트 관리자들은 조직 간에 상호의존성의 깊이를 고려해야 한다. 상호의존성이 더 클수록 협업 접근은 더욱 필요하다.

3. 변화의지

협업은 기존의 시스템과 기존의 과정을 변화시키거나 새로운 창조물 혹은 일부형태의 개선을 추구할 때 사용한다. 협업은 참여 조직으로 하여금 공유된 목표와 이슈나 문제 해결의 접근방법을 개발하도록 하거나 요구한다. 협업을 하게 되면 구성원들은 자원뿐만 아니라 권한과 권위도 함께 갖는다. 권한과 권위가 수반되지 않으면 문제해결이 어려울 수 있다. 각 참가자들은 파트너들과 새로운 일의 관계를 고려해서 자신들의 태도와 일처리과정을 기꺼이 변화시키지 않으면 안된다. 그들은 더 넓은 분야 내에서 자신들의 역할을 재고하고 재정립할 필요가 있다. 새로운 작업관계에서 시스템 변화는 모든 참가자들에게 매우 위험한 제안일 수 있다. 하지만 효과적으로 협업하려면 각 구성원은 이전에 하던 방식을 기꺼이 변화시키지 않으면 안된다.

참여조직들은 각자가 참여했음을 입증하고 변화를 보여주어야 한다. 그들이 보여주는 변화와 권한과 자원의 공유에 대한 헌신은 협업 성공의 기본이 된다. 협업에 필요한 변화의 양과 수준이 항상 받아들여지는 것은 아니고 때때로 조직 내에서 그리고 이해관계자들로 부터 저항에 직면할 수도 있을 것이다. 협업관계에서 효과적인 참여자가 되려면, 프로젝트 관리자들은 결정해야 할 새로운 작업환경에 대하여 변화하고 적응할 수 있는 조직의 역량을 주의 깊게 평가해보지 않으면 안된다.

4. 공동헌신의 수준

협업은 조직에서 수행할 작업에 대한 합의를 공유하는 것만이 아니다. 참가자는 공동 작업에 필요한 자원을 제공하고 공동 작업의 이니셔티브를 유지하며 가장 중요한 것은 개별 조직 및 공동 작업 내에서 새로운 방식의 작업을 포함하고 유지해야 하는 필요성을 인식해야 한다. 협업은 마술에 의하여 발생하지는 않는다. 참여자들이 그들이 작업하는 방식을 바꾸기 위한 공동헌신을 요구한다. 협업이 항상 기대한 이익을 가져올 것이라고 생각해서는 안된다. 그러므로 참여자들은 위험에 대하여 높은 인내력을 가져야 하고 문제를 추진하고 이니셔티브와 협업과정 모두를 지지해야 한다. 헌신을 유지하고 참여를 촉진시키려면 강력한 관계가 필요하고 그 다음으로 참여자 간에 주인의식을 구축해야 한다. 프로젝트 관리자는 특히 협업을 생각한다면, 어떤 공동 작업노력에 기여하는 조직의 헌신의 수준을 고려해야 한다.

이처럼 협업의 이점은 많지만 효과적인 협업을 개발하는 것은 복잡하고 어렵다. 함께 일하는 데 가장 적합한 관계를 선택하려면 잠재적인 참여자들이 문제를 평가하고 정의하고, 함께 협력하고 그들이 수행할 조직의 역량에 대해 현실적으로 달성하기를 희망하는 바에 대하여 명확하게 하고 동의해야 한다. 협업의 이점을 최적화하려면 헌신과 규율이 필요하다. 협업은 최소한 위에 언급된 네 가지 요소를 신중히 고려한 후 결정되어야 한다.

협업의 제약요인

　협업을 하려는 이유는 수많은 위험으로부터 회피하거나 발생하는 문제를 보다 효과적으로 처리하기 위함이다. 외부환경이나 시장에 도사리는 잠재적 위험을 이해관계자와 함께함으로써 효과적으로 대응하는 것이다. 협업을 통하여 무엇을 얻을 수 있는가? 하는 성과도 고려해 봐야 한다. 그런데 협업을 추진하는 데는 많은 장애가 있을 수 있다. 다양한 조직의 형태에 따라서 상이하고 다양한 협업을 방해하는 요소들이 발생할 수 있다. 이러한 장애요소들을 미리 파악하고 최소화할 수 있다면 협업을 보다 원활하게 추진할 수 있는 잠재력을 높일 수 있다. 사실 협업의 성공을 결정하는 요소들 즉, 환경과 배경, 협업정신, 협업의 비전과 목표, 협업의 리더와 구성원, 협업의 과정과 구조의 명확성, 의사소통의 원활성, 긴밀하게 연계된 네트워크의 유무 등이 제대로 갖추어져 있지 않으면 협업이 원활하게 진행되기는 어렵다. 이러한 요소들이 갖추어지더라도 협업과정에서는 많은 문제점들이 추가적으로 일어날 수도 있다. 가령, 협업의 리더와 구성원들이 잘 갖추어졌더라도 업무분장이 명확하지 않거나 책임의 영역이 명확히 규정되어 있지 않다면 서로 미루게 될 수도 있어서 공동 작업이 잘 진행되지 않을 수 있다. 협업에서 조직의 목표와 참여하는 구성원의 개인적 목표나 인센티브가 일치하지 않을 때는 조직의 목표대로 움직이지 않을 수도 있다. 또한 조직이 겉으로는 조직의 구성원의 참여와 자발적 업무를 존중한다고 외치고 협업의 목표를 정하였으나 실제 조직의 CEO는 형식적으로만 협업을 지원하고 실제는 협업에 별 관심과 핵심자원을 투입하지 않을 수도 있다. 또한 협업을 구성하는 팀 내에는 많은 기여를 하는 구성원이 있는 반면에 기여하지 못하는 구성원이 있을 수 있다. 즉, 노력과 비용이 상이하게 들어갔는데 상응하는 평가나 이에 부합하는 성과측정이 어려울 수도 있고 이에 따른 인센티브가 공평하게 돌아가지 않을 수도 있다.

특히 협업을 시작할 때 내부적 환경이나 국내외 정치경제적 상황과 관련된 조직의 외부적인 상황 등 초기조건들은 상이한 조직 간에 협업에 참여하는 데 큰 제약을 주기도 한다. 협업을 시작할 때는 불확실한 미래와 협업했을 때 일어나는 알 수 없는 문제들로 불안을 느끼게 되고 이를 주저하는 경우가 많다. 따라서 협업을 시작할 때 초기조건을 고려하고 서로를 잘 정리하여 단계적으로 협업을 추진해 나가는 것이 좋을 것이다.

근본적으로는 협업을 시작하면 조직은 그 자체가 정보를 공유하는 것을 막고 협업을 방해하는 장벽을 세우는 경향이 발생한다는 것이다. 현대적 조직경영에서는 분권화를 외치고 이는 지역별, 조직별, 사업영역별로 그 책임을 다 이양하는 것이다. 잘 알다시피 분권화는 각 부서에 자유재량권을 주고 결과에 책임을 지도록 함과 동시에 성과에 대한 인센티브를 제공하고 반대로 성과를 달성하지 못하면 그에 따른 불이익을 주게 된다. 즉, 분권화는 책임의 한계를 명확히 정하고 성과에 대한 보상이 명확히 설정된 체계를 말한다.

분권화의 장점은 우수한 성과를 자극하는 좋은 점이 있다. 그러나 분권화가 너무 지나치면 각 부서는 자신들의 성과만 극대화하려고 하고 다른 부서와는 경쟁하거나 협력하려 하지 않는 경향이 발생하게 된다. 이러한 분권화의 단점이 지나치면 분권화된 조직의 내부부서는 곡물을 저장하는 사일로silo처럼 조직의 칸막이를 높이 세워서 각 부서들의 개별화된 집합체에 불과하고 상호유기적이고 체계적인 협업조직이 되지 못할 수도 있다. 이에 따라서 사일로silo 현상이란 용어가 나오게 되었다. 이는 부서 간 칸막이가 너무 많아서 소통이 불가능하게 되는 현상을 말한다. 즉, 조직의 부서들이 여타 부서와 협력하거나 소통하지 않고 자기부서의 성과만 챙기는 부서이기주의가 발생하게 된다. 사일로란 곡식이나 사료를 저장해두는 굴뚝 모양의 창고를 가리키는 말로서 이웃과 나누지 않고 쌓아두어 혼자만 잘살려는 것에 빗대어 스스로의 이익만 생각하고 각자 행동하여 폐해를 끼치는 부서를 뜻하는 용어가 되었다.

일반적으로 조직에서 발생하는 사일로 현상은 주로 조직구조나 인센티브 구조 등에서 발생한다. 특히 경쟁이 치열해지고 성과주의가 팽배하면 부서 간 경쟁이 과열되면서 타 부서와 협력하지 않게 된다. 이러한 이유로 조직 내 소통이 안되고 점차 조직이 비효율적으로 변한다. 지나친 성과주의는 협력보다는 경쟁을 낳고 자기이익만을 추구하는 현상으로 이어진다. 적대적 조직문화, 구성원 간의 이질성이 강할수록 함께 일하지만 각자의 위치나 입장이 달라서 소통에 어려움을 겪는다. 글로벌화가 진행되면서 여러 국가와 민족이 하나의 작업장에서 함께 일하는 경우가 많은데 이런 국가와 민족의 이질성도 원인이 된다.

물론 이러한 사일로가 한 부서 내에서는 내부 구성원 간 일체감과 소속감을 줄 수 있어서 대외적으로는 상당한 결속력을 줄 수 있고 부서 내에서는 심리적 안정감을 줄 수 있으며 부서 내에서는 자기 부서와 관련없는 불필요한 정보나 과업을 걸러낼 수 있다는 장점을 가질 수 있다. 그러나 협업을 추진하려고 할 경우, 단일 부서 내에서 장점을 발휘하던 사일로가 다른 부서와 협업을 하는 데는 큰 걸림돌로 작용하게 된다. 가령, 한 부서 내에서 무관한 일이지만 조직 전체적으로는 어느 부서에서는 처리해줘야 하는 업무임에도 이것이 우리 업무가 아니라는 이유로 외면하는 현상이 발생한다면 조직 차원에서는 문제가 발생할 수밖에 없다. 더욱이 대외환경이 변화함에 따라서 조직은 이에 신속히 대응해서 조직이 유연하게 변화해야 하는데 사일로에 닫힌 집단사고 내지 그룹사고group thinking나 부서 내의 강한 동질의식 등은 조직을 혁신하거나 개혁하는 데 저항하고 방해가 될 가능성이 높다. 그룹사고란 그룹 내에 단결을 강조하여 다수의 의견과 상이한 견해를 말하기 어려운 상황에서 나타나는 하나로 통일된 사고를 말한다.

Hansen(2009)은 협업의 제약요인으로 조직과 개인 간에 일어날 수 있는 구체적이고 세부적인 요인들로서 고립장벽, 독점장벽, 검색장벽, 이전장벽 등으로 설명하였다. 여기서는 이들을 간단히 요약하여 소개할 것이다.

1. 고립장벽

고립장벽이란 조직 구성원이 소속 부서를 넘어 외부 부서의 의견을 듣거나 협업을 하려 하지 않는 것을 말한다. 외부의 의견이나 조언을 얻으면 더욱 좋은 아이디어를 얻을 수 있는데도 외부 도움을 받지 않는 것은 외부에 의견을 구하는 것이 번거로울 수도 있고 우리가 잘 알고 있는데 굳이 외부에 의견을 구할 필요가 없다는 자만감일 수도 있다. 혹은 그렇게 할 동기가 유발되지 않기 때문일 수도 있다. 협업이 유발되지 않는 이유로는 다음을 제시하고 있다.

첫째, 폐쇄적 문화이다. 한 부서에서 일하다 보면 외부인을 배척하고 새로운 시각이나 생각들을 제한하고 자신들만의 생각을 우선시하는 폐쇄적인 문화를 만들어내기가 쉬워진다. 즉, 한 부서의 구성원들은 부서 내에서 동질감이 높아지면서 우리만 잘하면 된다는 생각으로 내부에 집중하고 외부에 대해서는 배타적인 태도를 보일 수 있다. 오래 같이 일하면서 내부 직원 간에는 사적인 친밀관계로 형성된 폐쇄적인 인맥이 형성되고 과업의 문제에 대한 해결책을 내부에서만 찾는 경향이 생기게 된다.

둘째, 지위의 차이이다. 같이 일하는 사람이 지위가 상이하면 함께 일하지 않으려는 의도를 보이는 경우가 자주 있다. 같이 일하려면 나와 대등한 위치에 있는 사람과 함께 일하고 싶어 하고 그렇지 않을 경우 상대하지 않으려는 태도를 보이는 사람들이 있다. 지위가 높은 사람들은 지위가 낮은 사람들과 함께 일하고 싶지 않다고 할 때, 지위가 낮은 사람들도 일반적인 상식과는 다르게 지위가 높은 사람을 만나게 되면 위축이 되고 갖추지 못한 열등감을 가지게 된다고 한다. 또한 지위가 높은 사람들의 오만함이나 교만함을 보게 되면 불쾌한 느낌을 가지게 될 수도 있을 것이다. 이러한 양측의 태도가 협업의 장애로 작용한다.

셋째, 스스로 문제를 해결해야 한다는 자기의존감이다. 자기의존감이 너무 강하면 다른 사람의 도움이 없이 스스로 문제를 해결하려 하고 외부의 도움을 받지 않으려는 현상이 생길 수 있다는 것이다.

넷째, 약점을 숨기려는 태도이다. 자신이 어떤 문제를 잘 모른다면 상대편이 자신을 무시하거나 업신여길지도 모른다는 두려움이 있어서 쉽게 외부의 도움을 요청하지 않으려는 태도를 보인다. 특히 한국 기업들이 자신의 문제를 외부에 컨설팅 구하는 것을 꺼려하는 것도 조직 내부의 비밀이나 약점을 드러내어 보이고 싶지 않기 때문이라는 주장도 있다. 그러므로 문제 해결에 적합하지 않을지라도 이미 자신의 문제를 잘 알고 있거나 가깝고 신뢰할 수 있는 지인들에게 의견을 묻고 도움을 요청하기도 한다. 이처럼 외부에 자기 조직이나 자신의 약점을 숨기려는 태도가 협업을 막는다.

2. 독점장벽

고립장벽이 외부에 도움의 요청을 꺼려하는 것인 반면에 독점장벽은 다른 사람이나 타 부서에 도움을 줄 수 있음에도 어떤 도움도 주지 않으려는 태도를 의미한다. 어떤 사람들은 어떤 이유이건 간에 타인들에게 정보를 공유하지 않고 다른 사람에게 시간과 노력을 제공하기를 거부한다. 이들은 공개적으로 거부하지는 않지만 전혀 정보를 제공하지 않거나 이미 널리 알려진 정보만 제공하기도 한다. 따라서 독점 장벽은 다른 사람에게 도움을 주지 않으려는 태도를 말한다. 독점장벽이 생기는 이유는 다음과 같다.

첫째, 치열한 경쟁을 들 수 있다. 부서나 개인이 서로 보다 높은 성과를 거둘 때 이에 따른 보상이 높게 주어지므로 상호 경쟁하게 되고 이 경쟁에서 이기려면 상대를 도와주기 보다는 비협조적으로 변하게 된다. 이 처럼 조직내부에서 서로 협력해서 일을 처리해야 하는 경우가 많이 발생하는데도 상호 경쟁하게 되면 최선을 다하여 협력하지 않고 시간을 지연시키는 등 도움을 다하지 않으려는 태도를 보인다.

둘째, 제한된 보상제도를 들 수 있다. 부서 내에 자신의 업무에 대해서만 성과보상이 있고 다른 부서에 도움을 준 것에 대한 보상이 없다면 자신의 업무에만 집중하는 태도를 보인다. 협업에 대한 충분한 보상이 주어지지 않는다면 협업에 응할 동기가 생겨나지 않게 된다. 현재 한국의 대다수의 조직은 이와 같이 개인의 업무에 주로 초점을 둔 보상제도를 가지고 있고 다른 구성원을 돕거나 다른 부서에 도움을 준 것에 대한 인센티브는 거의 없다.

셋째, 권력집착에 대한 태도이다. 알고 있는 지식을 다른 사람과 공유하게 되면 자신의 힘이 약화되는 것을 두려워하는 태도를 말한다. 즉, 다른 사람에게 정보나 지식을 제공하면 상대방이 이를 이용하여 더 힘이 커질 수 있고 자신에 대한 의존도는 낮아질 수 있기 때문에 이를 꺼려하게 된다. 남이 모르는 지식을 나만이 가지고 있을 때, 그리고 남이 모르는 것을 내가 더 많이 알고 있을 때, 조직 내에서 혹은 인간관계에서 자신의 힘이 커지고, 남이 아는 것을 내가 모를수록 힘이 약해질 수 있다고 생각하는 태도이다. 지식을 공유할 경우 자신의 힘은 사라지고 나중에 불필요한 존재가 될 수도 있는데 알고 있는 지식을 다른 사람들과 공유하려는 사람들이 나올까? 정보공유로 자신의 힘과 존재 가치를 잃을 것을 염려하는 사람은 지식 및 정보를 독점하려는 태도를 보인다.

3. 검색장벽

문제에 대한 정보나 지식을 조직 내에 누가 알고 있는지 알지 못하여 발생하는 장애를 검색장벽이라 한다. 이는 정보가 완전하지 못하고 비대칭적이어서 해당 문제에 대한 정보 및 지식 혹은 그 문제에 전문지식을 가진 사람을 제대로 찾지 못해서 발생하는 협업의 장벽을 의미한다. 조직에서 문제를 해결할 수 있는 정보 및 지식과 관련된 사람을 찾아내는 데 시간을 많이 소모할 수 있고 찾더라도 정확히 문제해결에 도움을 얻지 못하는 경우가 종종 발생한다. 이처럼 협업을 어렵게 만드는 검색장벽이 생기는 이유로 다음과 같은 것들을 들 수 있다.

첫째, 회사의 규모이다. 회사의 규모가 클수록 필요한 정보와 사람을 찾아내기가 더 어려워진다. 회사규모가 클수록 찾아봐야 할 부서가 늘어나고 검색하는 비용이 증가하게 되며 시간도 더 오래 걸린다. 회사가 대기업일수록 사업부서, 지역수, 제품유형도 다양하고 많을 것이다. 대규모 조직일수록 근무 인원이 많고 개인 간 접촉하거나 소통의 기회가 줄어들기 때문에 검색장벽이 보다 증가한다. 이러한 검색장벽을 낮추기 위하여 조직들은 보다 용이한 네트워킹 수단으로 온라인의 협업창을 구축하거나 근무공간의 디자인을 개방형으로 구성하는 등 노력을 기울이고 있다.

둘째, 조직 간의 물리적 거리이다. 조직 간에 혹은 개인 간에 가까이 위치할수록 교류가 활발하고 물리적 거리가 멀수록 교류가 줄어든다는 것을 말한다. 최근 세계화가 진행되면서 여러 도시, 지역, 국가나 대륙에 걸쳐 운영되는 기업들이 증가하고 있다. 세계화로 인하여 회사 내 부서와 인력 간에 물리적 거리가 멀어지게 되면 접촉의 빈도는 떨어지게 되고 협업의 기회는 줄어들게 된다. 여러 도시, 지역, 국가나 대륙에 걸쳐 운영되는 다국적 기업일수록 한 곳에서 운영되는 기업보다 물리적 장애의 문제를 많이 가지고 있다. 조직과 사람은 가까이 위치할수록 대체로 접촉이 빈번하고 거리가 멀리 위치할수록 대화는 감소한다. 물리적으로 먼 거리에 있는 부서에서 정보와 사람을 찾기는 상대적으로 더 어려워질 것이다.

셋째, 정보의 과다문제이다. 과다한 정보는 오히려 혼란을 초래하고 올바른 정보를 얻을 수 있는 기회를 차단하는 문제를 일으킬 수 있다. 최근 지식정보화 사회로 탈바꿈하면서 엄청난 정보와 지식이 증가하였고 어떤 정보가 정확한 정보인지를 구별하기가 어려워지고 있다. 우리는 매일 정보의 홍수 속에서 살다 보니 유용한 정보는 쏟아지는 무의미한 정보에 가려서 찾기가 어려워진다. 최근 기업들이 정보를 손쉽게 얻기 위하여 도입하는 데이터베이스, 인트라넷, 지식관리시스템KMS, 빅데이터 시스템을 도입하지만 이들 시스템으로 오히려 정보의 과부하라는 부작용이 일어나고 있다. 과다한 정보를 수집하는 시스템으로 인하여 필요한 정보나 지식을 찾아내는 것이 더 힘들어질 수도 있다.

넷째, 네트워크의 부족이다. 조직이 정보를 수집하고 저장하고 검색하고 조회하고 종합하여 분석하거나 서로 공유할 수 없을 정도로 규모가 커지고 업무가 분업화되면서 부서 혹은 사람 간에 네트워크가 부족한 현상이 발생한다. 너무 업무가 분화되고 전문화되면 각자는 개인화되고 다른 사람과 네트워크의 연결이 어려워지게 된다. 오늘날 세상이 각종 기술의 발달로 지리적으로 가까워지면서 우리가 좁은 세상에 살고 있다는 관념에 사로잡혀 있다. 그런데 인맥을 넓게 형성한 사람에게는 세상이 좁지만 그렇지 못한 사람들에게는 세상이 매우 넓게 느껴진다. 개인화가 심화되어 서로 간에 네트워크가 부족하면 자연적으로 검색장벽이 일어나게 된다.

4. 이전장벽

이전장벽이란 전문지식과 일의 노하우를 다른 동료에게 이전하는 데 어려움을 겪는 현상을 의미한다. 이전장벽은 협업의 의도가 없어서가 아니라 어떻게 협업을 해야 하는지 잘 모르는 경우에 발생한다. 특히 서로 전문지식의 분야가 다르면 상이한 전문지식을 이해하기 위한 기초지식이 필요한데 기초지식이 서로 결여되어 있으면 상대의 설명을 이해하기 어렵고 전수가 제대로 이루어지기 어렵다. 또한 알고 있는 지식이 명시적으로 표현하기 어려운 경우가 있을 수 있는데 이처럼 표현하기가 어려운 지식을 상대에게 이전하는 것은 쉽지 않다. 이러한 이전장벽의 문제는 사람들의 협업에 대한 동기가 부족해서가 아니라, 동기는 강하지만 이전할 능력이 부족해서 겪는 문제이다. 이전 장벽은 조직 내의 소통에 큰 장애를 초래할 수 있다. 협업을 어렵게 하는 이전장벽이 생기는 원인으로는 다음을 열거할 수 있다.

첫째, 암묵적 지식tacit knowledge**이 존재한다.** 암묵적 지식은 한 분야에서 종사해온 사람은 알고 있지만 언어나 문자, 설명서, 방정식, 소프트웨어 코드 등의 표현수단을 가지고 구체적으로 표현하기 어려운 정보를 말한다. 암묵적 지식은 학습과 체험을 통하여 얻어지기 때문에 겉으로 잘 드러나지 않는 지식이다. 가령, 음식을 조리하는 레시피가 있고 전문요리사가 이를 배우는 수강생들에게 전수할 때에 동일한 레시피를 전수받지만 전문요리사와 이를 전수받는 수강생이 조리한 요리의 맛은 같을 수가 없다. 오랜 경험을 가진 전문요리사는 단순히 재료의 배합비율이나 재료의 구성요소로만 설명할 수 없는 경험에서 나오는 노하우가 있다. 이는 말로서 구체적으로 설명하기가 어렵다. 이처럼 경험에서 나오기 때문에 말로 표현할 수 없는 지식은 바로 이전이 되지 않고 그 지식을 습득하고 체화하려면 오랜 시간과 노력이 투입되어야 한다. 즉, 암묵적 지식은 사람의 머리속에만 존재하는 지식으로 언어나 문자를 통해 표현하기 어려운 지식이다. 암묵적 지식은 대개 시행착오나 반복 훈련 등 경험을 통하여 체득되기에 다른 사람에게 이전하기가 어렵다.

반면, 암묵적 지식에 대응하는 것이 명시적 지식explicit knowledge이다. 암묵적 지식과는 반대로 명시적 지식이란 언어나 문자, 설명서, 방정식, 소프트웨어 코드 등 표현수단으로 그 지식을 명시적으로 표현할 수 있는 것을 말한다. 이러한 명시적인 지식은 구체적으로 글이나 말 또는 수식으로 표현되므로 다른 사람에게 이전하기가 수월하다. 명시적 지식은 개인이 가진 지식이 문서나 메뉴얼처럼 명시적으로 표현되어서 여러 사람이 공유할 수 있는 지식을 말한다. 책이나 신문, 잡지 등 다양한 형태로 구체적으로 형상화할 수 있는 지식이 명시적 지식에 해당하고 다른 사람에게 이전하기 쉽다. 따라서 분명하고 명문화된 기술적 지식이나 명료한 데이터를 다른 사람과 공유하거나 이전하는 데 어려움이 없으나 암묵적 지식은 그 이전에 상당한 장애가 있을 수 있다. 암묵적 지식을 이전하려 할 때, 협업은 많은 장애를 받게 된다.

둘째, 상호간 공감대 부족이다. 서로 간에 사람을 잘 알고 있으면 공감대가 형성될 수 있고 굳이 대화하지 않아도 상대의 표정이나 몸짓, 행동변화를 보면 상대의 상태를 이해할 수가 있다. 이러한 이해는 서로 소통하고 공감대 형성이 쉬워진다. 그러나 일로 새롭게 만난 사람들은 상대의 업무방식, 사고방식, 가치관, 습관 등을 잘 이해하지 못한다. 즉, 서로에 대한 이해와 공감대가 형성되어 있지 않으면 함께 일하는 데 마찰이 생기고 소통이 되지 않아서 함께 일하기가 어려우며 협업에 장애를 일으킬 수 있다. 협업과 같이 상이한 분야의 전문가들을 집합시켜서 공동의 과업을 시작하려면 이러한 공감대 형성은 시간이 흘러야 형성될 수 있다. 협업의 초기에는 상호간 공감대가 결여되어 있는 것이 일반적이다. 따라서 협업의 초기에는 서로에게 적응하는 데 시간이 필요하다.

셋째, 약한 유대감이다. 서로를 잘 알지 못하는 사람들 사이에서는 지식을 이전하기가 어렵다. 지식을 이전하려는 사람들 간에는 강한 유대감, 즉 자주 대화하는 긴밀한 업무 관계가 형성되어야 한다. 명시적 지식조차도 서로 잘 모르는 사람 간에는 그 지식을 이전하기가 쉽지 않다. 특히 약한 유대감으로는 암묵적 지식을 이전할 때 아주 어려울 수 있다. 유대관계가 약하면 서로 협력하려는 정도가 떨어지게 되고 정보의 정확한 이전이 힘들다. 암묵적 지식을 전달할 경우 약한 유대감을 가진 팀들은 일반적으로 그렇지 않은 팀보다 30%나 더 많은 시간이 소요되었다. 상호 공감대 형성과 마찬가지로 유대감도 서로 간에 친밀해 지기 위한 시간과 노력이 필요하고 자주 대화하고 소통하여 관계를 개선하려는 노력이 필요할 것이다.

제4절

협업 제약요인의 극복방안

협업이 성공하려면 앞서 제2장에서 제시한 바와 같이 협업을 결정하는 다양한 요소들이 잘 갖추어져야 하고 이질적인 구성원들 간에 실제 현장에서 발생하는 협업의 제약요인들이 모두 극복되어야 하기 때문에 협업이 성공하기는 쉽지가 않다. 하지만 우리 사회는 다양한 사람으로 구성되어 있고 조직은 개인이 아니라 함께 일하여서 공동의 성과를 거두어야 하므로 협업을 하지 않을 수 없다. 협업이 어렵기는 하지만 협업을 활성화시키고 성공하려면 협업의 중요한 결정요인들을 잘 관리하고 제약요인들을 최소화하는 노력이 필요하다.

즉, 협업이 활성화되고 가시적인 성과로 연결되려면 수많은 요인들이 잘 조화되어서 순기능적으로 돌아가야 한다. 제2장에서 제시한 협업의 결정요인들에서 살펴보면 협업의 환경적 요소면에서 조직이 협업의 역사가 오래 되고 협업에 유리한 경험들이 축적되어 있을 필요가 있다. 협업의 정신면에서는 구성원들이 상대방을 서로 겸손, 존중, 신뢰하는 자세가 갖추어져야 하고 이해가 상충될 때는 기꺼이 타협하며 협업의 공동이익을 중요시 하거나 자신의 이익으로 간주하는 정신이 필요하다. 협업의 비전과 목표에서는 협업의 비전을 구성원들이 모두 다 함께 공유하고 구체적으로 달성가능한 목적과 목표를 함께 세우고 항상 공유하여야 한다. 협업의 리더는 공동의 목표와 이익을 위하여 헌신하고 자신을 희생하는 자세를 가져야 하고 협업의 개별 구성원도 팀의 리더와 거의 동등하게 과업에 대한 책임을 져야한다. 팀원은 팀의 목표를 달성하기 위하여 공동의 연대 책임을 지기 때문에 팀리더가 팀원과 긴밀히 협력하려고 노력하듯이 팀원도 그런 자세로 일해야 한다. 이상적인 협업의 과정과 구조는 협업에 참여하는 조직원들이 개인적인 일과 협업을 모두 원활하게 수행할 수 있도록 명확한 역할과 업무분담이 이루어지고 융통성과 적응성을 가지도록 구성되어야 할 것이다. 의사소통은 공식적인 조직에서 긴밀한 소통뿐만 아니라 비공식적인 모임이나 관계에서 소통도 연계가 될 수 있어야 한다.

이용가능한 자원의 지원면에서는 이론적으로는 충분한 재정, 적합한 인력, 적절한 시간 등이 뒷받침되어야 한다는 것을 확인할 수 있었다. 이처럼 협업을 결정하는 규범적인 차원에서 볼 때도 많은 요소가 작용하고 있어서 이러한 요소들이 다 갖추어져야 하겠지만 실제 조직과 개인 간에 일어날 수 있는 구체적이고 세부적인 요인들로 들어가 보면 수많은 장애요인들이 도사리고 있다.

앞서 살펴본 고립장벽, 독점장벽, 검색장벽, 이전장벽 등은 실제 협업이 진행되는 과정에서 일어나는 장애요인으로 나타날 수 있다. 규범적인 차원의 요인뿐만 아니라 이러한 세부적인 요인까지 포함하여 협업을 활성화할 수 있으려면 팀단위 조직을 구성하여 조직원들을 통합하는 노력이 필요하다. 이는 고립장벽이나 독점장벽 등을 해소하는 데 기여한다. 팀을 구성할 때, 조직 전체 차원에서 이를 지원하고 특히 팀리더를 협업에 적합한 인물로 임명하는 것이 중요하다. 협업은 팀리더에 의하여 통합되기도 하고 붕괴될 수도 있기 때문이다. 팀 단위조직은 협업의 활성화에 매우 중요한 역할을 한다. 팀조직을 통하여 협업의 문화가 형성되고 구체적 목표가 수립될 수 있으며 팀 공통의 핵심가치가 만들어질 수 있기 때문이다. 팀이 어떤 가치를 지향하느냐는 팀의 방향과 전체조직을 조율하는 중요한 요소이다. CEO를 포함한 모든 조직원들이 각자의 위치에서 모두 협업에 참여할 때 협업의 효과는 조직전체에서 나타날 수가 있다. 팀단위의 협업은 팀원이 각자의 일에도 충실할 뿐만 아니라 협업을 통하여 조직의 성과에도 기여할 수 있도록 이끌어줄 수 있게 된다. 물론 팀조직에서 개인의 업무뿐만 아니라 협업의 업무 기여도도 각각 평가되어 성과에 대한 보상이 적절히 주어져야 할 것이다.

특히 이러한 4가지 장벽을 해소하기 위해서는 조직원들에 대한 협업 능력을 향상시키는 노력이 필요하다. 이들을 위해서는 정보를 빠르고 다양하게 교류할 수 있는 네트워크를 형성하는 것이 주요하다. 네트워크에는 정보시스템을 잘 갖추는 것도 중요하고 인적 네트워크를 활성화시키는 것도 매우 중요하다. 조직내 뿐만 아니라 외부의 인적 네트워크를 잘 형성하여서 필요할 때마다 활용하는 것은 협업의 성과를 높이는 데 중요하다. Hansen(2009)은 특히 네트워크를 형성하되 외부지향적으로 구축할 것을 제안한다. 즉, 자신의 팀에서 다른 팀으로, 한 회사에서 다른 회사로 그리고 고객 등으로 외부의 다양한 영역으로 확대하는 것이 보다 다양한 지식과 정보를 얻고 시너지 효과를 거둘 수 있다는 것이다. 또한 네트워크를 형성할 때, 사람수보다는 접근가능한 상이한 부서, 상이한 전문분야, 다른 기술 등 연결의 다양성이 보다 중요하다. 같은 부류의 사람과 같은 전문분야에서는 새로운 것을 더 빨리 얻기가 어렵기 때문이다. 나아가 네트워크는 강한 것보다는 약한 네트워크가 더 나은 것으로 주장한다. 강한 네트워크의 관계는 높은 울타리를 치게 되고 폐쇄적이 되어서 새로운 지식과 새로운 영역, 새로운 인재를 받아들이기가 매우 어려워질 수도 있다는 것이다. 약한 네트워크에서 정보와 지식의 교류가 활발하고 혁신의 가능성이 더 높아진다는 것이다. 즉, 약한 네트워크는 새로운 아이디어와 지식으로 안내하는 정보의 공유나 협업에 보다 더 유리하다는 것이다.

효과적인 협업

협업은 사람과 조직이 함께 참여하여야 한다. 앞서 설명하였듯이 효과적인 협업이 진행되려면 협업을 해야 할 시기가 언제인지? 우선적으로 협업의 장애요인이 무엇인지? 그 극복방안은 무엇인지? 등에 대한 적절성과 대안이 마련되어야 하고 그 다음으로 협업에 필요한 구성원인 협업리더와 구성 멤버들을 과업에 적합한 사람들로 형성하는 것이 필요하다. 이들 구성원들은 협업이 원활하게 진행될 수 있도록 협업의 문화를 만들어나가야 하고 그 가운데 상호존중을 실천하는 정신과 소통을 위한 네트워크, 원활한 의사소통 그리고 서로 지식과 아이디어를 공유하고 조언할 수 있는 지식공동체가 잘 갖추어져야 할 것이다.

협업의 조직은 협업을 진행해야 할 시기와 그 기회를 잘 포착할 수 있어야 할 것이다. 일단 협업을 하기로 결정하였다면 협업의 목표와 그 수단, 그리고 나아가 협업의 과정, 협업의 핵심요소 등을 잘 설정하여 과제나 문제를 해결해 나가야 할 것이다. 아무리 좋은 협업팀이 구성되었다 하더라도 협업의 목표와 이를 달성할 수단, 과정이나 절차가 잘 설정되어 있지 못하면 의도한 목표를 성취하기는 어려워질 수도 있다. 또한 협업을 진행하는 과정에서 의도된 방향으로 진행되지 않을 경우 신속하게 이에 대응하여 방향을 수정하고 수단이나 과정을 전환할 수 있는 즉흥성이 필요하다. 즉, 진행과정에서 상황의 변화로 목표한 성과가 별로 보이지 않는다면 목표를 신속히 수정해 나갈 수 있어야 한다.

특히 협업의 진행과정에서 나타나는 장애나 문제가 발생할 때 그 문제를 정확히 진단해 내는 능력이 필요하다. 의사가 환자를 치료할 때, 가장 중요한 단계가 환자의 질병의 원인과 부위를 정확히 찾아내는 것이 가장 중요하듯이 문제의 해결은 문제의 원인을 정확히 진단할 수 있는 능력에서 나온다. 이 과정에서 협업의 문제해결을 위하여 다양한 형태의 의사소통과 필요한 회의, 아이디어 토론, 의견일치를 모색하는 노력들이 투입되어야 할 것이다. 이 과정에서 협업의 성과나 결과가 모호한 과제를 가지고 협업을 진행하였다면 이러한 노력들이 자칫 잘못하면 다 부질없는 노력들이 될 수 있기에 협업의 성과가 가시적이고 명확할 수 있는 분야나 과업에 대하여 협업을 진행하는 것이 매우 중요하다.

특히 계급적인 조직에서는 자유로운 토론과 아이디어의 교환이 매우 어려우므로 협업조직은 위계질서를 중시하여 직위를 강조하기보다는 같은 동료로서 각자의 역할과 책임을 강조하는 수평적인 조직을 유지하는 것이 필요하다. 계급적 성격이 강한 조직에서는 의사결정이 중앙에 집중되고 정보를 중앙에서 소유하고 있어 일반 구성원들에게까지 흘러가지 못하는 독점화의 경향이 생기기 때문에 효과적인 협업이 이루어지기 어렵다. 따라서 효과적인 협업이 이루어지려면 권한과 책임은 하부로 위임하고 정보도 함께 공유해 나가는 것이 필요하다. 효과적인 협업은 특정 업무에만 협업을 하는 것이 아니라 조직의 모든 구성원들이 주어진 업무에서 모두 협업적인 정신과 행동방식을 가질 때 모든 업무에서 협업을 통하여 혁신이 나타날 수 있다. 즉, 조직의 구성원들은 스스로 문제를 찾고 보다 나은 방식으로 이를 추진하고 협업의 기회를 발견하여 협업과제를 수행할 수 있어야 한다. 조직의 효과적인 업무수행은 조직의 최상위 임원들만 효과적으로 수행해야 하는 것이 아니라 각 업무를 담당한 구성원 각자가 현장에서 발생하는 업무의 장애와 위험요소, 문제점들을 찾아내고 개선책을 만들어냄으로써 조직은 효율적으로 성과를 이루어낼 수 있기 때문이다.

따라서 조직의 관리자들은 많은 의사결정권을 가지고 집중화시키기보다는 자유재량권을 각 하위조직에 위임하여 자율성을 부여하고 과업의 결정에 모두가 참여할 수 있도록 하는 것이 실제 현장에서 발생하는 문제를 줄이고 보다 개선된 일처리로 성과를 높일 수 있는 방법임을 인식하고 이를 하나씩 실천해 나가야 할 것이다.

협업은 잘 조직된 조직메커니즘의 결과물이다. 효율적인 조직은 전사적으로 직원들을 각종 실무적인 협업의 하위조직으로 공동체를 구성한다. 각 공동체에는 관심분야별로 조직의 구성원들이 자발적으로 참여하도록 하고 각 직원이 제기한 문제에 대하여 해결책을 논의하며 그 중에서 우수한 문제해결의 사례들을 공유한다. 조직은 조직 내에 네트워크 시스템을 도입하여 직원들이 일을 추진하는 과정에서 직면하는 문제를 공유하도록 하여 전문지식을 가진 직원들이 이에 대한 해결책을 제시하도록 한다. 이러한 문제해결을 위한 조직 내의 네트워크는 업무의 효율을 높이고 결과적으로 자원을 절약하며 성과를 높이는 데 기여한다.

사례 3

역사를 바꾼 최초의 자동차 다임러-벤츠 협업에선 실패하다

최초의 기록은 언제나 관심을 모은다. 기록에 따르면 자동차의 기원은 1482년 레오나르도 다빈치가 구상한 태엽자동차다. 이후 1678년 벨기에의 페르디난드 베르비스트가 중국 황제를 위해 만든 60cm 크기의 증기자동차와 1796년 프랑스의 니콜라스 조셉 퀴뇨가 대포를 견인할 목적으로 개발한 증기자동차도 사람들에게 잘 알려져 있다. 조셉 퀴뇨의 증기자동차는 코너주행 중에 제대로 돌지 못하여 건물 벽에 들이 박고 마는데 이것이 최초의 자동차 사고로 기록되어 있다. 이때 퀴뇨의 죄목은 기물파손죄가 아닌 사람들에게 겁을 준 죄라고 한다.

세계 최초의 가솔린 자동차 '페이턴트 모터바겐'(Patent Motor Wagen)은 1886년 벤츠 창립자 칼 벤츠(Karl Benz)가 발명하여 특허를 받은 삼륜차이다. 프랑스인 에밀로 저는 이 차량을 생산판매하였다. 최초로 차를 만든 것은 독일인지만 최초로 차를 판매하기 시작한 것은 프랑스인이었다. 1886년 말, 고틀립 다임러와 빌헬름 마이바흐는 사륜차인 역마차에 휘발유 엔진을 장착했다. 고틀립 다임러가 1890년 설립한 다임러 자동차 회사에서 1901년에 최초의 메르세데스 자동차를 판매했다. 오스트리아의 부자인 에밀 옐리네크가 다임러 자동차 회사의 창업을 도왔으며, 최초의 자동차 모델을 자신의 딸 메르세데스 옐리네크의 이름을 따서 en:Mercedes 35 hp라고 명명했다. 최초의 차을 만든 칼 벤츠와 최초의 오토바이를 만든 고틀립 다임러는 살아 생전에 한 번도 마주친 적이 없다고 한다. 다임러 사망 이후 빌헬름 마이바흐와 벤츠의 협업이 비로소 시작되었고 1925년에 합병하여 다임러-벤츠(Daimler-Benz)라는 자동차 회사가 되었다.

고급차, 비싼 차 하면 대부분 벤츠를 떠올릴 정도로 명품차의 대명사다. 예를 들어 소위 독일 프리미엄 3사라 불리는 벤츠, BMW, 아우디 중에서도 사실상 최고로 인정받는 회사로, 굳이 비공식적으로 포지션을 찾자면 3사 중 럭셔리의 상징이자 고급 외제차를 대표하는 브랜드라 볼 수 있다. 자동차의 엠블럼은 그 회사의 대표 이미지와 상징인데 엠블럼을 보고 차종은 몰라도 어느 제조사 차인지 알 수 있다. 벤츠는 하늘 육지 바

〈메르세데스 벤츠의 엠블럼이 보이는 독일 슈튜트가르트의 본사건물〉

다에서 최고가 되겠다는 뜻으로 삼각별을 형상화하였고 고틀립은 월계수의 형태의 원을 상징물로 사용했는데 두 회사가 합병하면서 각 상징물을 결합하여 지금의 엠블럼이 만들어졌다. 따라서 벤츠의 슬로건은 '최고가 아니면 만들지 않는다' 이다(The Best or Nothing.) 메르세데스-벤츠는 설립 당시부터 그랬듯이 기술적으로 한발 앞서 나간다. 탑승객이 다치지 않도록 충격을 흡수하는 크럼플 존 개념도 처음 도입했으며 안전벨트와 안티록브레이크시스템(ABS)도 처음 양산 적용했다. 세계 최초로 충돌 테스트를 진행하였으며 도어가 위쪽으로 열리는 '걸윙 도어'방식을 처음 적용했다.

이러한 메르세데스-벤츠는 2003년 자율 주행 자동차인 'S500인 텔리전스 드라이브'로 독일 남서부의 만하밍에서 포르츠하임까지 62마일(103KM) 구간을 운전자 없이 스스로 주행하는 데 성공했다. 이 구간은 '메모리얼 루트(memorial route)'라고 불리는데 칼 벤츠의 부인인 베르타 벤츠가 세계 최초의 자동차 '페이턴트 모터바겐'을 몰고 여행한 구간이다.

칼 벤츠가 말 없이 움직이는 마차를 발명한 것처럼 공해와 사고로부터 자유로운 차를 만들어 내겠다는 벤츠는 경차부터 슈퍼카까지 아우르는 협업을 진행하며 영역을 확장하였다. 메르세데스-벤츠를 중심으로 인수·합병(M&A)에서부터 지분참여, 기술제휴 방식 등 다양한 회사들과 협업했다. 하지만 결과적으로 다임러가 손댄 협업은 대부분이 실패했다.

다임러그룹의 역사상 가장 큰 M&A는 1998년 크라이슬러와의 인수·합병일 것이다. 하지만 이 '세기의 합병'은 10년을 채우지 못하고 파경으로 끝났다. 하나의 몸체를 이루지 못한 채 공전하던 두 조직의 효율성은 낮았고 벤츠의 폐쇄성으로 크라이슬러의 기술 발전은 더뎠다. 고성능 스포츠카 브랜드와의 협업으로는 맥라렌을 꼽을수 있는데 이 협력은 양산차 부문에 까지 이어졌으나 2014년 막을 내렸다.

한편, 1928년 출시된 W08모델을 교황에게 선물했고 '교황의 차(포프모빌: Pope Mobil)'라는 수식어를 얻었으며 '벤츠=S클래스'라는 상징적인 개념은 오랫동안 소비자들 사이에 깊이 박혀 지금까지 이어지고 있다. 이런 벤츠가 경차를 생산 판매하고 있다는 걸 알고 있는 이들은 의외로 많지 않다. '스마트'라는 경차 브랜드는 알고 있지만 이 브랜드가 다임러 AG소유의 브랜드라는 것을 알지 못하기 때문이다. 1994년 시계 제조

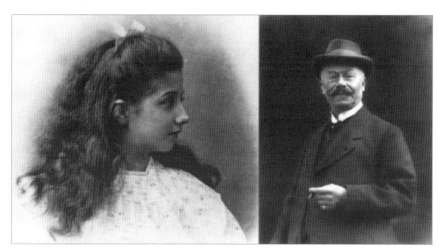

〈벤츠 자동차 이름의 유래가 된 메르세데스 옐리네크와 그의 아버지이며 벤츠 초창기 성
　장의 주역인 에밀 옐리네크〉

사인 스와치는 벤츠와 협력하기로 했다. 두 회사는 '마이크로 콤팩트 카(MCC)'라는 합
작사를 세웠다. 브랜드는 스와치의 S와 메르세데스의 M, 여기에 아트(art)를 붙인 '스
마트'로 정했다. 1998년 첫 차가 나온 이 시기에 스와치는 사업에서 물러났다. 스와치는
하이브리드 차량을 원했지만 벤츠는 가솔린엔진을 고집했고 잦은 의견 충돌 때문이었
다고 한다.

제**4**장

협업의 문화

협업을 할 때 팀문화는 중요하다. 팀문화에 따라서 그 팀이 성공하기도 하고 실패하기도 한다. 팀문화가 팀을 목표로 향하여 일치시키고 집중시켜서 높은 성과를 달성하게도 하고 팀원의 집중력을 분산시켜서 나쁜 성과를 가져오기도 한다. 팀문화는 소통과 화합을 이끌어 목표에 집중하도록 조성될 필요가 있다.

협업 팀문화의 필요성

팀문화는 일하는 방식과 일하는 분위기, 팀원 간의 상호관계, 서로 대하는 방법, 목표를 공유하는 방법, 팀이 가진 경험과 가치 등 팀의 운영 전반을 포괄하는 개념이다. 팀문화는 팀이 구성되면서부터 팀원들에 의하여 정립이 되고 팀이 진행되면서 변화하고 발전한다. 팀문화를 형성하는 데 필요한 요소들은 크게 일중심의 요소들 뿐만 아니라 인간중심적인 요소들로 구성된다. 일중심의 요소들은 일하는 방식, 일하는 분위기, 목표를 공유하는 방법, 팀의 경험과 가치를 나누는 방법 등이 여기에 속한다. 어떤 조직은 일하는 방식을 철저하게 문서화해서 처리과정을 남기는 조직이 있는 반면에 어떤 조직은 문서화나 처리과정은 중요시하지 않고 팀원 간에 순간순간의 협의에 기초하여 바로 처리하는 형태를 취하기도 한다. 이는 일의 성격에 따라서 다를 수 있다. 또 어떤 조직은 회의를 통하여 팀원의 전체적인 동의와 참여를 중요시하는 의사결정을 따르는 문화를 중요시하기도 하고 어떤 조직은 신속하고 빠른 의사결정이 조직의 이익에 매우 중요하기 때문에 핵심 팀원을 중심으로 의사결정을 내리거나 혹은 이메일, 인터넷매체, 전화, 화상회의 등으로 의견을 취합하기도 한다. 이 또한 조직의 공간적, 시간적 차이에 따라서 달라진다. 이러한 일하는 방식은 시간에 따라서 조금씩 변화되기도 하고 팀구성원이 바뀌면 달라지기도 한다. 팀이 가진 경험과 가치 등은 역사가 오래된 팀일수록 더 탄탄하게 자리잡게 되는 것이 일반적이다. 이러한 팀의 문화가 오랫동안 잘 자리잡아온 팀일수록 새로운 팀원이 영입될 때 유입되는 안좋은 문화들은 발붙이기 어려워진다. 반대로 팀문화가 제대로 정비되어 있지 않다면 새로운 팀원이 갖고 있는 안좋은 문화들에 쉽게 영향을 받을 수 있다. 팀의 성과는 이러한 팀의 문화에 크게 의존하기 때문에 팀문화의 전통을 탄탄하게 정립해 두는 것이 안좋은 문화가 들어오지 못하도록 하는 데 중요하다. 일반적으로 문화가 그렇듯이 팀문화는 오랜 기간 관습적으로 자리잡아온 것이므로 새로운 문화는 예측할 수 없기에 검증이 되지 않은 문화를 쉽게 도입하는 것은 경계해야 할 것이다.

팀문화의 한 축인 인간중심적인 요소들로는 팀원 간의 상호관계, 서로 대하는 방법, 친목하는 방법 등이 여기에 속한다. 이러한 일 중심적인 요소들뿐만 아니라 인간중심적인 요소들이 최근에는 더욱 중요한 팀문화로 인식되고 있는 추세이다. 팀원 간의 관계와 대하는 태도, 친목의 방법, 교류하는 문화 등이 협업을 하는 데 우선되기 때문이다. 관계가 친숙하고 소통이 원활할 때 그리고 상대에 대한 믿음과 신뢰가 돈독할 때, 일의 협력도 수월해지고 일하는 방식과 절차도 간소화되거나 생략될 수도 있기 때문이다. 우리가 익숙하지 않은 사람과는 계약서 없이 일을 진행하지 못하지만 믿고 신뢰할 수 있는 사람과는 의사소통만으로 일이 처리되는 것이다. 가령, 매주 수요일 오후마다 팀원들 간에 단합행사를 한다든지, 목요일마다 좋은 식당에서 함께 식사한다든지, 한 달에 한 번씩 친목회식을 하는 것, 팀 내에 두는 취미클럽 등이 다 인간중심적 요소로서 협업의 팀문화를 구성하는 것이다. 이처럼 팀문화는 조직문화로서 팀의 일처리를 신속하게 하고 팀원 간의 관계를 정립하는 것이다. 좋은 팀을 만들고 생산성을 높이는 데 큰 영향을 미치므로 좋은 팀문화를 조성하는 것은 매우 중요하다.

협업 팀문화의 구성요소

　　사전적으로 문화文化는 일반적으로 한 사회의 주된 행동양식이나 상징 체계를 말한다. 문화란 세계관, 사회사상, 가치관, 행동양식 등의 차이에 따른 다양한 관점의 이론적 기반에 근거하여 여러 가지 정의가 존재한다. 하지만 일반적으로 문화란 인간이 주어진 환경을 변화시키고 본능을 적절히 조절하여 만들어낸 생활양식과 그에 따른 산물들을 의미한다. 즉, 문화란 인간이 자유롭게 형성한 조직을 통하여 만들어내는 모든 활동을 말한다. 다시 말해서, 인간 삶의 모든 영역의 차원에서 인간이 보다 나은 가치를 실현하기 위해서 힘쓰는 정신적이고 신체적인 방식에 있어서 삶의 활동을 의미한다.

　　조직에서 문화는 조직원들의 목표, 믿음, 가치 등이나 상호존중, 배려, 수평적 평등의식, 제도와 관행 등 다양한 형태로 나타난다. 특히 협업적 문화에서 필요로 하는 요소들로는 겸손, 존중, 배려의 정신과 수평적인 평등사상, 다양한 생각 수용, 호기심, 경청, 소통, 즉흥성, 학습, 새로운 아이디어 추구, 동료 간 친밀감 등을 포함할 수 있어야 한다. 따라서 이러한 공통의 요소에 기초한 문화를 형성하면 협업이 원활하게 이루어질 수 있는 토대가 갖추어질 수 있다. 만약 이와 상반된 문화적 요소들을 가진 구성원이 들어온다면 문화적 차이가 클 것이고 공동의 협업은 어려워질 것이다. 그러므로 협업팀은 상이한 전공과 상이한 분야의 지식을 가진 구성원들로 구성하되 협업문화의 기본적 토대를 이루는 정신과 활동을 지켜나갈 때 시너지 효과가 나타날 수 있다. 반대로 제시한 기본 토대가 갖추어지지 않은 구성원들이 많을수록 협업의 성과는 오히려 떨어지게 될 것이다.

조직 내에서 구성원들이 가지고 있는 가치나 믿음 그리고 그 조직의 문화를 이루는 제도와 관행은 한 조직 내의 부서 간에도 차이가 있을 수 있다. 앞서 언급하였듯이 과거 한국의 전통적 문화는 권위주의적 계급구조가 오랫동안 유지되어 왔다. 이러한 계층적 계급문화에 경쟁주의와 서구의 개인주의가 들어오면서 조직문화에서 협업적 조직문화는 더욱 자리잡기 어렵게 되었다. 권위적인 문화는 개인의 자율성과 창의성을 억제하고 폐쇄적인 업무처리 방식을 고집할 수 있다. 여기에 개인주의와 경쟁주의가 들어오게 되면 협업의 문화는 무너지고 대화와 소통을 통한 집단 창의성과 창의적인 아이디어를 얻기는 어려워지게 된다.

협업적 팀문화를 갖추려면 어떻게 해야 할까? 우선적으로 협업의 팀들은 팀의 목표를 구체화하고 이를 모든 구성원들이 공유하여야 한다. 팀은 서로 간에 학습하고 지식을 공유하며 적절하게 피드백을 통한 개선을 도모해 나가야 한다. 나아가 업무와 관련한 원활한 의사소통과 친밀성을 다져나갈 수 있어야 할 것이다. 팀의 협업문화에서는 크게 보면 첫째, 과업에 기여할 팀원을 참여시키고 지식을 공유할 조직을 만들어야 하고 둘째, 적절하게 권한을 위임하고 자율성을 보장하며 책임성을 강화하는 구조를 형성해야 한다. 셋째, 조직 내외적으로 네트워크를 원활하게 할 수 있는 유연성을 이루어 내어야 한다. 넷째, 과업에 기여한 구성원에게 상응하는 인센티브나 성과보상을 제공할 수 있어야 한다.

특히 조직문화가 엄격한 제도와 법령과 규정을 강조하다 보면 실제 일의 효율성이나 혁신과 창의성을 막고 있는 사례들이 비일비재하기 때문에 무엇이 더 중요한지를 수시로 점검하고 다시 생각해 보는 피드백과 일의 본질을 중요시하는 업무 태도 등이 필요하다. 이를 기초로 제도와 법령은 협업에 방해가 된다면 일의 본질과 상식에 맞게 융통성 있게 전환될 수 있도록 여유를 부여하는 것이 필요하다.

조직에서도 문화는 조직구성원에 의해서 오랫동안 관행적으로 형성되고 되물림되어 온 것이기에 쉽게 바꾸기는 어렵다. 이런 이유로 개별 구성원이 조직문화를 바꾸기는 매우 어렵다. 그러나 조직의 리더는 이를 조성하고 만들어 갈 책임이 있기 때문에 리더의 정신과 생각에 따라서 얼마든지 협업에 부합하는 개방적이고 자율적이며 수평적인 문화로 전환해 나갈 수가 있다.

협업 팀문화의 유지 및 발전

　　팀문화는 팀이 일하는 방식을 비롯하여 팀의 분위기를 결정하는 중요한 요소이기에 나름의 팀문화를 유지·발전시켜 나가는 것이 원활한 협업에 매우 중요하다. 좋은 팀문화를 유지·발전시켜 나가지 않으면 팀리더가 바뀌거나 팀원이 바뀜에 따라서 좋은 팀문화가 변질되거나 없어질 수도 있기 때문이다. 좋은 팀문화 하에서는 협업하는 좋은 전통이 뿌리내려서 뛰어난 생산성과 성과를 달성할 수 있다. 그러나 때로는 이 팀문화를 훼손하는 구성원이 들어올 경우 갈등과 내분이 발생할 수도 있고 협업이 잘 이루어지지 못하여 팀문화를 망가뜨릴 수도 있다. 따라서 팀리더뿐만 아니라 팀원들은 팀문화를 유지하고 발전시키는 것을 매우 중요한 가치로 생각해야 한다. 팀의 정체성과 팀업무의 가치를 정립하는 데 많은 노력을 기울여야 할 것이다.

　　사실 팀문화는 조직의 장과 팀리더에 의하여 많이 좌우되는 것이 사실이다. 어떤 목적으로 팀을 만들고 가치와 정신을 부여하느냐에 따라서 팀의 방향과 운영이 결정되기 때문이다. 하지만 전체적으로 팀의 가치와 역할이 이들에 영향을 받지만 실제 팀문화는 리더와 팀원이 어떻게 운영하고 좋은 팀문화를 발전시키느냐에 따라서 많이 변화된다. 새로운 팀원은 팀의 상급자에 의하여 팀이 추구하는 방향, 일처리 방식과 관계를 하나씩 배워나가게 되고 갈등을 조정하고 해결하는 방식과 서로 협업하는 방식을 배워나간다.

팀문화가 나름대로 전통과 역사를 가질 때 이를 방해하는 힘은 힘을 잃게 되고 굳건하게 나아갈 수 있다. 팀문화는 조직의 목표인 생산성과 성과에 초점이 맞춰져야 한다. 때로는 팀문화가 너무 인간중심적인 요소에 편향되어 질 때, 자칫 조직의 생산성과 성과는 떨어질 수가 있다. 건전한 팀문화가 조성될 때 팀원들의 자율성과 책임감은 높아지고 주어진 과업을 협력하고 인내하며 수행할 수 있고 조직의 생산성이 증대될 뿐만 아니라 조직원 간에도 관계가 원활하고 행복해 질 수가 있다. 그러므로 팀문화의 목표를 어디에 두느냐에 따라서 팀원들은 그 목표에 초점을 맞추게 되고 그런 목표지향적인 사람들로 가득찬 팀이 될 것이다.

사실 조직에서 사람을 채용할 때, 응모자가 우리 조직에 적합한 사람인지, 우리의 조직문화에 잘 융합할 수 있는 사람인지를 평가할 수 있어야 한다. 조직의 전통과 문화를 고려하지 않고 우수한 인재만을 뽑고자 한다면 우수하지만 그 조직에는 적합하지 않은 인력이 될 가능성이 높다. 또한 그 우수한 인재도 조직의 문화를 이해하지 못하여 적응하는 데 많은 노력이 소모되고 끝내 적응하지 못하여 떠나가는 일이 비일비재하다. 직원을 채용할 때, 기업문화에 적합하지 않은 지원자를 고용하는 실수를 미연에 방지하기 위해서는 기업문화를 잘 지킬 수 있는지, 기업문화의 적합도를 평가할 수 있는 면접을 반드시 실시해야만 한다. 이러한 과정이 있어야 기업문화를 지키고 유지·발전시킬 수가 있다. 지금까지 우리의 채용관행은 무조건 우수한 인재를 뽑는 것을 우선으로 해왔던 것이 사실이다. 채용 후 초기에 많은 인력들이 다시 퇴사하는 것은 대부분 조직문화에 적응하지 못해서라고 봐야 할 것이다.

가령, 한국의 조직문화는 좋은 점들을 많이 가지고 있다. 연공서열이 단점이 될 수도 있지만 한국에서는 조직 내에서 연장자를 우대해서 대체로 나이가 들면 상위직급으로 올라간다. 설사 연장자가 직급이 낮더라도 예우하려고 노력한다. 또한 한번 단합하면 그 추진력이 매우 강해서 단시일 내에 목표한 바를 이루어낸다. 또한 조직 내에 불편한 점들이 있더라도 잘 참아내려고 노력한다.

그러나 한국의 조직문화는 안 좋은 점도 많이 있다. 한국에서는 법정근로시간이 잘 안 지켜지는 경우가 일반적이다. 신입직원이 채용되어서 가장 갈등을 겪는 부분이 바로 퇴근시간이다. 출근시간을 어기면 징계의 대상이 되지만 법적으로 규정된 퇴근시간을 지키면 욕을 먹는다. 법을 지켰는데도 욕을 먹어야 하니 이는 자기모순이 아닐 수 없다. 또 신입직원들이 어려워하는 문화는 회식문화이다. 법정근무시간은 아침 9시부터 저녁 6시로 정해져 있지만 회식은 근무시간에 이루어지지 않는다. 항상 근무를 마치고 나면 회식을 갖는다. 이는 분명히 근무시간 외에 조직의 활동을 요구하는 것이다. 직장생활을 해본 사람들이면 모두 들어봤듯이 회식은 근무시간의 연장이라고 한다. 그래서 한 사람도 빠져서는 안된다고 한다. 만에 하나 회식에 빠질 사정이 생겨서 사정을 얘기하면 눈총을 받는다. 조직의 융합과 단합에 동조하지 않고 개인주의적으로 행동한다고 상사로부터 욕를 먹는다. 회식에 참석하면 회식은 구성원들 전체의 소통과 단합을 위하여 진행되기보다는 그 회식에 참석한 부서장을 위한 모임으로 진행되는 경우가 많다. 직원들은 조직의 장의 눈치를 보기에 급급하고 때로는 생각하는 바를 제대로 말할 수도 없다. 자칫 상사의 눈에 거슬려서 불이익을 당할 수도 있기 때문이다. 회식자리는 계급의 연장선에서 이루어진다. 사실 대부분의 부하직원들은 회식을 별로 좋아하지 않는 분위기다. 술은 능력과 관계없이 상관이 주는 술은 무조건 마셔야 한다. 폭탄주는 전 세계적으로도 유명하다. 이러한 조직문화가 OECD국가가 된 한국의 현 조직문화이다.

이와 반대로 선진국의 사례를 소개하면 근무시간은 철저하게 지킨다. 일반적으로 미국의 경우 9 TO 5로 9시 출근하여 5시에 퇴근한다. 퇴근시간이 가까워오면 하나 둘 자리를 정리하고 퇴근한다. 한국과 다르게 5시부터 바로 초과근무 시간이 카운트되고 근무당 임금이 정규근무시간과 동일하게 지급된다. 한국은 관공서의 경우, 저녁 8시부터 초과근무 시간이 카운트된다. 따라서 미국의 경우 회사대표는 초과근무하는 것을 별로 원하지 않는다. 미국의 경우 점심시간은 따로 없고 각자가 자리에 앉아서 근무하면서 햄버거나 준비한 도시락 등으로 점심을 해결한다.

직원이 새로 오거나 떠나갈 때 미국조직도 회식이 있다. 그러나 근무 중에 회식을 하는데 점심시간을 주로 이용한다. 회식에 전원 참석해야 한다는 의무는 없다. 참석하고 싶지 않으면 참석하지 않으면 그만이다. 불참으로 인한 불이익은 없다. 개인의 의사를 절대 존중해 준다. 회식에서 술이나 음식을 강권하거나 강요하지 않는다. 하지만 미국의 조직은 육아휴가나 휴가에 대해서는 아주 관대한 편이다. 가령, 여자 직원뿐만 아니라 남자 직원도 부인이 아이를 가져서 육아휴가를 들어갈 때, 회사는 그 남자 직원과 부인을 회사로 초대하여 아이의 출생을 축하해 준다. 미리 직원들이 준비한 커다란 축하카드에 각자의 조그만 글들을 담아서 준비한 선물과 함께 근무 시간 중에 행사를 진행한다. 근무시간이 끝난 후가 아니다.

우리의 일하는 방식은 미국의 조직과도 많이 다르다. 우리는 상관이 부하직원의 이름을 부르거나 전화로 불러서 자기 자리에 오라고 명령한다. 그러나 미국의 조직은 필요한 사람이 찾아가서 자유롭게 논의를 한다. 일방적인 지시와 명령을 내리는 것은 찾아보기 어렵다. 미국의 조직에서는 부하직원들이 거의 상관의 눈치를 보지는 않는다. 필요하면 자신의 의견을 솔직하게 말한다. 조직의 분위기가 상당히 자유로운 것이 선진국의 조직이다.

이처럼 우리의 조직문화는 관리자를 중심으로 조직을 이끌어온 탓에 기인한 것이 아닌가 생각된다. 조직이 평등할 수는 없어도 조직의 운영과 법규의 준수는 공평하고 투명하게 적용되어야 한다. 조직이 공평할 수는 없어도 조직은 가급적 수평적 구조를 유지하여야 의사소통이 원활해 지고 업무의 신속한 진행과 피드백이 가능하다. 조직의 위계가 많은 수직적 구조의 조직에서는 결재를 완료하는 데 1주일 아니 한달이 걸리는 경우도 없지 않다. 이러한 한국의 조직문화에서 협업을 활성화시키려면 이는 나무에서 물고기를 구하는 것과 같이 어렵다.

따라서 조직 내에서도 직원들이 조직문화를 무조건 따라줄 것을 요구하지만 말고 직원들에게 건전하고 밝은 조직문화를 제공하기 위하여 끊임없이 노력해야 한다. 잘못된 조직문화를 고집하면 거기에 염증을 느끼는 우수한 인재들이 하나 둘씩 다 떠나가게 될 것이다. 잘못된 관행과 잘못된 과거의 문화에 기초하여 형성된 구습은 과감하게 개혁해 나가야 한다. 문화가 쉽게 바뀌지 않듯이 조직의 안좋은 문화도 쉽게 바뀌지 않는다. 사실 앞서 언급한 한국의 안좋은 조직문화들은 협업과 조화가 안되는 문화들이다. 이 문화들을 내려놓는 방법이 있다면 조직의 대표나 임원들이 자신들의 권위를 내려놓고 직원들의 만족과 행복을 우선시 하는 조직으로 변화시키는 것이다. 사실 우리의 조직문화는 군대문화에 많은 영향을 받아서 매우 권위적이고 관리자 중심으로 형성되어 왔다. 권위주의적인 관리자 중심의 리더십에서 관리자의 말이 곧 명령이요 법이다. 여기에 이의를 제기하거나 부정하는 것은 있을 수 없다. 이러한 조직문화에서 아니오No는 있을 수 없고 예Yes만이 있을 뿐이다. 이제 세월이 많이 흘러서 이러한 조직문화도 상당히 민주적으로 바뀌고 있는 것이 사실이다. 조직이 빠른 성장과 성과를 원한다면 우선적으로 잘못된 조직문화부터 바꾸어 나가야 할 것이다. 조직의 건전한 문화를 조성하는 것은 조직 전체의 발전을 위하여 반드시 필요하다.

협의의 조직문화로 돌아가서 이상적인 조직문화를 추구한다면 협업의 정신이 잘 반영된 그러한 문화를 발전시키는 것이 지위가 높고 낮음에 관계없이 모든 사람들을 가장 효과적으로 참여시킬 수 있고 융합할 수 있게 만드는 문화가 될 것이다. 조직문화는 사람들의 성향에 따라서 정치적이고 공격적인 문화와 안정적인 문화로 구분할 수도 있다. 정치적이고 공격적인 문화란 협업의 일보다는 로비나 사람의 친소관계를 이용하여 이익을 보려는 사람들이 모여서 형성한 문화를 말한다. 반대로 안정적인 문화는 자신의 일과 협업 등 일에 충실한 사람들이 조성한 문화를 말한다. 특히 한국과 같이 경쟁이 치열한 조직 내에서 협업을 위한 팀을 만든다 하더라도 경쟁이 협업을 방해하여 정치적이거나 공격적인 성향의 사람들이 많아진다. 정치적인 사람들은 일에 충실하기보다는 인사나 과실에 보다 관심이 많아서 힘을 가진 상관에게 아부하거나 붙어지내는 경향이 있다. 정치적이거나 공격적인 사람이 많아지면 협업은 어려워지고 안정적인 문화에 익숙한 사람들은 이들로 인하여 많은 방해와 견제를 받게 되고 자신의 일에 집중하기도 어려운 때가 많다. 정치적 혹은 공격적인 사람들은 소란한 환경뿐만 아니라 조용한 근무환경에서도 잘 지낼 수 있지만 공격적인 근무환경에서 내성적인 사람들은 그들의 의견을 내기도 어렵고 공격적인 사람들로 인하여 위축되는 경우가 많이 발생한다. 뿐만 아니라 조직 내에는 일은 하지 않으면서 말이 앞서는 사람도 있고 눈치만 보면서 일을 하지 않는 사람 등 실로 다양한 사람들이 존재한다. 이처럼 정치적 내지 공격적인 문화는 안정된 문화를 쉽게 공격하고 차분하고 내성적인 사람들은 공격적인 사람들이나 정치적인 사람들, 혹은 기회주의적인 사람들로 인하여 무너지기 쉽다. 따라서 팀문화를 조성할 때 이런 점을 잘 숙지하고 있어서 이러한 사람들이 건전한 조직문화를 파괴하지 못하도록 팀에 합류할 때부터 조치하거나 방지해야만 한다. 한 명의 정치적 혹은 공격적인 사람을 방지하려면 여러 명의 사람들이 필요할 것이다. 아무튼 이들을 모두 건전한 조직문화에 융화시키고 변화시키기 위해서는 반드시 협업의 정신이 강조된 협업의 문화를 수립하는 것이 필요하다.

협업 팀문화의 의사소통방법

사실 협업에서 가장 중요한 요소가 의사소통이다. 대부분의 팀에서 각자 팀원들은 정해진 과업을 수행하는 시간이 대부분이지만 그 과업을 정하고 분담하는 의사소통을 위한 회의나 모임으로 인하여 가끔 방해를 받는다고 생각한다. 특히 회의의 시간이 길수록 많은 시간과 방해를 받는다고 생각하게 된다. 하지만 팀의 모임이 없으면 정보와 방향이 제공되지 않아서 잘못된 일을 하게 될 수도 있다.

의사소통방법에는 공식적인 회의와 모임도 있고 비공식적인 모임이나 접촉도 있다. 이들이 모두 중요한 소통의 수단이 된다. 회의와 모임 이외에 의사소통에 중요한 수단들로 이메일, 온라인채팅, 모바일 메신저, 전화 등이 있을 수 있다. 성공적이고 효율적인 팀문화의 의사소통을 위해서는 이들 다양한 소통수단들을 적절히 잘 활용할 수 있어야 한다. 즉, 팀의 구성원들은 팀이 해야 할 일을 상의할 때 적절한 소통수단을 효율적으로 사용할 줄 알아야 한다. 이러한 소통방법이 때로는 귀찮을 수 있지만 팀의 업무효율과 생산성을 높이는 데 필요한 투자라고 봐야 한다. 만약 좋은 의사소통을 위한 노력이나 방법을 정해두지 않는 경우에 팀의 누군가가 한 일들을 중복해서 할 수도 있기 때문에 시간과 노력의 낭비가 발생할 수도 있다. 적절한 의사소통 수단을 통하여 각자가 무엇을 하고 있는지 수시로 알도록 할 필요가 있다.

특히 의사소통을 할 때 회의를 가장 많이 선택하게 된다. 회의는 잘 활용하면 매우 효과적이지만 너무 자주 빈번하게 사용하거나 너무 길게 진행하면 비효율적이고 소모적인 수단이 될 수 있다. 일반적으로 회의는 주로 1시간을 넘지 않는게 중요하다고 한다. 사실 사람이 집중할 수 있는 시간은 25분 내외로 알려져 있다. 따라서 어떤 조직은 회의를 30분 이내에 마치는 경우도 많다. 그러나 회의의 참석자가 많으면 많을수록 회의의 시간은 비례해서 증가하는 경향이 있다. 민주적으로 진행한다고 한마디씩 하다 보면 시간이 금방 한 시간 흘러간다. 회의에서 시간을 줄이기 위한 방법은 그 회의의 논의 사항을 미리 공지하고 핵심사안만을 논의하도록 하는 것이다. 특히 회의에서 강조할 사항은 팀의 과업에 대한 목표를 명확하게 설정하여 이를 구성원들이 항상 공유하도록 해야 낭비적인 요소를 줄이고 합의에 신속하게 도달할 수 있다. 공식회의에서는 기본 공지사항 위주로 진행되어야 하고 회의에 참석한 모든 사람의 개별적 상황을 점검하는 것은 삼가는 것이 시간을 줄일 수 있다. 이러한 상세한 논의는 공식회의가 끝난 후에 주제와 관련된 사람들끼리 따로 모여 진행하는 것이 필요하다. 회의의 가장 큰 목표는 회의에 참석한 사람이 행복해야 하며 유익해야 한다. 중요한 논의사항이 아니거나 굳이 공식회의를 하지 않아도 되는 사항은 이메일이나 문자 혹은 메신저로 전달할 수 있어야 한다.

우리나라와 같이 전통적인 조직문화에서는 조직의 장이 참석하는 회의에는 그 회의가 조직의 장의 지위를 상징하는 것이기 때문에 그 회의에 참석하지 않는 것은 조직의 장을 무시했다고 보는 문화도 없지 않다. 이와 같은 회의는 회의가 아니라 조직의 장의 권위를 확인하는 자리라고 봐야 할 것이다. 회의를 위한 회의는 건전한 협업문화에서 해서는 안될 것이다. 회의시간이 너무 길기 때문에 시간을 줄이기 위한 노력들이 선진 조직에서는 많이 있다. 가령, 회의를 서서 진행하여 시간을 길게 끌지 않도록 한다거나, 누군가 회의시간을 정하고 시간을 통제하여 진행하기도 한다. 회의에 참석하기 위하여 작업을 중단하는 일을 막기 위하여 점심시간에 회의를 하기도 하고 아예 특정요일에는 업무에만 집중하도록 회의없는 날을 정하는 기업도 있다.

다음으로 직원 간에 공간적으로 떨어져 있거나 동시에 한자리에 모이기가 힘든 상황에서는 가능한 모든 수단(이메일, 온라인채팅, 단체문자, 화상채팅, 전화 등)을 사용하여 각자가 무슨 일을 하고 있는지 어떤 일이 진행되는지 서로 알게 해야 한다. 하지만 이러한 수단들은 대면회의보다는 의사소통에 한계가 있기 때문에 정기적으로 팀 구성원들이 만나는 시간을 가져야 할 것이다. 특히 재택근무자가 많은 조직에서는 정기적으로 만나서 논의하는 시간을 가져야 한다.

통신수단을 통하여 의사소통을 할 때는 주요한 자료들을 항상 공유할 수 있도록 회의안건, 회의록 내용, 의사결정결과, 관련된 정보에 관한 문서들을 협업팀의 메일링리스트에 일괄 보관하여 중앙집중식 기록관리물 저장소를 유지하는 것이 필요하다. 개별 팀원들은 필요하면 이 곳을 접속하여 관심있는 자료를 열람할 수 있어서 편리하다.

이처럼 협업의 팀을 위해서 좋은 사람들을 참여시키고 좋은 문화를 형성하여 나가는 것도 중요하지만 팀문화를 전파하는 소통에 필요한 것은 효과적인 의사전달이다. 다양한 의사전달의 수단을 적절하게 효과적으로 사용하는 것은 업무의 방해를 최소화하면서 의사소통을 가능하게 한다.

만약 협업에 방해와 문제를 일으키는 팀원은 어떻게 대응해서 해결해야 할 것인가? 이러한 팀원은 팀원의 업무를 지연시키고 비효율적으로 만드는 요인이 된다. 그런데 이런 문제를 일으키는 사람들 중에는 어떤 이유로 고의적인 경우도 있고 의도하지 못하거나 협업의 정신을 잊어버리거나 혹은 무관심해서 나타날 수도 있다. 이처럼 용납하기 어려운 행동이나 언행으로 업무를 혼란에 빠뜨리는 사람들을 억제하기 위해서는 우선적으로 겸손, 존중, 신뢰의 협업 정신을 강화하고 강조해야 한다. 팀문화를 강화하려면 다음과 같이 팀의 에티켓을 강조할 필요가 있다. 즉, 팀의 목표와 팀 내에서 개인의 목표를 명확히 밝혀주고 모든 기록을 문서화해서 남기며 대화의 에티켓을 확립하고 일의 절차와 순서를 명시화한다. 나아가 합의에 기반한 의사결정을 존중한다. 그러나 합의에 이르지 못할 경우 갈등해결 절차를 규정에 둔다. 이와 같은 사항들을 팀 내에 지켜야 할 원칙으로 공지하고 지켜줄 것을 규정한다.

이런 규정들이 지켜지지 않고 위반되어 협업에 피해를 주게 되면 이들에게 주의나 경고를 줘야한다. 그럼에도 불구하고 행동이 개선되지 않는다면 그런 팀원은 퇴출까지 갈 수 있을 것이다. 팀리더는 이런 팀원의 건전하지 못한 행동들을 용납해서는 안되고 협업의 정신을 다시 한번 일깨우고 수정하도록 권면해야 한다.

사례 4

메디치 효과(Medici effect)

14세기부터 17세기까지 이탈리아 피렌체에서 강력한 영향력이 있었던 메디치 가문은 학문과 예술에 대한 후원을 아끼지 않았다. 이탈리아 메디치 가문의 후손들은 다른 지배자들처럼 교만하고 자랑하며 예술가를 후원한 것이 아니라 예술을 진심으로 이해하고 그 가치를 인정하고 존중하였다는 점에서 높이 평가를 받으며 오늘날까지 이들의 후원이 널리 알려져 오고 있다.

메디치 효과는 서로 다른 분야의 전문가들이 함께 소통할 수 있도록 지원을 아끼지 않았던 메디치 가문에서 유래하였다. 즉, '메디치 효과(Medici effect)'란

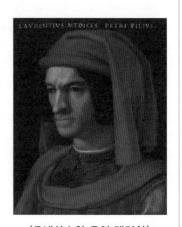

〈르네상스의 주역 메디치〉

서로 다른 지식이나 재능을 지닌 사람이 만나고, 이로 인해 전혀 다른 분야의 것들이 서로 교차, 융합해 창조와 혁신의 확산을 이루는 것을 말한다. 말하자면 서로 다른 수많은 생각들이 한 곳에 만나는 지점을 교차점(Intersection)이라고 하고 이 지점에서 혁신적인 아이디어가 폭발적으로 증가하는 현상을 메디치 효과라고 하는 것이다. 프란스 요한슨(Frans Johansson)이 2004년에 발간한 그의 책 「메디치 효과」에서 소개한 개념

이다. 이는 달리 표현하면 서로 다른 분야의 요소들이 결합할 때 각 요소들이 갖는 에너지의 합보다 더 큰 에너지를 분출하게 되는 효과를 말한다.

메디치 가문에 의해 모인 예술가, 철학자, 과학자들은 각자 전문 분야의 벽을 허물고 서로의 재능을 융합하여 큰 시너지를 내게 되었다. 이로써 이탈리아는 르네상스 시대를 맞이하고 레오나르도 다빈치, 미켈란젤로, 단테와 같은 세계적인 예술가들을 배출할 수 있었다. 이들의 재능을 꽃 피우게 한 서로 재능을 융합하는 전통이 오늘날 협업의 기원이 되었다. 최근 들어 개방성, 다양성, 상상력, 창의력을 키울 수 있는 인문학, 음악, 미술, 건축 같은 문화 예술에 대한 관심이 크게 늘고 있다. 다양한 분야의 사람들을 만나야 세상의 큰 흐름에 잘 따를 수 있다. 또 이질적인 사람들과의 만남을 통해 놀라운 아이디어를 얻을 수 있는 기회를 만나기도 한다.

그런데 왜 이런 현상을 메디치 효과라고 부르게 되었을까? 15세기와 16세기에 피렌체의 메디치 가문이 전혀 다른 분야의 사람들, 예를 들면 예술가, 과학자, 상인이 서로 교류하고 소통할 수 있도록 금전적, 정치적으로 후원했고 그 결과 르네상스 시대를 활짝 여는 데 지대한 공헌을 했기 때문이다. 메디치 가문은 본거지인 이탈리아 피렌체를 포함하여 당대에 유럽에서 가장 유명한 금융업자였으며 피렌체 공화국과 토스카나 공국의 지배자로서도 대단한 명성을 떨친 가문이었다. 이들이 15세기 유럽의 중심 세력으로 부상한 후에는 경제적, 정치적 리더에 그치지 않고 문화적 리더로서 르네상스의 불씨를 피웠다. 그 당시 레오나르도 다빈치, 미켈란젤로, 단테, 마키아벨리 등 많은 예술가들이 메디치가의 후원을 받았다.

한편, 실제 비즈니스에서 메디치 효과는 어떻게 나타나고 있을까? 메디치 효과를 제대로 맛보려면 단일 분야의 팀보다는 다양한 분야의 사람들로 구성된 팀을 구성해야 한다. 제2차 세계대전 당시 연합군은 수학자, 고전학자, 언어학자, 과학자 등 다양한 전문가들로 팀을 구성해 독일 해군의 에니그마(enigma)라는 난공불락의 암호를 해독할 수 있었다. 메디치 효과의 다른 예로 세계적 브랜드인 루이비통은 디자이너가 아니라 팝 아티스트인 무라카미 다카시와 만나 무라카미 백을 만들었다. 창의적인 작품으로 사랑받는 베르나르 베르베르의 작품 《개미》, 《나무》, 《인간》, 《파피용》은 그 기저에 과학적 사고가 깔려 있다. 문학과 과학이라는 인문학과 이공학의 교차점을 정확히 짚어내 새로운 장르를 개척한 것이다.

최근 사회의 전반적 트렌드가 창조를 강조함에 따라 메디치 효과의 활용 범위가 갈수록 넓어지고 있다. 그러나 문제는 이런 메디치 효과가 모든 창조와 혁신을 기반으로 하는 작업에 무차별적으로 확대되고 있다. 최근의 메디치 효과는 융합과 교차점의 의미에서 나아가 동종(同種)사업 내에서의 활용이나 기업의 소극적인 협업까지 확장되고 있다. 대표적인 사례로는 아트마케팅의 시초라 할 수 있는 앤디 워홀의 코카콜라를 활용한 작품이나 보드카 앱솔루트, 울라푸르 엘리아손의 루이비통 및 BMW의 협업 등을 들 수 있다. 이 후 패션산업에서 일반 브랜드로 점차 확산되었고, 협업 대상 역시 예술작품에서 음악과 광고 등 예술 전반으로 확대되었다.

　　메디치 효과의 전방위적 사용이 필요한 이유는 기업은 혁신을 해야 다른 기업과 차별화가 되고 경쟁우위를 선점하기 때문이다. 기업의 혁신은 당면한 여러 문제를 새로운 방식으로 해결하는 창의성에서 나온다. 이러한 창의력은 그냥 나오는 것이 아니라 자유분방하게 생각하는 상상력과 서로 다른 분야의 융합이 일어날 때 발휘된다.

제5장

협업의 리더와 구성원

협업의 리더

조직에 몸담고 있으면 어느덧 관리자의 자리에 나아가게 된다. 조직은 리더 없이 좋은 성과를 내기 어렵다. 관리자의 자리는 조직을 이끌어갈 수 있는 철학과 비전을 가진 리더십을 요구한다. 그러나 새롭게 관리자가 된 직원은 리더십 교육을 받지 않았기에 바로 조직관리에 필요한 좋은 리더십을 발휘하기 쉽지 않다. 관리자 들은 정기적으로 리더십 교육을 받아야 하고 좋은 리더십을 갖춘 참된 리더가 되기 위하여 노력하여야 한다.

이하에서는 전통적 관리자와 협업의 리더의 특징을 비교하고 리더십의 바람 직한 형태를 살펴볼 것이다. 나아가 협업의 리더가 수행해야 할 일들을 제시한다.

1. 전통적 관리자와 협업의 리더

리더가 없는 조직은 선장이 없는 배와 같다. 선장은 배가 가야 할 목적지와 방향을 정해줘야 한다. 리더는 조직의 팀 내에서 발생하는 충돌, 갈등, 인력의 배치, 의사결정 등의 조정과 정리를 해주는 역할을 담당한다. 리더는 팀이 정해진 목표와 방향으로 나아가도록 이러한 내부적 이해관계를 조정하고 방향을 정하고 의사결정 을 하는 과정에 자신도 상처를 받기도 하고 어려움을 경험하게 된다.

특히 리더는 잘하면 본전이고 못하면 팀 내에 조직원들로 부터 원망과 불평 불만을 집중적으로 받을 수도 있다. 우리나라와 같이 군사계급의 문화가 조직에 광범위하게 침투해 있는 조직문화에서 관리자는 주로 지시와 명령을 내리는 권력자로서 군림하는 경향이 없지 않았다. 오늘날 리더십에 대한 연구가 활발해 지면서 이러한 관리자의 역할은 많이 바뀌고 있지만 지금도 이와 같은 영향은 각종 조직에 팽배해 있다. 이러한 관리자의 역할은 과거에 직원들을 지시하고 통제하며 일의 목적과 목표뿐만 아니라 방향까지 모두 정해서 명령하는 것으로 간주되어 왔다. 즉, 관리자의 역할은 일을 어떻게 해 나갈 것인가를 주로 혼자 고민하고 결정을 내려서 지시하는 것이었다. 그러므로 직원들을 관리하고 통제하여 업무에 차질이 생기지 않도록 감시와 감독을 하는 것이 관리자의 주된 역할이었다.

최악의 관리자는 직원들이 자리에 앉아 있지 않으면 일을 제대로 하지 않는다고 생각하는 관리자이다. 이런 관리자는 일과 직원의 근무행태를 동시에 통제하고 있는 것이다. 비슷하게 자기자신의 일도 제대로 처리하지 못하거나 조직의 사람도 관리할 줄 모르는 관리자가 의외로 많이 존재한다. 형편없는 직원일수록 더욱 더 관리자가 되기 위하여 모든 노력을 기울인다. 왜냐하면 관리자가 되면 자신의 과업에서 해방될 수 있고 지시와 명령을 내릴 수 있기 때문이다. 아무튼 전통적 관리자는 협업에서 필요한 겸손, 존중, 신뢰의 정신을 갖추었다고 보기 어렵고 직원들의 발전을 위한다고 보기 어렵기 때문에 협업에는 적합하지 않다. 따라서 만약 전통적 관리자가 협업의 리더로 직위를 맡게 된다면 협업팀을 바로 이끌 수 없다. 협업의 리더는 무엇을 할 것인가를 고민하고 그 일을 어떻게 할 것인가는 팀원들에게 맡겨야 한다. 즉, 리더는 군림하고 명령하는 상급자가 아니라 겸손하고 팀원들을 존중하고 신뢰하며 지원하는 역할을 담당하는 것이 협업리더의 역할이다. 협업의 리더는 팀의 과업이 가야할 방향으로 나아가고 있는지, 팀원들의 요구대로 진행되고 있는지, 팀원들의 안전과 쾌적한 근무환경이 유지되고 있는지 등을 보살펴야 하는 것이 주요한 임무이다.

이론적으로 엄격하게 협업의 리더를 업무중심 리더와 인간중심 리더로 구분하기도 한다. 업무중심 리더는 일에 관련된 사항과 방향에만 책임을 지는 반면에 인간중심 리더는 일의 방향뿐만 아니라 팀원들의 경력관리와 일의 만족까지도 책임을 지는 리더이다. 최근에는 인간중심 리더가 보다 더 요구되고 있는 것이 현실이다. 왜냐하면 개인적인 상황과 사정을 무시한 협업은 협업의 중요한 요소인 신뢰와 믿음을 가져오기 위한 공감과 소통에 문제를 일으킬 수 있기 때문이다. 그러므로 훌륭한 협업의 리더는 직원들을 감시 및 감독하는 것이 아니라 일의 방향을 정하는데 집중하고 일의 과정 상의 애로를 상의하고 성과를 중요시하며 나아가 팀원들의 일의 경력과 즐거움을 증진시킬 수 있도록 지원하는 역할을 담당해야 한다.

협업의 리더는 자신의 일정한 과업을 수행해야 할 뿐만 아니라 팀의 관리적 업무(직원상담, 일의 방향 논의, 갈등해소, 인력배치 등)를 동시에 수행해야 하기 때문에 자기자신의 과업은 다소 생산성이 떨어지거나 업적이 나쁠 수도 있다. 이것은 리더가 감수해야 하는 부분이다. 사실 리더로서 팀의 관리적 업무는 측정하기도 어렵고 이를 드러내기도 쉽지 않다. 또한 팀이 수행한 업무의 성과를 자신의 공적으로 차지해서도 안된다. 가끔 우리 나라의 전통적 관리자들은 자신의 팀이나 소속된 부서가 이룬 성과를 자신의 성과로 차지하는 경우도 없지 않다. 이러한 전통적 관리자들은 조직이나 팀의 부하직원도 언젠가는 관리자가 될 것이고 그 혜택을 자신과 같이 누릴 것이므로 현재에 보상을 받느냐 나중에 받느냐의 차이일 뿐이라고 주장하기도 한다. 이러한 전통적 관리자를 협업의 팀리더로 유지한다면 그 협업팀의 성과는 불보듯이 명확하게 형편없을 것이다. 좋은 리더는 팀원들이 즐겁게 생산적으로 일하도록 근무환경을 조성해 주는 것이 필요하고 이것이 리더의 중요한 성과지표로 조직 내에서 인정되어야 한다.

2. 리더십의 바람직한 형태

협업의 리더십은 말은 쉽지만 실천하기는 쉽지가 않다. 협업의 조건을 모두

만족하는 팀구성원을 기대하기도 어렵다. 협업의 구성원들이 협업에 적합한 사람이 아닐 때, 무능력하거나 지나치게 독선적이거나, 갈등을 일으킨다거나 다양한 문제를 일으킬 때, 협업의 리더 입장에서 이러한 문제를 어떻게 처리하느냐에 따라서 협업의 질과 성과는 달라진다.

협업의 가장 이상적인 리더는 협업의 조건을 충족하고 헌신적으로 팀에 봉사하는 자발적 리더십을 발휘하는 것이라고 볼 수 있다. 이상적인 리더는 헌신적인 리더십을 적극 받아들여서 겸손, 존중, 신뢰가 충만한 분위기를 유지하도록 노력해야 한다. 개별 구성원이 어떻게 할 수 없는 관료적인 관행이나 일처리 방식을 없애주고 신속하고 원활한 일처리가 가능하도록 시스템을 만들어 줘야 한다. 헌신적인 리더는 인간중심의 리더가 되어서 협업에 방해가 되는 요소들을 제거하고 쾌적한 팀 분위기와 근무환경을 유지시켜주며 부족한 부분들을 보완해 주는 역할을 수행해야 한다.

이하에서 바람직한 리더가 갖추어야 할 형태를 구체적으로 열거하면 다음과 같다.

첫째, 협업의 리더는 인간중심의 리더가 되어야 한다. 바람직한 리더는 이제 팀원이 아니기에 팀 내에 일어나는 갈등이나 업무충돌에 대하여 조정과 해결자의 역할을 회피하지 말아야 한다. 이 역할이 팀원과는 다른 팀리더의 매우 중요한 요소이기 때문이다. 특히 갈등이 심한 구성원 간의 업무의 분장이나 역할의 안배는 팀원들이 불만이 없도록 팀리더가 잘 조정해 줘야 하는 기능이다.

사실 일반 조직뿐만 아니라 협업조직 내에서도 역량이 뛰어나고 성실한 팀원이 있는 반면에 역량이 미치지 못하거나 성실하지도 못한 팀원이 있을 수 있다. 매번 팀의 일이 함께 이루어져야 할 경우 뛰어난 역량을 가진 팀원이 많은 일을 담당하고 나태하거나 불성실한 팀원이나 병약한 팀원들은 열외 내지 제외되기도 한다. 이처럼 특정인에게 일이 집중되거나 과중되면 그 팀원은 불만이 쌓일 수 있고 반대로 저성과자들은 소외되는 것에 대한 불만이 일어날 수도 있다. 이러한 팀 내부의 문제를 리더가 적절하게 심리적인 요소까지 다 고려하면서 협력해서 공동과제를 성취해 간다는 것은 쉬운 일이 아니다. 이러한 문제는 조직이 존재하는 한 항상 부딪히는 문제일 것이다.

우선적으로는 팀의 성과의 중요성과 팀의 단합을 강조하고 이를 우선해야 할 것이다. 또한 뛰어난 직원에 대해서는 그에 합당한 시기마다 유인과 보상을 주는 것이 필요하다. 반대로 낙오된 직원을 다루는 문제는 협업에서 가장 어려운 부분이다. 열심히 노력하지만 능력이 절대적으로 부족하여 그 일을 완수해 내지 못하는 직원을 다루는 문제는 쉽지가 않다. 훌륭한 리더는 이러한 저성과자에게도 관심을 가져야 한다. 그렇다고 저성과자들을 무시해서는 안된다. 이들에게 기간을 정하여 기대되는 작은 목표를 구체적으로 정해주고 그 목표를 단계적으로 설정하여 진행과정을 점검한다. 작은 목표지만 성공의 즐거움을 누리도록 그러한 기회를 최대한 증가시킨다. 이러한 과정에서 따라오는 저성과자와 따라오지 못하는 저성과자가 구별될 것이고 따라오지 못하는 저성과자는 자연히 그 일을 떠나려 할 것이다. 반대의 경우 작은 목표가 성공하고 기대에 부응하는 직원은 조직에 점차 적응하게 되고 팀에 부응하게 될 것이다.

둘째, 협업의 리더는 팀에 필요한 우수한 인재를 영입하는 데 최선을 다해야 한다. 여기서 말하는 우수한 인재는 기술적으로 업무처리 능력만 뛰어난 것이 아니라 인간적으로도 협업의 정신을 존중할 수 있고 서로의 역량을 배가시킬 수 있는 사람을 말한다. 가끔 리더는 자기자신의 위치를 위협할 수 있는 능력있는 인재를 채용하기를 두려워하는 경우가 없지 않다. 이 때문에 자신보다 못하거나 유능하지 않은 사람을 채용하는 경우가 있다. 이는 근시안적 생각으로 일시적으로 자신의 자리는 지킬 수 있을지 모르나 그 사람으로 인하여 팀의 생산성과 성과는 떨어질 것이고 다른 팀과의 비교에서 뒤처지게 될 것이므로 그 팀은 계속 성공하기 어렵게 될 것이다. 가능한 우수한 인재를 채용하고 영입하여 팀의 활력이 살아나게 하고 팀을 통하여 자신과 팀원이 더욱 발전되도록 하는 것이 협업 리더의 중요한 역할이다.

셋째, 협업의 리더는 팀원들에게 자율권을 줘야 한다. 팀의 방향, 일의 과업과 기간을 정해주지만 세부적으로 각각의 일을 처리하는 세부적인 방식이나 일의 추진 일정을 일일이 간섭해서는 안된다. 즉, 과업의 범위와 기간은 정해주지만 일을 추진하는 것은 개별 팀원에게 일임해야 한다. 팀원의 일을 세부적으로 간섭하거나 관여하고 일에 대한 자율권과 책임을 주지 않으면 직원들은 수동적으로 바뀌게 되고 일에 대한 자신의 아이디어나 생각을 반영하지 않고 지시하는 것만 수행하는 단순한 역할만 하게 된다. 반대로 자율과 책임을 부여하고 직원의 능력에 신뢰를 보내면 그들은 자신의 창의력과 능력을 보여주기 위하여 노력하게 될 것이다. 협업의 장점은 개별 구성원의 자율과 창의가 극대화되어서 보다 새로운 방식의 일처리, 효과적인 일처리를 통하여 성과를 더 높이는 데 있다. 따라서 구성원들의 창의력과 자율이 발휘될 수 있도록 기회를 부여하는 것이 리더의 중요한 역할이다. 자율성은 무질서와는 전혀 다르다. 자율성을 주는 것은 직원들에게 책임감 있게 일을 추진할 자유를 주는 것으로서 일종의 결정할 수 있는 권한을 위임하는 것이다. 직원들이 자기 일에 자율권을 갖지 못하는 조직에서 높은 업무 성과를 기대해서는 안된다.

이하에서는 협업의 리더가 성공적인 협업을 이끌기 위하여 해야 할 세부적인 일들을 소개할 것이다.

3. 협업의 리더가 수행해야 할 일들

1) 협업의 요건을 강조하고 실천하라

제1장에서 협업그룹의 구성원들은 서로에 대한 겸손, 배려, 존중의 정신을 가져야 한다고 언급한 바 있다. 협업에 참여하기로 하면 먼저 서로를 이해하고 배우는 일을 시작해야 한다. 나아가 협업그룹의 제도적 규범과 문화적 규범, 그리고 가치, 한계점, 기대 등을 이해하고 받아들이며 이를 존중할 줄 알아야 한다고 강조

하였다. 협업에 임하는 구성원들이 각자 자발적으로 협업의 정신과 협업의 요건을 잘 이해하고 실천한다면 협업의 리더가 이를 군이 강조하고 설명할 필요가 없는 조직이 될 것이다. 이러한 팀에서 리더는 얼마나 편하고 좋을까? 그러나 현실의 조직에서는 조직의 사명과 목표로부터 의사소통에 이르기까지 누군가는 이를 항상 강조하고 실천을 독려하는 역할을 하지 않으면 구성원들은 돌아서면 잊어버리기 쉽다. 따라서 협업의 리더는 항상 협업의 요건을 중간중간 상기시키고 이를 실천하면서 과업을 진행하도록 격려해야 한다.

그런데 전통적인 리더가 협업조직의 리더가 되었을 때, 자신의 지위와 그 지위에서 나오는 자존심이 강하여서 협업리더의 역할을 제대로 수행하려면 상당한 노력과 자기수양이 뒤따르지 않으면 안된다. 전통적인 리더는 직원들에게 책임을 부여하고 맡기기보다는 직원들이 자주 보고해주기를 원하고 일일이 지시통제하기를 원하는 것이 일반적이다. 따라서 자신을 리더로서 존중하지 않거나 의사결정에 배제시키거나 제대로 보고하지 않는 경우, 자존심 상해하고 때로는 화를 내는 경우가 종종 발생하게 된다. 협업팀의 리더가 권위적이거나 너무 개인적인 자존심이 강할 경우, 자신의 의견이 중요해지지 않으면 견딜 수 없기 때문에 팀을 관리하기가 어려워진다.

협업이 원활하게 이루어지려면 리더가 자존심을 버리고 팀의 집단적인 자부심과 문화를 만드는 데 노력해야 한다. 팀리더는 팀원과 마찬가지로 겸손하고 팀원을 신뢰하여야 하고 팀원을 존중하고 배려하는 자세를 항상 가져야 한다. 팀리더가 이 정신이 없으면 팀은 리더의 태도로 인하여 경직되고 팀원들은 팀리더로 인하여 스트레스를 받게 된다. 팀리더는 자신이 인격적으로 팀원들보다 나아서, 팀원들보다 더 실력이 뛰어나서 이 자리를 맡는다고 생각하면 그 팀은 성공적인 협업에 다가가기 어렵다. 누군가는 팀을 대표해서 일을 처리해야 하기 때문에 팀을 위해서 자신이 그 자리를 봉사한다는 생각을 가져야 한다. 팀리더가 팀원을 존중하고 배려하는 자세는 협업이 원활하게 진행되기 위한 가장 기본적인 소양이다. 왜냐하면 팀이 합력하여 집단적인 목표에 따른 과업을 수행하는 것이기 때문에 일하는 과정에서 누군가가 부당하게 상대를 무시하거나 인격을 모독하는 일은 협업을 위험하게 하고 설사 업적이 좋더라도 그 과정은 협업을 잘못 실천한 것이 되기 때문이다. 우리가 공동으로 협업해서 일하는 것은 자신의 생각이나 아이디어가 보다 뛰어남을 보이려고 함께 협업하는 것이 아니라 서로의 장점을 결합하여 시너지효과를 얻어서 각 개인이 얻는 성과보다 훨씬 더 큰 결과를 얻기 위함이 아닌가? 나아가 그 일하는 과정에서 동료와 인간적인 정과 끈끈한 동료애를 느끼면서 공동으로 성취한 것을 같이 즐기기 위함일 것이다.

그러므로 팀리더는 팀의 방향과 합의에 도달하도록 도와주는 역할을 해야 하고 근본적인 것은 목표를 달성하기 위하여 팀원들이 결정할 수 있도록 해야 한다는 것을 의미한다. 팀리더가 결정하지 않고 팀원들이 결정하도록 하는 것은 각 팀원들이 주인의식을 갖게 해줄 뿐만 아니라 그 결정에 대한 실천의무와 책임을 팀원 스스로가 지도록 하는 것이다. 팀리더가 결정권을 가지고 팀원들을 일일이 지시 및 통제하는 것과 좋은 팀문화를 만들고 스스로 팀원들이 좋은 아이디어를 내고 자신들의 과업에 대한 성과와 그에 대한 평가기준을 결정하도록 하는 것 중 어느 것이 보다 생산적일까? 아마 관료적인 조직에서 일해 본 사람들은 느끼듯이 오랜 기간 군대조직과 비슷한 관료주의가 널리 퍼져있는 조직에서 직원으로 생활하면 어느 순간에 스스로 결정할 수 있는 능력이 있는지, 자신이 무엇을 할 수 있는지 의심이 들고 자신감이 점점 없어지는 것을 느끼곤 한다. 이런 조직에서는 늘 명령과 통제에 따라서 움직이고 스스로 의견을 내서 일을 수행할 기회가 거의 없기 때문이다. 사실 관료적인 조직에서 리더는 항상 직원들을 지시 및 통제해야 하기 때문에 직원들보다 많이 알아야 하고 모든 일에 대한 답을 알고 있어야 하며 직원들보다 더 나은 생각과 아이디어로 의사결정을 내릴 줄 알아야 한다는 중압감을 갖는다.

만약 이런 관료적 조직에서 팀리더가 뛰어나지 못한 지식과 능력을 가졌다거나 형편없는 결정을 내려서 일을 두 번, 세 번 하게 만든다면 일의 효율을 떨어뜨린다. 그러면 점차 직원들의 존경심은 사라지고 리더의 역할 자체에 대하여 우려심을 갖게 될 것이다.

반대로 협업의 리더는 전지전능할 필요가 없다. 사실 팀리더는 가장 똑똑할 필요도 없다. 팀은 경쟁을 하는 것이 아니기 때문이다. 오히려 팀리더는 개인적인 능력이 뛰어난 사람보다는 구성원들과 함께 일하는 것을 좋아하고 직원들의 다양한 의견과 생각을 잘 수렴해서 바람직한 방향을 추진해 나갈 수 있는 역량이 필요하다. 팀리더는 팀의 의견을 수렴하고 존중하며 바람직한 업무의 방향이 결정되도록 열린 토론과 소통의 문화를 마련하면 된다. 팀리더는 자신의 생각을 강조하고 관철하는 것이 아니라 팀에서 이루고자 하는 전체적인 목표와 방향으로 나아가도록 의견을 수렴하고 열린 자세로 논의하고 코멘트해 줄 수 있어야 한다.

경쟁적 조직에서 리더는 이 조직에서 살아남기 위하여 실수는 용납되기 어렵기 때문에 자신의 실수를 인정하는 것을 보기 힘들다. 그러나 협업의 팀리더는 팀원과 마찬가지로 실수할 수 있음을 인정하는 것이다. 실수하면 곧바로 그 실수를 인정하고 상대에게 미안함을 표현하는 것이다. 자존심이 강할수록 이런 태도를 보이기 어렵지만 협업의 리더는 이런 자세를 항상 보여야 한다. 팀원들은 실수했을 때 바로 사과하는 리더를 존경한다. 이 때 팀원들도 자신들의 리더가 기본적으로 협업의 정신에 부합하는 겸손과 상대에 대한 존중을 갖춘 사람임을 안다.

2) 명확한 목표를 설정하고 책임을 정기적으로 확인하라

팀의 협업이 높은 성과를 얻기 위해서는 팀원들이 팀의 목표를 같이 인지하고 함께 한 방향으로 나아가는 것이다. 이를 위하여 팀리더는 팀원들이 팀의 방향을 이해하고 동의할 수 있도록 논의하고 합의를 이끌어야 한다. 가령, 기업에서 제품을 개발하고 판매를 통해서 성공하려는 목표를 가지고 있다고 하자. 성공하려는 목표가 너무 모호하다. 이를 기업 내부적으로 보면 매출액, 이윤, 시장점유율의 극

대화, 고객만족 등 여러 가지 형태로 나타날 수 있다. 이들은 서로 연관되어 있지만 각자가 어느 것을 추구하느냐에 따라서 성과는 달라질 수가 있다. 성공의 목표를 명확하게 정하는 것과 정하지 않는 것은 차이가 있을 수 있다.

이처럼 막연한 목표는 팀원들의 노력을 집중시키기 쉽지 않다. 앞서 제2장의 협업의 목표 설정에서 설명했듯이 미국의 우주계획에서 소련에 앞서는 우주기술을 갖는 것이라는 모호한 목표가 아니라 달에 인간을 착륙시켜서 무사히 귀환시키는 것이라는 구체적인 목표는 팀원들의 의욕과 성공에 대한 욕구를 자극하여 열정을 불러일으킬 수 있다. 따라서 팀에서 논의하여 목표를 설정하되 알기 쉽게 구체화해서 제시하고 일의 범위를 명확하게 제한하는 것이 중요하다. 팀리더는 팀을 동일한 방향으로 나아가게 하기 위하여 팀을 위한 쉽고 명확한 목표를 만들도록 도와줘야 한다. 명확한 목표가 없어도 종종 성공할 수는 있으나 팀원들이 명확한 목표를 공유하여 단합된 노력을 보이는 경우보다 더 큰 성공을 가져오기는 어렵다. 왜냐하면 팀원들의 노력이 조금씩 분산되면 노력이 분산된 만큼 목표의 성과는 떨어지기 때문이다. 그러므로 팀원들의 노력과 에너지를 낭비없이 효과적으로 사용하기 위해서는 우선적으로 과업의 목표를 팀원들과 합의하여 알기 쉽고 구체적으로 공유하는 것이다.

팀리더는 팀 내에 알기 쉽고 구체적인 목표를 정해주고 나서 팀원들의 역할 분담을 하고 각자 역할에 대한 의무와 책임을 함께 논의하여 부여하면 된다. 이 후에 팀리더의 일은 각 팀원들의 과업이 제대로 진행되고 있는지 확인하고 협의해 주는 것이다. 과업은 팀원들이 각자 맡은 일들을 자신의 책임하에 수행하도록 자율권을 주는 것이다. 그러므로 팀의 과업효율성은 향상되고 협업의 리더는 일일이 팀원을 간섭할 필요가 없으므로 소모되는 에너지를 줄일 수 있다.

과업이 제대로 진행되는지 확인할 때, 피드백을 줄 경우 나쁜 점만을 지적하기보다 좋은 점과 나쁜 점을 차례대로 열거하는 방식이 충격을 줄여줄 수 있을 것이다. 대부분의 직원은 자신의 과업을 전적으로 바꿔야 한다는 지적을 듣는 것은 매우 실망스러운 일이 아닐 수 없다. 상대에 대한 건설적인 비평이 되려면 먼저 인간적으로 소통이 되어서 상대가 방어적 자세가 되지 않도록 친절하고 건설적인 지적이 되어야 할 것이다. 일단 방어적 자세가 되면 자신이 일을 수정하기보다는 자신의 일을 합리화하려 하고 자신이 올바르다는 점을 주장하려 하며 이를 뒷받침하다 보면 자칫 논쟁을 벌이게 될 수도 있다. 소통이 안되고 이러한 방어적 자세가 지속되면 호전적으로 바뀌게 되어서 팀워크에 갈등이 생기게 된다. 이를 막기 위해서는 팀원의 잘못된 일이나 일처리 방식으로 팀의 에너지가 소모되고 팀의 일의 효율이 떨어지게 된다는 것을 알기 쉽게 비유를 들어 설명하는 것도 한 방법이다.

3) 팀의 활성에너지가 되어 합의를 이끌어 내라

팀이 활성화되고 팀원 간에 좋은 유대와 협력 문화가 형성되려면 누군가가 촉매로서 활성에너지가 되어서 서로 연결하고 원활하게 상호작용하며 일의 진행을 가속화시키는 역할을 해줘야 한다. 이것이 바로 팀리더의 역할이다. 물론 팀원 가운데에도 이런 역할을 할 수 있는 직원들이 있을 수 있으나 팀리더는 모든 사람들과의 접촉과 교류가 더 빈번하기 때문에 팀리더가 그런 역할을 할 때 팀을 더욱 활성화할 수 있다. 뿐만 아니라 팀리더는 일반적으로 전문지식이 다소 많거나 경험이 오래된 사람이 맡게 되므로 팀이 직면하는 장애나 어려움을 정확히 잘 파악할 수 있고 그 해결방안도 더 잘 알고 있을 수 있다. 즉, 문제를 해결할 수 있는 수단과 방법들을 더 잘 인지하고 있다고 볼 수 있다. 뿐만 아니라 위기가 왔을 때에도 그 위기나 위험을 감당할 수 있고 팀이 스스로 안전하게 보호받을 수 있다는 안정감을 줄 수 있도록 하는 것이다. 이러한 역할을 팀리더가 수행해 준다면 구성원들의 믿음과 신뢰를 얻게 되고 팀원들이 안정적으로 믿고 과업을 추진하게 될 것이다. 사실 대다수 사람들은 불확실하거나 위험한 과제에 직면하면 위축되고 그 위험을 회피하거나 수구적인 자세를 취하게 된다. 즉, 대부분 위험을 선호하는 사람보다는 위험을 기피하려는 성향을 가진 사람들이 많다. 물론 높은 위험의 반대편에는 높은 수익이 보장될 수 있지만 대다수는 안전과 안정을 원하기 때문에 모험하지 않으려 하고 안전한 길로 가기를 원한다. 이 때 팀리더는 열심히 노력해서 실패해도 이를 용인해 주는 팀문화 즉, 위험을 감수할 수 있는 팀문화를 조성해 주는 역할을 해야 하고 이를 조직차원에서 만들어주도록 도와줘야 한다.

알다시피 인류의 역사에서 위대한 일들은 모두 수많은 실패를 통하여 이루어진 것들이다. 에디슨의 전기발명이나 비행기의 발명 등 수없이 많은 편리한 문명의 작품들은 수없는 실패 가운데서 탄생된 것들이다. 최근 한국의 경제성장이 주춤하게 된 것도 과거에 선진국이 개발한 제품을 모방하는 방법으로 성장하다가 이제 우리가 새로운 제품을 만들어 내야 하는 단계에 이르렀기 때문에 더 이상 모방할 제품이 없는 성장을 해야 하는 단계에 이르렀기 때문이다. 모방하던 시대에는 제품 제조 방법이 알려져 있으니 거의 실패가 없으나 이제 스스로 창의적으로 선진국에 없는 제품을 만들어야 하는 현 시점에는 많은 시행착오가 있을 수밖에 없다. 이런 혁신의 시대에서는 실패를 환영하고 인정해주고 다시 시도하도록 기회를 마련해주는 문화가 조직 내에서 사회적으로 국가적으로 조성이 되어야 한다. 특히 기술혁신과 창의적 제품 개발은 개인의 경쟁력에 의존해서 만들어 내기는 어려운 시대에 도달하였기에 협업을 통한 다수의 생각과 능력을 결합하여야 가능하다.

그러므로 팀리더는 불확실하고 위험한 도전에 직면해서도 과감하게 시도할 것을 지원해 줘야 한다. 실패를 학습의 기회로 삼고 다시 실패하지 않도록 하는 것이 필요하다. 가령, 구글의 경우 제품화가 실패할 때에는 실패를 가져온 과업에 대하여 다시 이런 일이 재발하지 않도록 일련의 절차를 개발하는 방법을 마련하였다고 한다. 따라서 팀원이 실패했을 때 건설적인 조언을 통하여 실패로부터 배울 수 있도록 협업의 정신에 입각하여 도와주고 교훈을 얻도록 해야 할 것이다.

한편, 팀리더가 팀 내에서 해야 하는 가장 일상화된 일이 팀원회의에서 합의를 도출해 내는 것이다. 이 합의과정은 모든 구성원을 자발적으로 참여시켜야 하고 자신의 생각을 표현하는 것을 솔직하게 표현할 수 있는 문화를 조성해 주는 것이 필요하다. 팀원의 적극적인 참여와 현장의 문제를 솔직히 말하지 않는다면 현실을 완전히 고려한 이상적인 합의가 되기는 어렵다. 따라서 리더는 팀 내 논의에서 합의를 유도할 때나 합의의 과정을 이끌어 나갈 때 부드럽고 자발적인 참여를 유도해 낼 수 있어야 한다. 팀 내 합의는 주로 공식적 리더에 의하여 진행되는 것이 일반적이지만 실질적으로 팀 내에 존경과 지지를 받는 비공식적 리더가 있을 수 있다. 합의를 순조롭고 원만하게 이끌기 위해서는 사전에 팀 내에서 영향력이 있는 비공식적 리더 내지 팀원의 협력을 구하는 것도 하나의 방법이 될 것이다. 그러나 이것이 팀원 전체가 아닌 일부에 의한 의사결정과 합의가 되지 않도록 주의해야 한다.

합의를 이끌어 내는 데 사전적으로 잘 갖추어져야 하는 중요한 요소는 팀원 간에 소통과 교류이다. 소통과 교류는 팀 내에 있는 서먹함이나 익숙하지 않고 친숙하지 않는 모든 것들과 장벽이나 갈등을 사전에 해소하는 과정이다. 이러한 소통과 교류는 공식적인 조직뿐만 아니라 비공식 조직(자발적인 친목조직)을 통해서도 자연스럽게 이루어져야 한다. 조직 내에 소통이 잘되면 협력이 원활하고 빠르게 이루어지기 때문에 위기 상황을 극복하는 데 아주 효과적이다. 특히 리더는 다양한 구성원과 접촉이 가장 빈번하기 때문에 리더의 소통능력은 조직의 업무를 신속하고 원활하며 책임있게 처리하는 데 매우 중요한 요소이다. 여기서 소통은 단순히 말을 정확히 주고받는 기계적인 의사소통뿐만 아니라 구성원들의 마음을 정확하게 읽어내는 센스와 역량을 의미하는 것이다. 물론 리더는 구성원들이 마음을 열어놓고 상의할 수 있는 팀문화의 환경을 조성해 주는 것이 필요하다.

4) 팀원의 멘토가 되어라

팀리더는 팀의 목표를 설정하고 그에 따른 의무와 책무를 부여하는 것도 중요하지만 팀원들에게 길을 안내하고 가르쳐주고 또한 스스로 배울 수 있는 기회를 줘야 한다. 사실 팀리더는 팀원보다는 근무연한이나 경험이 더 많기 때문에 팀원에게 부여한 일들을 잘 알고 있는 경우가 많다. 따라서 팀원들이 수행하는 일이 서투르고 실수가 많을 때에는 적절하게 조언하고 세부적인 방향을 안내해 주는 멘토가 되어줄 수 있어야 한다. 때때로 리더 자신이 수행하면 금방 할 수 있는 일도 젊은 팀원이 수행하여 오랜 시간을 소비할 때 이를 참아주고 지켜볼 수 있는 인내력도 지녀야 한다. 뿐만 아니라 팀리더는 팀의 문화를 누구보다도 잘 알고 있는 위치에 있기 때문에 이것도 팀원들에게 가르치고 안내해야 하는 역할을 담당해야 한다.

대부분의 조직에서 이러한 멘토 역할을 인내하면서 친절하게 하는 리더는 그리 많지가 않다. 특히 한국의 현실에서는 일을 급히 처리하는 조직문화에서 일일이 가르치면서 기다려주기는 쉽지가 않다. 특히 성격이 급한 리더는 잘못된 일을 올바르게 가르쳐주기 보다는 먼저 화를 내거나 호통부터 친다. 화를 내거나 호통을 치는 리더는 멘토가 되기는 거의 불가능하다. 상사로부터 질책을 받았다고 생각하는 직원들은 쉽게 마음을 열기가 어려워지고 상사를 대하기 어려워하고 두려워하게 된다.

따라서 리더로서 멘토가 되려면 다음과 같은 자질을 가지고 있어야 한다.

첫째, 화부터 내지 말고 참고 인내하겠다는 마음을 가져라.

둘째, 팀의 일의 과정과 제도에 대한 경험을 공유하겠다는 자세를 가져라.

셋째, 팀원이 필요로 하는 도움의 정도와 팀원의 역량을 파악할 수 있는 능력을 길러라.

때때로 팀리더는 당연하게 생각하는 과정과 시스템도 팀원 입장에서는 잘 모르는 경우가 많고 알고 있더라도 익숙하지 않아서 잊어버리거나 소홀히 넘어가는 경우가 많이 일어난다. 이런 것을 일일이 지적하듯이 알려주기 보다는 멘토를 자처하게 되면 자연스럽게 질의하게 되므로 공유하는 차원에서 전달해 주는 자세가 필요하다. 나아가 팀원이 무엇을 필요로 하는지 어떤 경우인지를 파악해야 불필요한 말을 줄일 수 있고 필요한 부분을 중심으로 알려줄 수 있을 것이다. 또한 팀원의 역량이나 개인적인 관심까지 파악하고 있다면 팀원에게 보다 적합한 조언을 해줄 수가 있을 것이다.

5) 팀원의 상태를 파악하라

팀의 일이 원활하고 효율적으로 진행되는 데 있어서 중요한 것은 팀원 각자의 마음의 상태를 파악하는 것도 필요하다. 팀원들의 마음의 상태가 과업에 집중할수 있는 상태인지를 파악하고 무엇을 하기를 원하는지 알고 있다면 도움이 될 수 있다. 팀리더는 팀의 성과를 지속적으로 높여나가기를 원하고 이를 뒷받침하기 위해서는 팀원들이 업무에 집중할 수 있는 즐겁고 편안한 상태가 되도록 하는 것이 필요하다. 훌륭한 리더가 되려면 팀원의 마음의 상태와 행복의 정도를 잘 파악하고 어떤 일을 하고 싶어 하는지를 알아서 이를 하도록 지원해야 할 것이다.

팀리더는 업무의 배분에 있어서는 일이 팀원 간에 전문성과 자질에 따라서 골고루 공평하게 나누어지도록 해야 하고 팀원 가운데 지나치게 무리하거나 일이 집중되지 않도록 주의를 기울여야 한다. 사실 조직 내에서 열심히 일하는 사람은 계속 열심히 일하고 때로는 과업이 누적되어 집중되고 일하지 않는 사람은 게으른 사람으로 낙인되어 열외되는 경우가 많다. 열심히 일하는 직원은 일로 인해 점점 불만이 쌓이고 일하지 않는 직원은 승진도 포기하고 그냥 현직을 유지하는 것에 안주하는 경우가 많이 일어난다. 이러한 상태를 방치하면 조직은 점점 병들어 가고 전염되어 효율성은 떨어지게 되며 협업은 기대할 수 없는 조직이 될 수 있다. 이런 조직이 안되도록 정기적으로 팀원들을 면담하고 과업 수행에서 문제가 없는지? 무엇을 도와주기를 바라는지? 등을 확인하는 과정을 거쳐야 할 것이다. 이 과정은 팀원이 직면한 애로사항을 들어주고 해결을 위해 노력하는 리더의 모습을 보여줄 수 있기 때문에 팀원은 비록 문제가 해결되지 않더라도 위로를 받을 수 있을 것이다.

다른 한편으로 팀원이 가지고 있는 가정이나 개인적인 상황에도 관심을 가져서 서로 상의하는 자세가 필요하다. 가령, 팀원이 육아문제로 과업에 집중하기 힘들다든지, 부모가 질병으로 입원해서 간병에 시간이 필요한 상태라고 하자. 가정의 어려운 상태에 있는 팀원에게 약간의 시간이나 처지를 고려해 주는 배려가 있을 때 그 팀원은 이를 감사하게 될 것이다. 이를 계기로 그 팀원은 더 열심히 팀을 위해 일할 수도 있을 것이다.

나아가 조직 내에서 팀원들이 중요시하는 것은 자신도 경험을 쌓아서 언젠가는 리더가 되길 원할 수도 있고 경력을 쌓아서 다른 일을 하기를 원할 수도 있을 것이다. 팀리더는 이미 조직 내에서 다양한 일들을 경험하였고 팀원보다는 많은 경력을 쌓은 입장이기 때문에 같은 조직에서 먼저 경험한 선임자로서 팀원이 원하는 희망에 따라서 인생에 필요한 경험과 경력을 쌓도록 일정한 도움을 줄 수 있도록 해야 한다. 팀원이 조직의 보호와 배려 속에 있다고 느낄 때 조직을 위하여 헌신하겠다는 열심과 열정이 살아날 수가 있다.

결국 팀원들의 상태를 살피는 것은 인간중심의 리더가 되어야 하고 이 리더는 팀원들이 일을 통하여 의미있는 경험과 경력을 쌓아서 자신을 개발할 기회를 제공해 줄 수 있어야 한다. 나아가 그 일을 통하여 즐거움과 만족을 얻게 해준다면 가장 바람직한 리더가 될 수 있을 것이다.

협업의 팀구성원

    조직의 효과를 향상시키고자 하는 사람들은 공통 관심사의 문제를 해결하기 위해 협업팀을 만들어 나가고 있다. 이 팀의 성공은 여러 가지 요인에 달려있다. 협업팀은 문제에 영향을 미치거나 영향을 받는 모든 핵심 관련조직과 이해 관계자가 팀의 일원이 되도록 적절하게 구성되어야 할 것이다. 팀리더를 포함하여 팀의 구성원들이 구성되면 팀은 앞서 언급하였듯이 자신의 비전, 사명 및 업무 목표를 명확하게 설정해야 한다. 팀의 헌장을 수립하는 것은 팀이 어떻게 협업할 것인지에 대한 명확한 기대치를 제공하고 팀이 임무를 수행하는 방법에 대한 구체적인 계획을 이끌어 낼 것이다. 그러나 이러한 핵심 구조가 갖추어져 있어도 원활하게 팀에 기여하는 숙련된 직원이나 각자의 역할을 충실히 수행하는 직원이 없다면 팀이 흔들릴 수 있다.

    팀이 성공하려면 팀의 비전, 사명, 업무의 목표를 세우는 것도 중요하지만 팀이 운영되도록 하기 위해서는 과업의 기능을 적절히 수행할 수 있는 역량이 있는 직원들이 갖추어져야 한다. 나아가 팀원들 간에 팀워크가 원활히 이루어져야 한다는 추가적인 요건이 충족되어야 한다. 즉, 팀은 팀원들에 의한 과업기능과 프로세스 기능이 충실히 작동될 때 성과를 거둘 수가 있다. 이러한 이유로 팀을 구성하고 함께 일할 때 시간이 지남에 따라서 팀이 과업의 기능을 적절히 처리하고 단계별로 수행해 나가는 것이 중요하다. 팀의 프로세스 기능이나 일의 처리과정을 관리하는 숙련된 직원들을 확보하면 협업팀이 목표를 성공적으로 달성할 수 있는 가능성이 높아진다.

팀은 다양한 형태를 취할 수 있고 장기 또는 단기 문제를 해결하기 위해 수립될 수 있다. 유능한 팀리더와 함께 과업에 적합한 팀원들이 구성되면 팀의 성공 가능성은 높아지게 된다. 팀리더는 리더로서 자신의 역할을 이해하고 이를 충실히 수행하고 포함된 구성원들도 분담이 된 각자의 역할을 효과적으로 수행하는 데 필수적인 기술과 특성을 보유해야 할 것이다. 팀원들은 팀리더가 부여한 권한의 범위 내에서 팀의 프로세스를 수행하고 관리해 나가는 것이 팀 성공의 기본적인 핵심 요소라고 할 수 있다.

팀 구성원들이 자신의 역할과 책임에 대하여 이해하고 서로 역할을 함께 공유해야 한다는 것을 인식할 필요가 있다. 팀은 종종 여러 기관 및 분야를 대표하는 개인으로 구성되고 각자의 고유한 기술, 경험 및 전망을 팀에 제공하게 된다. 팀원들은 전형적으로 상이한 전문분야와 영역의 다양성을 서로 높이 평가하지만, 종종 그것을 이해하기에 충분한 배경 지식이 서로 부족할 수 있다. 팀원들은 이러한 다른 전문분야, 경험, 역할 등을 서로 존중하고 이를 이해하려는 노력을 하여야 한다. 또한 각 구성원이 팀 프로세스에 가져오는 가치를 생각하면서 이들 간의 공통점과 기여할 수 있는 부분을 가급적 빨리 찾아 내어야 한다. 각 개인으로 자기 영역을 수행하는 것보다 한 팀의 구성원으로서 한 개인의 기술과 역량은 그 이상의 것을 가능하게 한다.

그러나 팀 내에서는 서로 의견이 상이할 수 있고 개인적인 가치를 존중받으면서도 자신의 업무를 포함한 동종의 과업과 팀의 가치에 동의하고 합의하면서 일할 수 있어야 한다. 팀에서 공동의 과업목표가 정해지면 각 개인의 역할과 책임을 분담하게 되고 각 구성원이 수행해야 할 기대역할이 정해질 것이다.

그런데 종종 팀원들은 팀이 부여한 역할에 대하여 기대한 역할을 잘 이해하지 못하거나 혹은 기대한 역할은 이해했으나 역량이 부족하여 팀의 기대를 충족시키지 못하는 경우가 빈번하게 일어난다. 이처럼 팀과 팀리더의 기대와 실제 팀원의 성과가 불일치하여 협업에 장애가 생기는 것을 예방하려면 팀원들도 팀리더가 원하는 역할과 책임을 시작부터 확인하도록 하고 팀리더의 기대치가 과도하다면 자신이 할 수 있는 역할을 명확히 하여 재조정할 필요가 있다. 팀원들은 회의에서 자신의 일의 추진일정이나 상태에 대하여 정기적으로 보고를 하고 지속적인 의사소통을 통하여 진행상황 등을 서로 알려주는 것이 필요하다.

팀은 어떻게 협업하느냐에 따라서 그 협업의 결과로서 성과는 달라질 수 있기 때문에 어떻게 협업할 것인지, 그리고 어떤 프로세스로 진행할 것인지, 수시로 점검하고 이를 팀리더에게 전달하면서 진행해야 한다. 대부분의 경우 각자의 역할과 임무가 주어지면 중간중간에 보고하거나 협의하는 것이 팀리더를 불안하게 하거나 귀찮게 하는 것으로 생각하는 것은 올바른 자세가 아니다. 혹은 자신은 어린아이가 아니기에 자신이 알아서 한다는 독선적인 자세로 일하는 것도 팀원이 가져야 할 태도가 아니다. 처음부터 일이 마무리 될 때까지 중간중간의 소통은 작은 오해나 인식부족을 해소하기 위해서 필요하다. 이것은 바로 팀리더가 팀원 각자의 구체적인 업무를 정하고 중간중간 확인을 해야 하는 것에 대응되는 팀원들이 갖추어야 할 자세이다. 실제 현장에서 팀구성원들은 자신의 업무에 책임을 진다. 역할을 충실히 수행한다고 말하지만 일이 진행되면 이를 소홀히 여기거나 일을 상대에게 미루는 일들이 비일비재하게 일어난다. 즉, 추진과정에서 힘들거나 귀찮은 작업들이 뒤따르기 때문에 이를 다른 사람에게 미루거나 아니면 소홀하게 처리하는 경향이 나타나곤 한다.

특히 협업에서는 팀원도 팀리더와 거의 동등하게 과업에 대한 책임을 져야한다. 왜냐하면 팀리더의 부재시에는 그 자리를 누군가가 항상 대신할 수 있어야하기 때문이다. 따라서 팀원은 팀의 목표를 달성하기 위하여 공동의 연대 책임을 지기 때문에 팀리더가 팀원과 긴밀히 협력하려고 노력하듯이 팀원도 그런 자세로 일해야 한다.

　　때로는 팀원들이 부족한 팀리더 즉, 기술이 부족하여 팀원들을 잘 관리하지 못하는 팀리더를 만나게 되면 종종 초점이 맞지 않고 비생산적인 회의나 팀의 역할분담이나 책임이 모호하거나, 일의 진행이 원활하지 않은 상황을 맞이하게 된다. 이런 상황이 오면 팀의 과업은 혼란이 오게 되고 성과는 지지부진하며 내부의 협업은 무너지게 되는 경우가 많이 발생하게 된다. 이 때 팀원들로서는 이런 상황을 극복하기가 쉽지가 않다. 이는 팀리더의 상위에 있는 임원진 등이 바로 잡아주는 것이 가장 바람직하다. 그러나 그런 해결이 현실에서는 바로 이루어지지 못한다. 이상적으로는 팀리더와 팀원이 소통을 통하여 문제를 해결해 나가야 한다고 얘기할 수 있지만 이것도 쉽지가 않다. 기술이 부족한 리더는 이를 잘 이끌 능력이 없는 경우가 일반적이기 때문이다. 이 때 팀원 중에서 팀리더를 보좌하고 팀리더의 역할을 보완하는 팀원이 필요하다. 팀리더가 능력이 부족하다고 팀리더를 배제하거나 소외시키는 것은 팀의 갈등과 불화를 더욱 조장하는 방법으로 판단된다. 팀리더가 교체되지 않는다면 최선의 방법은 팀리더를 존중하고 인내하는 것이 최선일 것이다. 왜냐하면 어떤 조직이라도 조직이 유지되려면 질서는 있어야 하기 때문이다. 가끔 조직에서 무능한 상사를 만나면 무시하거나 충돌하는 팀원들이 있다. 이는 상사에게도 좋지 않지만 팀원들도 그 조직에서 계속 일을 해나가려면 더욱 좋지 않은 결과를 가져오게 된다. 팀원은 리더가 아니기 때문에 의견일치가 안되는 극단적인 상황에서 최종 의사결정은 팀리더가 내려야 한다. 따라서 팀원들은 조직의 질서를 존중하는 것이 조직의 구성원으로서 가져야 할 기본 자세일 것이다.

　　그러므로 이런 문제를 해결하는 한 방안으로서 팀리더를 보좌하거나 지원하는 팀원을 두게 된다. 가령, 팀장을 보좌하는 부팀장 등도 이러한 역할을 맡는 것이다. 부팀장은 팀장을 보좌하고 팀원들의 활동을 원활하게 중재하는 역할을 수행할 수 있다. 팀리더가 없거나 팀리더가 정확한 결정을 내리기 어려운 상황에서는 이의 역할을 대신하게 된다. 이러한 팀리더를 보완하는 보조리더는 협업이 잘 진행되는 보통의 상황에서는 팀원으로서 자신의 역할을 충실히 수행해야 할 것이다. 협업에서는 계급적으로 계층이 생기면 원활한 협업이 어려워지기 때문이다. 따라서 팀리더를 지원하는 보조리더를 두더라도 이는 팀에서 다른 팀원이 수행하지 않는 자기 임무가 주어져야 한다.

지금까지 제5장에서 협업리더와 구성원의 이상적 형태에 대하여 살펴보았다. 협업팀의 리더와 구성원들은 하나의 팀을 구성하고 그 협업팀의 힘은 바로 각 구성원들의 작은 아이디어에서 나온다. 협업팀의 힘은 함께 일하고 논의하면서 작은 아이디어가 결합되고 수정되면서 발전하는 그룹창의성에서 나온다. 그룹창의성은 협업팀 내에서 실제 일이 어떻게 진행되고 아이디어가 생성되는지 알 수 없었던 블랙박스였다. 이러한 블랙박스를 열어서 그 내부를 들여다 볼 필요가 있으므로 다음 장에서는 그룹창의성이 어떻게 생성되는지를 들어가 보고자 한다. 이하 제6장에서 제8장까지는 사우어(Sawyer, 2017)가 제시한 협업의 창의력, 창의적 조직, 협업 네트워크에 관한 내용을 중심으로 요약하여 설명하고자 한다.

사례 5

스티브 잡스의 리더십

스마트폰은 우리의 삶 깊숙이 들어와 있으며 그 중심에는 아이폰이라는 혁신적인 제품이 있다. 그리고 이 제품을 통해 세계인의 라이프 스타일과 문화를 바꾼 디지털 혁명가인 애플의 스티브 잡스의 리더십은 이미 신화와 같은 전설이 되어 오고 있다. 그는 시대의 아이콘을 만들었다. "최대한 단순하고 직관적인 디자인을 도입하여 시대를 상징하는 '아이폰'을 만들자"는 비전이 직원들을 사로 잡았다. 잭 웰치가 없는 GE, 빌 게이츠가 없는 마이크로소프트는 실현되었지만, 스티브 잡스가 없는 애플은 불가능하다고 사람들은 입을 모은다. 나아가 구글에서 스티브 잡스를 검색해보면 블로거들은 그가 없는 실리콘 밸리에서 더 이상의 혁신과 창조는 찾기 어려울 것이라며, 그를 칭송하

고 있다. 세상에 영향을 끼치고, 변화를 주도하는 위대한 힘이 된 그의 리더십에 대해 생각하게 된다.

스티브 잡스는 부족한 부분을 채울 수 있는 천부적이고 독특한 리더십을 지녔다. 그는 자신의 독특한 이미지를 상품화하였고, 이를 통해 다른 CEO들과 자신을 차별화할 수 있었다. 그가 글로벌 경영인으로서 차별화될 수 있었던 요인은 소신, 용기, 쇼비즈니스 능력 그리고 제너럴리스트라고 생각한다. 소신은 과감한 의사결정이고, 용기는 실패를 두려워하지 않으며, 자신의 실패를 깨끗하게 인정하고, 회사의 비전을 위해 자신을 희생할 수 있는 힘이다. 쇼비즈니스란 그의 천부적인 커뮤니케이션 스킬을 바탕으로, 대중의 니즈를 정확하게 파악하고, 연설을 할 수 있는 그의 능력이다. 마지막으로 제너럴리스트란 모든 비즈니스를 직접 챙기는 그의 완벽주의적 성격을 의미한다.

그가 경영하면서 애플은 두 가지 측면에서 월등한 성과를 보였다. 첫째, 시장지배력이다. 그는 누군가를 따라가기보다 혁신적이고 창조적인 제품을 내놓고, 이를 통합 상품화하여, 시장지배력을 높여왔다. 둘째, 그의 인간적인 조직관리능력이다. 애플은 CEO에서부터 유통채널까지 일사분란하게 움직이며 자신의 리더십을 애플 조직에 심었고, 이를 바탕으로 전세계 어디에서든지 자신의 원칙을 고수하며, 큰 성공을 거두었다. 그 결과 애플은 글로벌 기업으로 성장할 수 있었다.

스티브 잡스는 기본이 충실한 경영인이다. 대부분의 글로벌 경영인들이 각국을 방문하여, 정치적 인사를 만나고, 컨퍼런스에 참가하여, 기업과 자신을 홍보하는 데에 시간을 보낸다. 이와 반대로 스티브 잡스는 정해진 애플 컨퍼런스 이외의 대다수의 시간을 본사에서 보내며, 조너선 아이브 수석 디자이너와 함께 트렌드에 관해 이야기하는 것을 더 즐긴다. 완벽주의자인 그는 신제품 개발시 제품 생산에서부터 가격 책정, 유통 채널, 마케팅까지 직접 검토하고, 일정한 원칙을 제시하였다. 이는 전세계 어디에서든지 똑같이 적용되었다. 다만 자신의 창조와 혁신의 리더십을 애플이라는 조직에 주입시키며, 기본에 충실하다 보니, 저절로 애플은 앞서나가는 글로벌 기업이 되어 있었던 것이다. 다르게 생각하고 실패를 두려워하지 않으며 자신의 비즈니스를 창조하고, 자신의 비즈니스에 열정적이고 충실한 태도를 보인 점이 바로 그가 글로벌 경영인으로 우뚝 설 수 있었던 주된 힘이었다.

제6장

협업팀의 창의력과 활성화

협업팀의 창의력

1. 협업팀의 창의력

일반적으로 사람들은 천재가 일반인들과 다르게 탁월한 능력과 머리를 소유하고 있다고 생각한다. 그리고 외로운 천재의 신비로운 영감과 아이디어가 세계를 바꾸었다는 생각들을 한다. 그러나 사람들의 생각과는 다르게 그 외로운 천재는 신화이고 혁신을 일으킨 것은 외로운 천재가 아니라 그룹창의성이었다. 기존에 없는 새로운 아이디어라는 의미에서 사우어 Sawyer 는 이를 그룹천재성 group genius 으로 언급한다. 우리가 협업할 때 창의성은 사람들을 거치면서 전개된다. 조그만 아이디어가 빠르게 날아오르고 점점 확장되어 전체는 조그만 부분들의 합보다 더 커지게 된다. 협업은 각자의 창의성을 불러일으킨다. 왜냐하면 혁신은 결코 단 하나의 섬광같은 영감이 아닌 항상 작은 스파크가 튀는 아이디어들로부터 나오기 때문이다. 비행기를 발명한 것으로 알려진 라이트 형제는 작고 많은 아이디어들을 가지게 되었고 첫 번째 비행을 성공시키는 데 중요한 역할을 하였다.

오늘날 혁신의 모든 스토리들은 동일하게 예측되지 않고 불확실한 경로를 보여 주고 있다. 사람들은 다윈의 진화론과 아인슈타인의 상대성 원리 등의 뒤에 숨은 협업에 대해서는 잘 알지 못한다. 이러한 숨겨진 이야기들을 통하여 우리는 그룹창의성의 힘으로 들어가는 방법을 이해하게 된다. 기업의 비즈니스 세계에서 협업이 강력한 효과가 있다는 것은 새로운 이야기는 아니다. 가장 협업적 리더십의 팀을 가진 기업들이 수입과 혁신의 관점에서 전체 기업들의 최상위 25% 내에 위치하고 있다. 비즈니스를 하는 기업에서는 어디에나 팀조직, 분산된 리더십, 협업 등으로 조직을 이동시키고 있고 협업을 위하여 SNS 상의 협업프로그램으로서 Slack, Holacracy 등을 사용하고 있다.

그러나 협업을 연구하는 많은 연구자들은 블랙박스 내에서 이루어지는 것들을 조사하는 대신에 주로 팀특징을 전체적으로 보는 블랙박스 접근을 취하여 왔다. 사실 협업이 성공하게 되는 원리를 이해하려면 박스 내부를 들여다 봐야 한다. 협업의 과정은 순간순간 팀 내에서 상호작용하는 동학적 움직임 속에 들어 있다. 개개인이 아무리 뛰어나도 팀워크가 좋은 팀보다 더 큰 성과를 내기는 어렵다. 평균 정도 수준의 성과를 내는 사람들로 팀을 만들어도 올바르게 상호작용하게 하면 그 어떤 슈퍼스타가 달성하지 못한 일들을 달성할 수 있다.

사례 6

비행기를 발명한 라이트 형제의 협업

1903년 12월 17일 노스캐롤라이나의 쓰라리게 차가운 바람이 휩쓰는 해변에 정부의 안전국에서 나온 5명의 직원들이 오르빌 라이트(Orville Wright)가 손수 만든 비행기가 풍속 27마일로 이륙하는 것을 지켜보고 있었다. 12마력의 엔진이 그를 하늘높이 12초 동안 날게 해주었다. 비행기는 이륙점으로부터 100피트 떨어져서 착륙하였다. 오르빌 라이트와 그의 형제 윌버 라이트(Wilber Wright)는 교대로 3번 이상 비행하였고 최장 비행시간은 59초였으며 852피트를 날았다. 그 어떤 언론사의 직원도 이 사건을 목격하지 못하였다. 오르빌 자신이 비행장면을 사진기에 담았고 안전요원 중 한 사람에게 사진을 찍어달라고 요청하였다. 이 사진의 장면이 바로 가장 유명한 혁신의 이미지를 보여준다. 즉, 비행기가 트랙을 이륙하여 2피트 상공으로 부상하였다. 윌버는 날개에서 떨어져 서서 이 놀라운 업적에 놀란 것처럼 상체를 젖히고 보고 있었다.

라이트 형제는 협업력을 실천하였다. 그들은 일정하게 대화하고 나란히 일하면서 혁신이 가능하게 하였다. 이들은 나중에 이를 다음과 같이 설명하였다. "우리는 어린 시절부터 함께 살았고 함께 놀고 일하고 함께 생각하였다. 우리는 대개 모든 장난감을 공유하였고 서로 생각에 대하여 이야기하였다. 우리의 삶에서 이루어진 모든 영감은 둘 간에 대화, 제안, 토론의 결과였다." 라이트 형제는 이러한 함께 일한 상세한 스토리를 일기장에 소개하였다. 그 일기장에 의하면 이들은 한 순간에 영감을 경험한 것이 아니었다. 조그만 아이디어가 번쩍이고 그 다음에 다른 아이디어가 나오는 연속적인 아이디어의 흐름이 나왔는데 이는 협업의 결과로 이루어진 것이다. 새의 비행과 글라이더 디자인에 관한 글들을 4년 동안 상세하게 연구한 후, 라이트 형제는 1900년에 첫 번째 비행을 키티호크(Kitty Hawk)에서 시작하였다. 매번 실습비행 후에 글라이더를 수정하였고 마침내 첫 시즌 말에 300피트 이상 여러 차례 안전하게 비행할 수 있었다.

1901년 노스캐롤라이나에서의 두 번째 비행에서 그들은 글라이더 날개가 비행 모형의 모터를 실어나를 수 있는 충분한 이륙을 제공하지 못한다는 것을 알게 되었다. 그들은 6피트 길이나 되는 바람터널을 건설하고 가솔린엔진으로 연결되는 강력한 팬을 사용하여 200개나 되는 디자인을 시험하여 보았다.

1902년에 키티호크의 3번째 비행에서 그들은 규칙적으로 매일 50번 이상 글라이더를 날리는 데 아주 익숙해 졌다. 그런데 예상치 못하게 비행기가 한쪽으로 기우뚱해지는 문제를 발견하였다. 날개를 오른쪽 혹은 왼쪽으로 조정하기 위하여 비틀 때 글라이더가 통제되지 못하고 너무 멀리 기울어서 날개 끝이 땅에 부딪히게 되었다. 안전하게 비행하려면 이 문제가 해결되어야 했다. 그래서 수직꼬리를 달았는데 이것이 약간 도움이 되었으나 글라이더는 여전히 예상치 못하게 부딪혔다. 어느 날 오르빌은 윌버에게 수직꼬리가 운전자에 의해서 움직일 수 있도록 수정하자고 제안하였다. 윌버는 그 제안에 동의하여서 꼬리를 조정하는 새 케이블을 날개휨메커니즘에 첨가하였다. 이러한 협업을 통하여 얻은 영감이 문제의 수수께끼를 풀어내는 해결방안이었다. 즉, 날개조정과 움직이는 꼬리를 결합함으로써 비행을 통제할 수 있게 되었다. 이제 그들은 강력한 비행을 할 수 있는 준비가 되었다.

1903년에 그들은 직접 가솔린엔진과 프로펠러를 디자인하고 만들었다. 그리고 비행기를 확장하여 추가적인 무게를 지탱할 수 있도록 만들었다. 또한 디자인을 세련되게

〈비행 시험을 하고있는 라이트 형제〉

해서 보다 더 조정이 잘되게 2차 수직 꼬리를 개발하였다. 그 해 9월에 노스캐롤라이나에 와서 갑자기 나타나는 사소한 문제들을 해결하였다. 그 해 추운 12월이 되어서야 최종적으로 모든 것이 제대로 자리잡게 되었다.

라이트 형제는 함께 살았고, 함께 일했고, 매일 그들의 프로젝트를 토론하였다. 그들의 협업은 그들 주위에 있는 모든 사람들에게 보여졌고 이것이 전문학술지에 언급되었다. 그러나 실제 이루어진 많은 창의적인 협업은 거의 보여지지 않았다. 이처럼 대부분 보여지지 않고 서류화되지 않은 협업으로 인하여 그룹창의성이 공개되지 않고 비밀로 남아있었다.

그들의 가장 중요한 아이디어인 날개조정과 움직이는 수직꼬리를 사용하여 비행기를 조정하는 것은 보다 나은 발명을 한 다른 비행사들이 개발한 에일러론으로 대체되었다. 에일러론은 비행기 날개뒤 가장자리쪽에 경첩으로 고정되어 있는 작은 면적의 조종용 날개면으로 조정석에서 직접 움직인다. 제1차 세계대전이 시작되면서 라이트 형제의 대부분 아이디어들은 보다 나은 기술로 대체되었다. 이처럼 비행기 개발의 협업은 라이트 형제에만 국한된 것이 아니라 이후에 수많은 사람들의 협업과정을 통하여 오늘날과 같은 비행기로 발전하였다.

사진에서 1901년(왼쪽)과 1902년(오른쪽) 글라이더를 시험하고 있는 라이트 형제를 볼 수 있다. 1901년 글라이더는 지면과 가파른 각도로 이루며 기울어져 있고, 1902년 글라이더는 지면과 평행하게 날면서 윌버가 잡아당기는 밧줄과 수직을 이루고 있다. 1902년의 글라이더가 더 진일보한 기술을 보여주고 있다.

출처: Sawyer(2017).

여기서 협업을 통하여 개인의 창의성이 그룹창의성으로 전환될 때 무엇이 일어나는지를 확인하기 위하여 협업의 블랙박스를 열어볼 필요가 있다. 성공적인 협업팀 내에서는 팀원이 서로 경기를 하는 것과 같다. 한 사람이 조그만 아이디어를 내면 그 다음에 다른 사람이 이에 덧붙이고 또 다른 사람이 아이디어를 내면 이를 조언한다. 이러한 일련의 과정이 반복되면 참신한 작품이 창출된다. 이런 협업팀을 즉흥적인 팀이라 한다. 여기서 즉흥적이란 것의 의미는 미리 계획된 것이 아니라 순간순간 대화 속에서 나오는 아이디어를 만들어 낸다는 의미를 담고 있다. 이 협업팀은 변화하는 환경에 보다 잘 대응하고 혼자서 개발할 수 있는 것보다 더 나은 것을 만들어 낸다. 이 즉흥적인 팀들이 혁신조직을 구성하는 구축블록들이고 즉흥적인 팀들을 성공적으로 잘 구축하는 조직들은 보다 더 효과적으로 혁신하게 될 것이다.

이러한 즉흥적인 협업팀은 다음과 같은 7가지 특징들을 보여줄 수 있어야 한다.

첫째, 혁신은 시간에 걸쳐서 나타난다. 연극무대에서 단 한명의 배우가 큰 그림을 다 그리지는 못한다. 연극이 하나하나 이루어지듯이 각 배우는 대화의 선상에 서서 조그만 아이디어를 추가한다. 극장에서 우리는 무대 위에 이러한 과정을 볼 수 있다. 그러나 외부자들은 협업팀에서 조그한 아이디어가 수정되고 보완되며 완성되어 가는 아이디어가 되어서 마지막에 최종 혁신으로 연결되는 일련의 긴 연결고리를 결코 보지 못한다. 단지 최종적으로 완성된 아이디어만을 보게 된다.

둘째, 성공적인 협업팀은 깊은 경청을 반복한다. 훈련된 팀원들은 다른 팀원이 자신의 아이디어를 경청하는 동시에 그들의 즉흥적인 연장선 상에서 다시 제시하는 새 아이디어를 듣게 된다. 이러한 어려운 균형된 반복 활동은 그룹창의성에 절대적으로 필요하다. 일반적으로 대부분의 사람들은 그들 자신의 활동을 계획하는데 많은 시간을 사용하지만 다른 사람이 하는 말을 충분히 귀기울이지 않고 다른 사람들의 일을 관찰하지 않는다. 협업팀이 성공하려면 다른 사람들의 아이디어에 귀를 기울여야 하고 행하는 일들에 관심을 가져야 한다.

셋째, 팀구성원들은 그들의 협업 아이디어들을 반복적으로 구축한다. 성공적인 팀이 되려면 각자가 다른 사람들에게 긴밀하게 경청하고 이전에 나왔던 아이디어를 확장하는 새 아이디어들을 따라갈 수 있어야 한다. 라이트 형제의 경우에 오르빌 라이트가 움직이는 수직꼬리에 대한 아이디어를 설명하고 나서야 윌버 라이트는 결합된 케이블 조정메커니즘을 이해할 수 있었듯이 다른 구성원이 기존의 아이디어에 새 아이디어를 추가할 때 많은 깨달음을 얻게 되고 이에 기초하여 또 다른 구성원은 보다 발전된 새 아이디어를 제시할 수 있게 된다. 한 사람이 하나의 특정 아이디어에 대한 믿음을 얻을 수 있지만 그 아이디어를 가진 사람이 일하는 팀과 분리되어 있다고 상상하기는 어렵다. 성공적인 아이디어는 여러 작은 아이디어들이 반복되고 축적되어서 나타난 결과물이 될 것이다.

넷째, 협업팀 내에서 각 아이디어의 의미가 보다 명확해 진다. 하나의 아이디어조차도 한 사람 그 자신으로 인한 것이라고 볼 수는 없다. 왜냐하면 각 아이디어들이 여러 가지 문제점이 있기 때문에 다른 사람들에 의해서 거쳐지고 재해석되고 적용되기까지 완전한 중요성을 가질 수가 없기 때문이다. 개인적인 창의적 활동들이 의미를 갖게 되는 것은 다른 아이디어들과 교류되고 조정이 된 이후에야 가능하다. 각 개인이 아이디어를 생각해 냈을 때 과연 이 아이디어가 의미있는 것인지 혼자서 판단하기는 매우 어렵다. 같은 작업을 하는 팀 내에서 의견을 청취하고 수정하면서 보다 명확하고 의미있는 아이디어로 바뀌게 된다.

다섯째, 놀라운 질문들이 등장한다. 가장 혁신적인 창의성은 한 그룹이 문제를 체계화하는 새로운 방법을 생각하거나 아무도 이전에 알지 못했던 새로운 문제를 발견하였을 때 나타난다. 회사들은 새로운 시도가 반드시 성공하지는 않기 때문에 실패도 염두에 두게 된다. 그러나 실패하는 동안 그들은 해결하려고 시도하였어야 하는 현실적인 문제들을 발견하게 된다. 실패에서 그 원인을 찾고 질문을 던지는 과정이 많이 일어난다. 성공에서는 그 어떤 문제도 발견하기 어렵고 질문도 나오기 어렵다. 왜냐하면 그 해답을 다 알고 있기 때문이다. 협업팀에서는 종종 질문과 문제들로부터 새로운 아이디어들이 나오게 된다. 창의적인 연구자들은 창의적인 그룹들이 단순히 오래된 문제를 해결하는 것보다는 새로운 문제를 찾아내는 데 보다 뛰어나다는 것을 알고 있다. 따라서 새로운 아이디어를 얻고자 한다면 팀원 간에 많은 상호작용과 토론 속에서 많은 생각들을 주고받고 특히 질문을 많이 던지는 것은 그로부터 문제를 해결하고 새로운 아이디어를 얻는 중요한 과정이 된다는 것이다.

　　여섯째, 혁신은 비효율적인 과정을 동반한다. 팀원들은 서로 대화하기 전에는 각자 새 아이디어들을 평가할 기회를 갖지 못한다. 그러나 동료의 평가없이 자신의 아이디어가 좋은 아이디어인지 알 수가 있겠는가? 즉흥적인 혁신은 실수를 만들어낼 수도 있고 많은 성공만큼 많은 결함을 가지고 있다. 이러한 많은 성공적인 혁신은 경이로울 수는 있지만 많은 실패와 실수, 그로 인한 비효율로 이루어져 있다는 것이다. 하지만 성공적인 혁신으로 나아가는 핵심은 새로운 경로 즉, 새로운 아이디어를 즉흥적으로 만들어 낼 수 있는 능력에 달려있다. 사실 아이디어는 계획한다고 만들어지는 것이 아니다. 그렇기 때문에 즉흥적인 혁신이라고 부른다. 그러므로 혁신에는 많은 사슬로 이루어진 좋은 아이디어들이 들어 있지만 그 성공적인 혁신 속에는 막힌 길들이 같이 드러나 있지 않기 때문에 팀에 관여하지 않은 사람들은 그 수많은 막힌 길들을 볼 수가 없다.

　　일곱째, 혁신은 위가 아니라 밑에서부터 나온다. 즉흥적인 성과는 자기 스스로 조직화하는 것이다. 어떠한 지시자나 어떤 원고도 없이 팀원들로부터 나오는 것이다. 동시에 가장 혁신적인 팀들은 환경이 예상하지 못하게 변할 때 스스로 재구조화할 수 있는 팀이다. 혁신팀은 무엇을 해야 할지 알려주는 강한 리더를 필요로 하지 않는다. 또한 팀을 자발적으로 구성한다. 그리고 비슷하게 마음이 맞는 사람들이 서로를 발견하면 팀이 구성되어 나타난다. 그룹의 협업은 개인들의 창의성의 모멘텀을 그룹혁신으로 전환한다. 많은 관리자 입장에서는 이러한 자기조직화를 위한 공간이 일어나게 하는 것을 허용하기 어렵다. 왜냐하면 그 협업팀의 결과가 관리팀의 규정으로 통제되지 않고 예측가능하지 않기 때문이다. 많은 비즈니스 소유주는 큰 그림으로 시작하는 것을 좋아하고 세부적으로 구체화해서 작업하기를 좋아한다. 바로 이점이 많은 즉흥적인 혁신의 사례가 공식적인 조직 밖에서 일어나는 이유이다. 즉흥적인 혁신이 보다 위험이 따르고 덜 효율적이지만 그 혁신이 성공할 때 생각해 보지 못한 놀라운 성과가 될 수 있을 것이다.

이전에 성공적인 혁신으로 나아가는 핵심은 새로운 경로 즉, 새로운 아이디어를 즉흥적으로 만들어 낼 수 있는 능력에 달려있다고 언급하였다. 아이디어는 계획한다고 만들어지는 것이 아니므로 이를 즉흥적인 혁신으로 명명하였다. 대부분 우리는 사회제도적으로 사전에 계획하고 효과적으로 통제하는 것이 즉흥적으로 대응하는 것보다 더 중요하다고 믿는 경향이 있다. 특히 갑작스럽게 발생하는 지진이나 태풍과 같은 재난을 당했을 때 계획이 중요하다고 생각한다. 그러나 여러 재난의 현장에서 보여주듯이 계획된 조직보다 즉흥적으로 조직된 조직이 보다 높은 효과를 보여줄 때도 많다. 사람들이 갑작스런 사건이 일어나면 계획에 의한 것이 아니라 자발적으로 나타나서 함께 일하고 일이 해결되면 바로 사라지는 경우를 많이 본다. 이러한 재난과 같은 사건에서는 즉흥적인 그룹이 종종 가장 빠르고 가장 효과적으로 긴급상황에 대응하여 성과를 올리는 경우를 자주 보게 된다.

2. 즉흥화와 계획

　　연구자들은 시간이 있고 조그만 정도의 선행계획이 있다면 협업을 보다 효과적으로 진행하는 데 도움이 된다는 것을 발견하였다. 많은 사람들이 관심을 갖는 의문 중에 하나는 계획과 즉흥화 가운데 바람직한 균형은 무엇인가? 하는 것이다. 연구결과에 의하면 가장 혁신적인 팀은 계획에 보다 적은 시간을 사용하고 계획 대신에 실행하는 데 보다 많은 시간을 사용한다는 점이다. 많은 관리자들이 믿고 있는 것과는 다르게 협업팀이 계획에 보다 많은 시간을 사용하면 프로젝트 발전은 더욱 느려진다는 것이다.

　　그런데 실제로 즉흥적인 팀이 정확히 즉흥적으로 일하지는 않았다. 즉흥성과 번갈아 나오는 짧은 계획에도 종사하였다. 즉, 즉흥적인 팀들도 추진과정을 통하여 계획하는 활동을 분배하였다. 그 점 때문에 즉흥팀이 보다 더 시장에서 성공하게 되는 이유이다. 왜냐하면 빈번한 즉흥화와 계획활동의 반복 때문에 시장이 고객으로부터 피드백에 보다 빠르게 대응할 수 있었다. 즉, 즉흥팀이 스케줄에 맞추어 빨리 끝낼 수 있었다. 정시에 맞추는 프로젝트on time project는 그렇지 못한 것보다도 수익이 50% 많기 때문에 즉흥성이 기업에 더 이익이 되는 제품을 창출해 낸다.

　　즉흥적인 혁신은 특히 기업이 한 제품 생성으로부터 다음 제품 생성으로 이동해 갈 때 더 중요하다. 왜냐하면 즉흥적인 혁신을 통하여 기업은 새 제품으로 이동할 수 있고 과거제품이 가진 문제로 방해받지 않는다. 급속히 발전하는 기술을 가진 시장에서 새 제품라인이 구 제품라인을 놀라운 속도로 대체하게 되고 이는 즉흥팀에 극도의 압박을 가하게 된다. 매우 빠르게 변화하는 환경에서 승인된 작업과정을 통과할 충분한 시간이 없기 때문에 성공적인 회사들은 종종 이러한 전환기를 즉흥적으로 다루게 된다.

　　혁신조직의 가장 강력한 능력 중의 하나는 그 조직이 기존의 아이디어를 대체하기 위하여 새로운 아이디어를 즉흥화할 수 있다는 점이다. 즉, 대부분 혁신조직은 이미 존재하는 아이디어를 새로운 내용 속에 집어넣음으로써 기존의 아이디어가 가진 의미를 재해석하였다는 점이다. 팀으로 작성된 과학적인 논문들이 단독 저자에 의해서 발간된 논문보다도 40% 이상 더 창의적이라는 보고가 있다.

3. 스스로 관리하는 조직

사실 즉흥적인 팀에서 가장 효과적인 즉흥적인 그룹은 자기 스스로 관리하는 조직이기 때문에 팀리더의 역할이 크게 부각되지 않는다. 여기서 그룹은 팀과 비슷한 개념이면서 팀보다 크거나 작은 조직이 될 수도 있다. 때로는 팀이 그룹이 될 수도 있다. 즉흥적인 팀은 팀리더에 의하여 지시받지 않고도 예상하지 못한 돌발 사건에 대응하여 재구조화하고 재그룹화하는 마술 같고 신비로운 능력을 가지고 있다. 자기스스로 관리하는 그룹은 급속히 변화하는 환경에서 혁신을 할 때 효과적이다. 혁신의 역설은 조직들이 명령과 통제를 강조하고 아직 즉흥성은 통제될 수 없는 것 같아 보인다는 점이다. 전통적 팀의 관리자들은 과업을 분배할 책임이 있고 모든 사람들이 스케줄에 맞추도록 하고 팀원들을 조정한다. 협업팀의 리더도 이와 다를 수 없다. 협업팀 리더도 과업을 분배하고 팀원의 역할을 조정하지만 그룹창의성을 중요시하고 그룹창의성이 보다 일어나기 쉬운 창의적 공간을 설정해야 한다. 혁신팀들은 자기 관리적이기 때문에 리더가 해야 할 직접적인 관리적 업무는 많지가 않다. 대신에 혁신그룹 리더는 과업에 적극적인 참여자들이 된다. 그들은 보스라기보다는 동료와 같은 역할을 한다.

전설적으로 관리부분의 거장인 피터 드러커의 주장에 의하면 '장래의 회사는 심포니 오케스트라와 같아 질 것'이라는 것이다. 시간이 흐른 후에 드러커는 악보가 있는 심포니 연주는 완전한 비유가 아니라는 것을 깨달았다. 왜냐하면 회사들은 즉흥적이 되어야 하기 때문이다. 즉, 비즈니스는 연주할 악보를 가지고 있지 않다는 것이다. 하버드 비즈니스 스쿨의 존 카오John Kao는 오늘날 비즈니스 혁신을 음악의 재즈연주에 비유하면서 재즈가 오케스트라보다도 더 혁신에 대한 보다 나은 비유라고 언급하였다. 조직 내에서는 악보나 사전원고가 없기 때문이다. 사람들은 그들의 협업자들로부터 종종 놀라게 되는데 창의적 해결책이 예상치 못하게 나타나기 때문이다.

사회는 보다 급속히 변화하고 비즈니스환경은 보다 더 경쟁적이고 예상할 수 없어짐에 따라서 기업들은 점점 더 즉흥적인 혁신에 의존하지 않을 수 없을 것이다. 오늘날 혁신 경제에서 과업은 종종 소규모 임시적인 팀 속에서 이루어지는데 그 속에서 과업은 많고 상황은 더 불확실하고 경쟁과 기술환경은 급속하게 변화한다. 이런 상황에서 장래의 조직은 그룹창의성으로 운영하게 될 것이다.

각 그룹은 매우 작은 즉흥적인 부분에서 부터 가장 즉흥적인 부분에 이르기까지 그 스펙트럼의 어느 적절한 곳에 위치하면서 최대의 창의성을 발견할 것이다. 고어Goore와 구글Google과 같은 회사들은 그들의 노동자들이 시간의 약 20%를 계획되지 않은 새 프로젝트에 사용하라고 허용한다. 하지만 여전히 시간의 80%는 공식적으로 계획된 프로젝트에 사용하고 있다. 반면 재즈연주는 정반대의 극단에 위치하고 있기도 하다. 여기서는 본질적으로 사전에 계획이란 거의 존재하지 않는다. 이 스펙트럼은 점증하는 변화와 전환적인 변화 간에 조직적인 대조를 보여준다. 우리가 급진적인 혁신을 원한다면 우리 조직이 극단적으로 즉흥적인 조직이 되도록 할 필요가 있다.

협업팀의 그룹흐름 활성화

시카고 대학의 유명한 심리학자인 칙센트미하이Csikszentmijalyi는 의식이 가장 각성화된 특별한 상태를 설명하기 위하여 흐름flow이란 용어를 사용하였다. 그에 의하면 극단적으로 창의적인 사람들은 그들이 한 순간에서 다음 순간까지 통합된 흐름을 경험할 때 그들 자신이 절정 상태에 있다는 것이다. 그 흐름상태에서는 자아와 환경 간에 거의 차이가 없고 자극과 반응 간에 혹은 과거, 현재, 미래 간에 거의 차이가 없게 된다는 것이다. 특히 그에 의하면 사람들의 환경이 다음과 같은 네 가지 중요한 특징을 가지게 되면 보다 더 흐름에 이르게 된다고 주장한다.

첫째, 자신들의 기술이나 재주가 그 과업의 도전주제와 어느 정도 일치되는 어떤 일을 수행할 때이다. 만약 그 도전이 자신의 기술보다 너무 크다면 좌절하게 되고 반대로 도전이 충분하지 못하다면 지루함을 느낀다.

둘째, 흐름은 목표가 분명하고 알기 쉬울 때 일어난다.

셋째, 자신이 그 목표를 달성하는데 얼마나 가까이 왔는지 일관되고 즉각적인 피드백이 있을 때 흐름이 일어난다.

넷째, 자신이 과업에 충분히 집중하기에 자유로울 때 흐름이 일어난다.

이러한 4가지 특징을 가지고 일할 수 있을 때, 종종 흐름상태에 들어가게 된다. 이 상태에서 사람들은 능숙함과 통제감, 자의식의 상실, 그리고 시간흐름 등을 인지하지 못할 정도로 과업에 깊은 몰입감을 느끼게 된다고 한다.

칙센트미하이Csikszentmijalyi에 의하면 그 흐름이 창의성의 가장 본질적인 요소이고 창의적인 사람들은 흐름상태에 있는 동안 가장 중요한 영감을 갖는다. 대부분의 사람들은 일하면서 즐기기보다는 집에서 쉬면서 시간을 즐긴다고 말하지만 사람들은 집에서 쉬면서 흐름상태를 유지하지는 않는다. 즉, 집에서 쉬는 시간보다는 직장에서 일하는 시간에 보다 더 흐름상태을 유지하게 된다는 것이다. 많은 심리학자에 따르면 특히 일할 때 흐름과 창의성 간에 연결고리를 확인해 주고 있다. 즉, 창의적 영감은 흐름상태와 연계되어 있고 흐름상태를 경험한 이후에 사람들은 보다 창의적으로 바뀐다는 것이다.

또한 사람들이 흐름을 경험하는 공통적인 때는 다른 사람과 대화할 때이다. 직장에서 동료와 대화시간이 가장 흐름을 유발하는 활동 중의 하나이다. 특히 관리자는 대화에 임할 때 가장 흐름상태에 있게 될 수 있다. 비즈니스 인텔리전스회사의 창업자이자 CEO인 케사르 멜고자Cesar Melgoza는 말하기를 " 우리가 그룹의 사람들과 문제를 생각하고 문제를 해결하기 위하여 협업할 때 일어나는 마술이 있다." 대화는 흐름으로 안내하고 흐름은 창의성으로 안내한다. 그 마술은 바로 그룹창의성이 협업하는 과정 속에 발휘되기 때문이다.

즉흥적인 그룹은 그룹흐름group flow이란 집합적인 몰입의 상태에 들어갈 수 있다. 그룹흐름이란 능력의 최고수준에서 성과를 내는 그룹을 말한다. 그룹흐름에서 활동은 자발적이게 되고 그룹은 어떤 선입견없이 움직이게 된다. 즉흥적인 혁신을 조성하기 위해서는 그룹흐름을 위한 조건을 만들어주지 않으면 안된다. 창의적인 그룹들은 핵심적인 흐름을 가능하게 하는 조건이 충족되는 상황에서 몰입되는 경향이 있다. 이에 대한 그룹흐름을 활성화하기 위한 조건들은 다음과 같다.

첫째, 그룹의 목표이다. 목표가 잘 이해되고 명확히 설명될 때에 문제해결형의 창의적 과제가 될 수 있다. 그룹 구성원들은 이전에 함께 일하였다면, 그리고 많은 같은 지식을 공유하고 있다면, 거부할 수 없는 절대적인 비전과 공유된 임무가 있다면, 그러한 목표로 향하여 일하는 동안 보다 흐름상태로 유지하기 쉽다. 불명확한 목표는 효율적인 팀 성과에 가장 큰 장애가 된다. 즉흥적인 혁신의 팀을 위한 초점을 제공하는 목표를 명확히 설정하는 것이다. 해결책에 가까이 다가가면 이를 구성원들에게 알려주어야 하고 그 목표는 문제해결 창의성이 나타나도록 충분히 조정 가능하다.

　　둘째, 주의 깊은 경청이다. 그룹흐름은 모든 사람이 완전히 참여할 때 보다 잘 나타날 것이다. 즉 팀의 참여자들은 깊은 경청을 하여야 한다. 각자는 개방적이어야 하고 다른 사람들의 이야기를 주의 깊게 들어야 한다. 너무 많은 관리자들이 규정이나 자기 자신의 주장에만 초점을 맞추고 그룹흐름을 죽이고 있다. 주의 깊게 듣는 사람들은 에너지가 넘치고 다른 사람에게 에너지를 불어넣는 사람들은 가장 높은 성과자들로 드러나게 된다.

　　셋째, 완전한 집중이다. 가령, 음악의 연주앙상블이나 합창에서 그룹흐름은 도전적으로 유지된다. 연주자들이 자신의 주의력을 완화할 수 없다. 그렇게 하지않으면 자신의 연주가 뒤처지게 될 것이다. 연주자들은 멈춤이 없이 연주하고 자신의 동료들이 무엇을 연주하는지, 어떻게 반응하는지를 들어야 한다. 즉, 연주를 하면서 다른 연주자가 연주하는 것을 보고 이에 잘 맞추어야 한다. 다른 연주자의 연주를 들으면서 자신의 연주를 조화시켜나가야 하기 때문에 집중하지 않으면 앙상블을 망치게 된다. 합창에서도 마찬가지이다. 소프라노, 엘토, 테너, 베이스가 조화되어서 하나의 아름다운 합창곡을 만들어 낸다. 각 파트는 자신의 멜로디를 부를 뿐만 아니라 다른 파트의 음성의 박자나 강약이 자신의 파트의 박자 및 강약과 잘 어울리는지를 집중하면서 불러야 한다. 만약 집중력을 잃게 되면 박자를 놓치거나 혹은 강약의 부분을 놓칠 수가 있게 되고 전체 합창의 아름다움을 깨뜨릴 수가 있다.

한편, 높은 압력을 주는 마감일이 뛰어난 재능을 가진 사람들에게 흐름을 증가시키는 도전을 주는 것으로 볼 수도 있다. 그러나 연구에 의하면 결과는 전혀 그렇지 않다. 그룹흐름은 엄격하고 마감일에 대한 높은 압박을 주면 시들어버리는 경향이 있다. 창의성은 적절하게 느슨하고 자율적인 작업환경에서 생겨난다. 높은 압박을 주는 환경에서 생기지는 않는 것으로 나타난다. 흐름은 주의력이 과업에 집중될 때 보다 더 일어난다.

넷째, 팀자치의 허용이다. 사람들은 자신들의 활동과 환경을 스스로 통제할 때 흐름에 들어가게 된다. 이것은 조직 내에 구성원들이 중견 관리자들에 의해서 자치가 허용되지 않는다면 그룹이 흐름 속에 잘 들어가지 못하는 것을 의미한다. 그룹흐름은 사람들이 자율, 능숙함, 유대관계를 느낄 때 증가한다. 많은 연구결과들에 의하면, 팀 자치가 팀성과의 최우선 예측지표이다. 그러나 혼자의 솔로흐름 solo flow 과는 다르게 그룹흐름에서 다음과 같은 역설이 성립된다. 즉, 참여자가 통제를 느끼지 않으면 안된다. 동시에 그들은 융통성이 있어야 하고 주의 깊게 들으며 항상 그룹의 긴급한 흐름을 존중해야 한다. 가장 혁신적인 팀들은 그러한 역설을 관리할 수 있는 자들이다.

다섯째, 서로서로 자아를 엮는 것이다. 그룹흐름은 모든 것을 함께 하고 그룹이 동시에 이루어지는 상태에 있고 구성원들이 한 마음으로 생각하게 될 때, 마술과 같은 순간이 된다. 팀의 문화를 이해한 구성원들은 자신들의 자아를 통제할 필요가 있다는 것을 알고 있다. 그러나 대개 새로운 팀의 참여자들은 그들 자신의 목소리가 깊은 경청과 함께 균형을 이룰 수 있도록 그들의 자아를 그룹에 잠기게 할 수 있는 능력이 부족하다. 그룹흐름에서 각자의 아이디어는 자신의 동료에 의해서 기여된 것들 위에 세우게 된다. 즉흥성은 최정상으로 향하여 보이지 않는 손에 의하여 인도될 때 나타난다. 조그만 아이디어가 쌓이고 혁신이 나타나기 시작한다. 흐름 속에 있는 그룹에 참여하는 참여자들은 각자가 다른 참여자들과 활기를 주고받고 관여하게 된다. 참여자는 상대가 말하는 것을 일관된 주의력을 갖고 경청하고 반응한다.

여섯째, 동등한 참여이다. 모든 참여자가 최종 성과를 위한 집합적 창의성을 발휘하는데 동등하게 역할을 할 때 그룹흐름이 보다 크게 일어날 것이다. 만약 어떤 참여자의 기술 수준이 그룹 구성원들의 나머지의 재능수준보다 아래에 있다면 그룹흐름은 방해를 받게 된다. 모든 참여자는 비교가능한 재능 수준을 가지지 않으면 안된다. 한 사람이 그룹을 지배하게 되면 교만해질 수 있고 대화로부터 그 어떤 것도 배울 점이 없다고 생각하게 되면 그룹흐름은 중단된다. 이는 프로선수가 아마추어 선수와 운동을 할 때 흥미를 느끼지 못하는 것과 같다. 프로선수는 이 운동게임이 좀 지겨울 수 있는 반면에 아마추어 선수는 좌절하게 되기 때문에 그룹흐름이 나타날 수가 없다. 가령, 한국 탁구에서 국가대표선수가 아마추어 5부나 6부 수준의 사람과 게임을 하게 되면 아마도 아마추어는 11점 게임에서 한 점도 못 낼 가능성이 높다. 따라서 국가대표선수는 재미가 없는 게임을 하게 되므로 하기 싫고 아마추어도 너무 높은 실력자와 하게 되어 좌절하고 실망하게 될 수 있다. 따라서 재능이 서로 비슷한 수준에 있는 사람들이 모여서 협업을 하게 될 때 서로 자극도 되고 그룹흐름이 활성화될 수 있다. 관리자들도 흐름이 있는 그룹에 참여할 수가 있다. 그러나 관리자들은 그 밖에 참여자들과 똑같은 방식으로 참여해야 한다. 세밀하게 경청하고 자치를 허용해주고 그룹의 의사결정과정에 대한 권위를 인정해줘야 한다.

일곱째, 친숙성 유지이다. 그룹흐름은 가령, 운동을 하는 선수들이 팀 동료의 움직이는 스타일과 상대편의 선수들이 움직이는 스타일을 알고 있을 때 보다 더 활성화된다. 동료와 친숙성 혹은 친밀감은 생산성과 의사결정의 효율성을 증가시킨다. 그룹의 동료와 오랜 기간 함께 하게 되면 서로 간에 공통의 언어를 공유하고, 말하지 않아도 상대를 알고, 눈빛만 보아도 상대를 이해할 수 있게 된다. 서로 간에 말하지 않고 이해를 공유하기 때문에 이렇게 공유되는 이해의 상태를 '암묵적 지식 tacit knowledge'이라 표현한다. 친밀함의 효과에 대해서는 별로 이야기가 되지 않아서 보통 사람들은 친밀하게 될 때, 왜 효과적으로 소통을 하게 되는지 그 이유를 잘 깨닫지 못한다.

협업그룹은 그룹흐름에 기여할 수 있는 다음의 3가지 종류의 공유지식을 가지고 있다. 첫째는 모든 참여자가 미리 알고 있는 공연의 전체 개요나 전체 흐름이고, 둘째는 반복악절의 레퍼토리와 같이 자신들이 연속해서 순서대로 진행되는 방식에 관한 지식이며, 셋째는 그룹 내에 상호작용을 조절하는 일정한 관습을 말하는 전통에 대한 공통된 합의 등이다.

앞서 언급하였듯이 그룹흐름에서는 구성원들이 그룹의 목표에 대한 이해를 공유해야 한다. 즉각적인 피드백이 흐름에 중요하기 때문에 그들은 서로 반응하기 위하여 충분하게 소통스타일을 공유할 필요가 있다. 그러나 그룹 구성원이 너무 비슷하면 흐름이 줄어들게 된다. 왜냐하면 그룹의 상호작용이 더 이상 도전적이지 못하기 때문이다. 모든 사람들이 동일하게 기능하고 소통의 동일한 습관을 공유한다면 새로운 것이나 예상치 못한 것을 얻지 못한다. 구성원들은 다른 사람이 행하는 것에 대하여 밀접한 주의력을 기울일 필요가 없고 진행되는 것에 대한 이해를 새롭게 할 필요도 없어진다.

2-3년이 지나면 그룹 구성원들은 서로 너무 익숙하게 되어 협업효과성이 대체로 떨어진다. 주의 깊게 경청하는 것도 모든 것이 거의 공유되고 있기 때문에 필요성이 떨어진다. 새로움은 거의 남아있지 않다. 그룹흐름이 시들게 되면 그 구성원들은 그 밖에 새로운 도전을 찾기 원하기 때문에 그룹이 깨어지기 시작한다. 조직은 창의적 그룹이 살아있는 동안 자연적 변환을 순조롭게 할 수 있는 메커니즘을 가져야 한다. 그래서 많은 혁신 조직들은 그룹 구성원들을 순환시킨다. 친숙성은 창의적 문제해결에 보다 도움이 된다. 특별한 목표가 있는데 참여자들이 충분한 지식을 공유하지 않는다면 그 그룹은 목표를 달성하기 어려울 것이다. 그룹의 높은 단결력이 높은 성과와 관련되어 있다. 그러나 한 그룹이 새로운 문제를 찾고 정

의하려 한다면 너무 많이 공유된 정보가 문제가 될 수도 있다. 문제를 발견하는 그룹들은 보다 다양성이 있을 때 그룹흐름에 있기가 쉽다. 문제해결을 하려는 그룹은 보다 많은 암묵적 지식이 공유되면 보다 효과적이다.

여덟째, 소통이다. 그룹흐름은 일정한 의사소통을 필요로 한다. 그런데 모든 사람들은 유용하지 않은 모임에는 가고 싶어 하지 않는다. 어떤 기업은 그룹흐름이 조직 내에 흐르게 하기 위하여 구조를 바꾸기도 한다. 가령, 관리자는 아이디어의 피드백을 받기 위하여 1년에 12번 혹은 6번 모임을 갖도록 규정할 수도 있을 것이다. 이러한 의사소통에 책임을 부여하는 정해진 모임도 필요하다. 가능한 의사소통이 효과적으로 이루어지도록 하고 비효율적인 의사소통은 줄여주는 노력이 조직 차원에서 이루어져야 한다. 보다 더 중요한 것은 그룹흐름에서는 자발적인 의사소통이 이루어지도록 의사소통 네트워크를 구축해주고 형식과 격식을 너무 강조하는 소통방식은 지양하는 것이 바람직하다. 최근 선진기업에서 도입한 SNS의 협업프로그램 등은 만남을 통한 대화에서 인터넷통신망을 통한 소통으로 확대했다는 점에서 소통을 손쉽고 편리하게 유도한 사례라 할 것이다. 특히 그룹흐름으로 안내하는 의사소통의 형태는 종종 회의실에서 일어나지는 않는다. 대신에 복도에서, 근무시간 후의 사회적 모임이나 점심시간에 일어날 가능성이 높다.

아홉째, 실패의 가능성을 고려하는 것이다. 비즈니스 세계에서 리허설을 할 시간은 거의 없다. 대부분 비즈니스는 위험을 최소화하도록 디자인되어 있다. 만약 실패하면 그 책임을 묻는다. 그러나 혁신의 두 가지 양면성은 항상 성공과 실패이다. 혁신도 항상 성공하는 것이 아니라 실패할 수도 있다. 상황과 시간, 공간에 따라서 같은 혁신사업이 성공할 수도 있고 실패할 수도 있다. 가령, 저소득층을 겨냥한 미국의 월마트의 판매 전략은 미국 내에서 성공한 사례로 널리 알려져 있다. 그러나 월마트가 한국에 들어와서 어떻게 되었는가? 한국의 문화와 정서에 맞지 않아서 실패하였다. 따라서 그룹흐름이 항상 성공하지는 않는다. 이러한 실패가 두려워 협업의 아이디어 창출 과정을 중단한다면 혁신을 포기하는 것과 같다. 실패 없이는 혁신도 없다. 실패의 위험 없이는 그룹흐름도 없다. 사실 협업은 이러한 실패의 위험을 줄여주는 방식이다. 왜냐하면 각 개인의 아이디어는 각 개인이 책임을 지기 때문에 협업을 통한 다른 동료들의 피드백을 받지 못할 경우 결함을 가질 확률은 협업의 결과물보다 더 높다. 실패의 가능성 속에서 그룹흐름을 유지하는 주된 이유는 심리적 안정감을 줄 수 있다는 것이다. 협업에서는 그룹흐름이 존재하므로 실패의 가능성을 줄여주고 실패의 책임도 개인이 아니라 협업 그룹이 지게 되기 때문이다.

그룹흐름은 많은 긴장이 완전히 균형을 이룰 때 일어난다. 즉, 그 긴장은 전통과 새로움 간에, 계획이나 구조화와 즉흥화 간에, 비판적이고 분석적인 마인드와 자유분방함 및 고정관념에서 벗어나는 마인드 간에, 그룹의 나머지 구성원에 대한 경청과 개인적 목소리를 내는 것 간에 긴장의 균형이다. 팀에서 일하는 대부분의 사람들은 높은 과업만족도를 보인다. 그룹이 흐름 상태에 있을 때 이보다 더 좋은 것은 없다.

즉흥성의 부정적 역설은 규정이 있고 구성원들이 암묵적 이해를 공유할 때 일어날 수 있다. 너무 많은 규정이나 너무 많은 일치성을 가지면 혁신의 잠재력은 사라지게 된다. 혁신하려는 그룹이 직면한 문제는 혁신을 지지할 수 있는 그리고 창의성을 질식시키지 않는 적당한 구조화의 수준을 찾는 것이다.

그룹사고에서 그룹창의성으로 변화

1. 브레인스토밍

브레인스토밍은 오늘날 여전히 사용되고 있다. 브레인스토밍은 다음과 같은 4가지 특징을 기본으로 한다. 첫째, 어떤 아이디어에 대해서도 비판하지 않는다. 둘째, 자유분방함은 환영된다. 즉, 아이디어 범위가 넓을수록 더 좋다. 셋째, 양이 그 목표이다. 아이디어가 많을수록 가장 좋은 아이디어도 찾기 쉽다. 네째, 이전의 아이디어와의 결합방안과 향상방안을 찾는다.

모든 사람은 브레인스토밍brainstorming을 위한 회의실로 종이와 펜을 가져간다. 회의 동안 회의 조력자facilitator가 규칙에 따라 진행하고 모든 사람이 제안한 것을 칠판에 기록한다. 훈련된 조력자가 회의진행을 돕는 것이 좋은 브레인스토밍을 위하여 중요하다. 훈련된 조력자가 이끌어 가는 그룹이 그렇지 않은 그룹보다 두 배 이상 창의적인 것으로 알려져 있다.

브레인스토밍은 항상 인기있는 창의성 기법이다. 그런데 이 방법은 알려진 것처럼 그렇게 유용하지 않다. 브레인스토밍 그룹들은 혼자 일하고 나중에 그들의 아이디어를 통합한 동일한 사람들보다 훨씬 더 적은 아이디어를 생각한다는 것이 수십년의 연구에서 일관되게 나타나고 있다. 대부분 그룹의 구성원들은 회의에서 개별적인 의견을 말하지 않고 벙어리가 되는 경향이 있어서 많은 의견이 나오지 않는다는 것이다.

퍼듀Purdue 대학의 한 연구에 의하면 구성원 간에 무비판적인 그룹들이 비판적인 그룹들보다 두 배 가량 더 많은 아이디어를 제시하였다. 그러나 그 아이디어 증가는 좋지 않은 아이디어들이었고 질적으로 보면 두 그룹들이 제시한 아이디어의 수준은 거의 동일한 수준이었다. 이는 비판적인 그룹이 보다 높은 수준의 아이디어를 만들어 낸다는 것을 의미한다. 요컨대 브레인스토밍에서는 걸러내야 할 많은 안좋은 아이디어들이 있으므로 그룹구성원들이 비판적인 의견을 주는 것이 보다 낫다는 것이다. 비판적인 의견을 주는 것이 더 좋은 아이디어를 만들어 낼 뿐만 아니라 나중에 나쁜 아이디어를 제거하는 추가적인 일을 줄여주는 효과를 가져올 것이다.

아이디어를 얻기 위하여 그룹을 사용하는 것뿐만 아니라 동시에 그룹이 아이디어를 평가하도록 해야 한다. 이것이 그룹창의성이 이루어내는 또 하나의 과업이다. 아이디어를 논의하는 그룹은 아이디어를 논의하지 않는 개별적인 그룹보다 좋은 아이디어를 만들어 내는 것으로 나타나고 있다. 사실 많은 회사에서 관리자들은 아이디어를 정하는 것은 자신들의 권한이라고 생각하고 있는데 관리자들에 의해서 아이디어를 내고 결정하는 것은 정말 회사를 후퇴시키는 일이 된다.

브레인스토밍 그룹이 덜 창의적인 세 가지 이유는 다음과 같다.

첫째, 생산성 장애가 일어난다. 그룹구성원들은 다른 사람의 아이디어에 주의 깊게 경청을 해야 한다. 이는 개별 구성원들에게 새로운 아이디어를 생각할 수 있는 심적 에너지를 줄여 준다. 또한 개인들은 소나기 같이 나오는 아이디어들로 자신들의 아이디어에 대한 집중력을 분산시킬 수 있다. 이것으로 인하여 대규모 그룹에서 생산성 상실이 더 크다. 그룹구성원들이 증가할수록 구성원들은 이야기할 시간이 줄어든다.

생산성 장애의 한 원인은 주제고정topic fixation이 있기 때문이다. 브레인스토밍 그룹의 아이디어들은 일부 범주로 한정되는 경향이 있다. 홀로 브레인스토밍하는 구성원에 비교할 때, 그룹들은 오랫동안 같은 주제범주 내에 빠르게 고착화된다. 주제고착화를 막는 방법은 그룹구성원들에게 홀로 일할 시간을 주고 혼자시간을 그룹상호작용과 차례대로 교대하는 것이다. 가령, 전자 브레인스토밍electronic brainstorming을 예를 들면 아이디어가 각 구성원에게 공유된 컴퓨터 스크린으로 타이핑이 되어서 보내지고 마치 채팅룸처럼 설정된다. 결과적으로 주제고착화가 줄어들기 때문에 보다 창의성이 나타난다. 또한 브레인라이팅brainwriting의 경우도 있는데 이는 그룹의 각 구성원이 홀로 5분 동안 자신의 생각을 적고 그 내용을 다음 사람에게 전달하는 것이다.

둘째, 사회적 억제social inhibition**는 생산성 상실의 두 번째 요인이다.** 일부 그룹구성원들은 다른 사람이 어떻게 생각할까 두려워서 자신들의 아이디어를 선뜻 말하지 못한다. 가령, 상사가 그룹 내에 함께 있다면 직원들은 동료들이 생각하는 것보다 상사가 어떻게 생각할지를 더 염려한다. 사회적 억제의 부정적인 효과를 줄이기 위해서는 첫 단계로 구성원들이 정말 동등하게 느끼도록 만들어야 하고 권위적인 인물이 함께 하지 말아야 그룹흐름의 상태가 될 수 있다. 두 번째 단계로는 훈련된 조력자로 하여금 사람들이 의견을 자유롭게 이야기하도록 유도하고 주저하는 사람들이 없도록 해야 한다.

셋째, 사회적 태만social loafing**은 생산성 손실의 세 번째 원인이다.** 사람들이 그룹 내에 있을 때, 사람들은 그들이 혼자 일할 때 느끼는 것만큼 결과에 대하여 책임감을 느끼지 않는다. 이는 일명 링겔만효과Ringelman Effect로서 집단 내에서는 개인으로 일할 때만큼 열심히 일하지 않는 현상을 말한다. 책임은 그룹구성원들에게 분산되고 개인들은 이완되어서 열심히 일하지 않는 현상이 생긴다. 그런데 이들을 분리해서 평가한다고 공지한 그룹구성원들은 보다 많고 더 나은 아이디어를 찾아내었다.

2. 그룹사고(groupthink)

1972년 예일대의 어빙제니스Irving Janis는 그룹사고 내지 집단사고라는 용어를 만들어 냈다. 그룹사고란 스마트한 사람들로 구성된 팀이 만약 각자가 혼자 일한다면 이루었을 아이디어보다도 더 말이 없는 상황에서 나오는 아이디어를 말한다. 그룹 내에서 단결심을 강조하다 보면 그룹사고가 나쁜 결정을 가져올 가능성이 더 커진다. 그룹의 결속력이 높을 때, 모든 사람은 따라가고 구성원들은 서로를 좋아하고 그 그룹과 같이 된다. 구성원들은 모두 같은 관점을 공유하고 같은 방식으로 사물을 보기 때문에 그들은 지나치게 자신만만하다. 그룹은 많은 암묵적 지식을 공유한다. 한 구성원이 다른 구성원들에게 이의를 제기하거나 도전하면 그는 괴롭힘을 당한다. 이러한 역설적인 사실에 기초할 때 모든 사람이 협업은 경이롭다고 생각하더라도 어떤 그룹들만이 협업의 힘으로부터 반사이익을 얻게 될 수도 있다.

3. 협업과 복잡성

브레인스토밍과 그룹사고와 협업의 힘을 어떻게 조화시킬 수 있을 것인가? 브레인스토밍의 가장 큰 문제는 그룹에 주어진 과업—아이디어나 해결책의 목록을 만들어 내는 것—이 이론상 개인들로 수행이 된다는 점이다. 이 때 각 개인의 창의적 활동은 부가적이다. 그러나 가장 혁신적인 그룹들은 부가적이지 않은 과업에 관여한다.

즉흥적 그룹은 단순히 함께 하는 과업팀과는 다르다. 왜냐하면 한 사람에게 많은 과업이 부여되거나 상이한 기능으로 무장된 사람들이 필요하기 때문이다. 단순한 과업팀에서는 관리자가 노동을 할당하고 과업을 나누어 준다. 그러나 협업팀에서는 하위 과업들이 처음에 알려져 있지 않다. 과업의 분배는 나중에 이루어진다. 일부 하위 과업들은 다양한 팀 구성원들의 노력이 필요하기 때문에 결코 분해할 수가 없다. 즉흥적인 혁신에서 일어나는 창의성은 부가적이 아니라 점증적이다.

그룹창의성에서 가능한 해를 찾는 공간은 실험실 공간인 랩스터디에서 발생하는 단순한 목록보다도 훨씬 크고 더 복잡하게 구조화되어 있다. 그룹은 협업적 창의성으로 제공되는 영감을 가진 천재성을 위하여 디자인되어야 할 필요가 있다.

지금까지 단어나 문장을 만들어 내는 언어적인 창의성에 관하여 언급하였다. 팀의 과제가 구체적이고 시각적으로 볼 수 있는 어떤 것을 개발해야 할 때 무엇이 일어나는가? 디자인 회사인 IDEO는 훌륭하게 보여야 하는 목표를 세웠는데 그 결과는 시각적 창의성 관점에서 그룹이 단독 작업자를 능가하였다. 스텐포드Stanford 대학의 댄 슈와츠Dan Schwartz는 홀로 문제를 해결하는 것과 동일문제를 쌍을 이루어 해결하는 것을 비교하였다. 같은 수의 단독 학생이 문제를 해결한 것은 14%에 불과하였지만 같은 수로 쌍을 이루어 해결한 학생수는 58%에 해당하여 무려 4배 이상 많았다. 단순히 학생수에 대비하면 28%로 나타나야 하지만 그보다 훨씬 높은 성과를 보였다. 쌍을 이룬 학생들은 문제를 해결하기 위하여 소통을 하였기에 혼자서는 할 수 없는 협업의 특징을 발전시켰기 때문이다. 그 특징은 각 학생이 가진 두 가지 관점을 수용하는 보다 추상적인 새로운 것이 되었다. 즉, 각자 생각을 엮어서 새로운 하나의 통합된 아이디어를 만들어 내는 과정을 거침으로써 문제를 보다 빠르게 해결할 수 있었던 것이다.

많은 혁신은 시각화, 추상적 특성, 복잡한 관계에 의존한다. 그룹은 잘못 결성되면 단순히 아이디어의 리스트를 작성하는 것과 같은 부가적인 일을 하는 개인보다도 더 나빠질 수 있다. 그러나 그룹은 과제가 현실세계에 적용되는 복잡한 아이디어를 포함하는 문제일 경우에는 보다 좋은 해결책을 찾아낼 수 있다. 여기서 복잡한 새 아이디어는 이전에 나온 아이디어들의 복잡한 결합체이고 또한 그룹구성원들에게 새롭고 익숙하지 않은 것이며 새 아이디어는 시각화와 축약화에 의존하는 것이다.

4. 협업과 다양성

이전에 그룹이 흐름으로 이동하기 전에 구성원들은 암묵적 지식을 공유하고 비교가능한 비슷한 기술수준을 보여줘야 한다고 언급하였다. 그러나 그룹구성원이 너무 서로 친숙해지면 더 이상 상호작용이 일어나지 않아서 그룹흐름이 시들어버린다. 이를 해결하기 위해서 다양성을 도입하면 많은 동조현상에서 초래되는 그룹 사고를 피할 수 있다.

그룹이 다양한 능력, 다른 유형의 지식, 다양한 관점을 가진 사람들로 구성될 때 그룹은 보다 효과적이다. 모든 것이 상당히 동일하게 유지될 경우에 동질적인 그룹은 일을 잘할 수도 있을 것이다. 동질적인 그룹은 다양성을 지닌 그룹보다 더 효율적일 수도 있을 것이다. 그러나 환경이 변화하고 혁신이 필요하게 되면 단기효율은 결과적으로 실패로 나타난다.

다양성은 협업 그룹을 보다 창의적으로 변화시키게 된다. 복합적인 의견들로부터 나오는 마찰과 반향으로 인하여 그 그룹은 보다 창의적이고 보다 복잡한 과업을 수행하게 되기 때문이다. 소수자들의 관점도 다양한 주의와 사고를 자극하기 때문에 중요하다. 어떻게 보면 그룹 구성원 간의 상이한 의견이나 견해의 차이는 그룹이 그룹사고의 함정으로 떨어지는 것을 막아준다. 그러나 갈등은 생산적으로 관리하기가 어렵다. 창의성을 방해하는 파괴적인 상호 간의 공격으로 갈등이 쉽게 증폭될 수 있다. 다양성과 불일치는 그룹흐름이 존재할 때에만 성과를 높여줄 수 있다. 그룹흐름에는 어느 정도 공유된 지식, 밀접한 경청, 개방적인 의사소통, 잘 정의된 목표에 대한 집중, 자치성, 공정성, 동등한 참여가 들어 있어야 한다.

가장 놀랍고 창의적인 영감은 항상 상이한 지식의 집합체 간의 연계에서부터 나온다. 단일분야에서 발전은 결코 본질적인 변화를 촉발하지 못한다. 변화는 함께 작동하고 상호 교차되는 영향으로 촉발될 수 있다. 그룹이 혁신을 만드는데 그렇게 효과적인 이유는 어떤 개인이 생각하는 것보다 많은 개념들과 많은 지식집합체를 함께 가져올 수 있기 때문이다. 그룹창의성을 활성화하려면 팀의 구성원으로 모두 비슷한 분야의 능력을 가진 직원으로 채워넣지 않을 때 가능하다.

데카르트 마케팅

데카르트 마케팅이란 제품에 예술적 디자인을 접목시킴으로써 다소 차가울 수 있는 첨단기술 제품을 따뜻하게 느끼고 소비자의 감성을 만족시킴으로써 브랜드 이미지와 품격을 높이는 신종 마케팅 전략을 일컫는 말이다. 다시 말하면 뛰어난 기술력은 물론 예술적 디자인을 갖춘 제품을 통하여 소비자의 마음을 사로잡는다는 전략이다.

데카르트(Techart)는 '테크(Tech; 기술)'와 '아트(Art; 예술)'의 합성어이다. 사실 정확한 발음은 '테카르트'이지만 프랑스의 철학자이자 수학자인 데카르트(René Descartes)와 유사한 음이어서 데카르트라고 부르게 되었다. 국립국어원은 이 말을 우리말로 다듬어 '예술감각상품'이라고 하였다. 참고로 데카르트는 우리가 잘 아는 '나는 생각한다. 고로 나는 존재한다.'는 말을 남겼으며 x축, y축의 좌표를 창안하였고 빛의 굴절 법칙을 발견하기도 한 인물이다.

과거에는 성능과 실용성, 가격 등이 제품을 고르는 기준이었으나 기술 수준이 어느 정도 평준화되면서 얼마나 뛰어난 디자인을 갖추었느냐가 제품 선택의 중요한 기준이 되었고, 점점 차별화되고 세련된 디자인만으로는 소비자를 감동시키기 어렵게 되자 기업들은 예술가 또는 디자이너를 제품 설계에 직접 참여시키거나, 세계적 명품 업체와의 디자인 제휴를 통하여 예술적 디자인을 구현한 제품들을 만들게 되었다. 제품 외관에 예술가나 브랜드의 작품 및 상징을 입히기도 하고, 예술가가 제품 디자인에 직접 참여하기도 한다. 아예 제품 자체를 예술품으로 승화하는 것도 있다.

제품외관에 예술 작품을 더하는 것의 대표적인 예는 스마트폰 케이스다. 특정 제조사를 지목하지 않더라도, 이미 많은 제조사가 세계적인 명화를 자사의 제품에 담아내고 있다. 충격 방지라는 본연의 기능에 보는 즐거움까지 더했다. 예술 작품뿐만 아니라 다른 브랜드의 상징이나 장식을 케이스에 적용한 예도 있다.

〈기술과 예술의 결합〉

제품을 고를 때 기능 못지않게 예술이 결합된 디자인을 중요하게 생각하는 소비계층인 아티젠(Artygen; Arty Generation) 열풍이 불면서 데카르트 마케팅을 중요한 전략으로 삼는 기업들도 늘어나게 된 것이다. 데카르트 마케팅은 냉장고 · 에어컨 · 세탁기 등의 가전제품과 휴대폰 등의 IT제품을 비롯하여 화장품 · 생활용품 · 자동차 등 모든 제품에 사용되고 있으며, 고흐 · 몬드리안 · 르누아르 · 앤디워홀 등 대가의 명화(名畫)에서부터 현존하는 화가 · 사진가 등 예술가와 유명 패션 · 산업 디자이너의 작품을 등장시킨다. 세계적 명품 업체 또는 유명 디자이너와 디자인을 제휴하여 만든 제품으로는 LG 프라다폰, 삼성 아르마니 · 베르사체 · 뱅앤올롭슨 · 휴고보스 폰 등의 휴대폰을 비롯하여 아르마니가 디자인한 벤츠 CLK 카브리올레, 질 샌더의 푸마 운동화, 비비안 탐이 디자인한 HP 넷북, 칼림 라시드가 디자인한 아수스 넷북 등이 있다.

이러한 데카르트 마케팅의 일례로 반고흐의 침실에서 하루밤을 보낼 수 있는 기회를 제공하는 호텔이 있다. 고흐의 방을 완벽하게 그림처럼 재현한 시카고 미술관과 에어비앤비의 협업으로, 2016년 2월 숙박 공유 회사인 에어비앤비(Airbnb)에서 반고흐의 방을 사고 사람들이 하룻밤 머물면서 반고흐의 작품을 새로운 방식으로 경험하게 하는 참으로 신기하고 흥미로운 광고방식이다.

〈LG전자 갤러리 올레드 TV〉

제품 자체가 예술품이 되는 유형은 LG전자가 출시한 갤러리 OLED TV를 예로 들 수 있다. 갤러리 OLED TV는 명품 액자형 틀(frame)이 화면을 감싸는 형태의 디자인으로, 화면을 볼 때 미술관에서 작품을 감상하는 듯한 느낌을 준다. TV를 보지 않을 때는 고흐의 '아를의 침실' 르누아르의 '물랭 드 라 갈레트', 고갱의 '아레아레아' 등 명화가 화면에 나타나도록 설정할 수 있다. 제품을 사용하지 않을 때는 인테리어 소품이 될 수 있다는 점에 주목한 것이다.

물론 데카르트 마케팅이 반드시 성공하는 필승전략은 아니다. 제품으로서의 기능과 가치를 우선 갖춰야 한다. 시각적으로 아름답더라도, 제품 본연의 기능에 충실하지 못하면 결국 소비자의 외면을 받게 된다. 즉 기술과 예술 사이의 균형이 중요하다는 의미다.

제7장

협업의 대화와 창의적 조직

제 1 절

협업마인드와 대화

1. 아이디어들의 결합과 축적

1976년 1월 존리드John Reed는 카리브 비치에서 휴가를 보내고 있었다. 리드는 은행업에서 입지전적인 인물로서 1970년 31세의 젊은 나이에 시티은행 역사상 최연소 부행장으로 승진하였다. 리드는 휴가로 자주 카리브비치에 가곤 했는데 갈 때마다 노트북을 가지고 다녔다. 1976년 1월 어느 휴가 날에도 그는 노트북을 꺼내서 아이디어를 작성하기 시작하였다. 그 날도 그는 비즈니스를 깊이 생각하였고 비치에 앉아서 30페이지 정도를 작성하면서 그 내용이 새로운 회사의 청사진이 될 것이란 생각을 하게 되었다.

그날 그가 생각한 것은 시티뱅크의 전설적인 것이었다. 리드는 뉴욕으로 돌아와 그날 작성한 아이디어의 제목을 '비치로부터'라고 붙여서 회사의 직원들에게 공람을 시켰다. 그 아이디어가 바로 일종의 네트워크인 거리에 현금기계를 설치하는 것이었다. 이는 기존과는 완전히 다른 새로운 기술에 기초한 아이디어였다.

오늘날 리드는 현금기계의 발명을 통하여 은행이 일하는 방식을 완전히 바꾼 인물로 널리 알려지게 되었다. 1977년 시티뱅크의 현금기계 네트워크가 등장하였을 때, 다른 뉴욕 은행을 수년 앞서게 되었고 뉴욕 전체에서 시티뱅크의 예금점

유율은 배 이상으로 증가하였다.

리드가 생각한 조그만 아이디어는 혼자 있을 때 나왔고 사무실에서 나온 것은 아니었다. 이 마술과 같이 신기한 아이디어를 얻는 순간이 협업과 무슨 관계가 있는 것일까? 이를 이해하기 위해서는 리드가 아이디어를 얻는 순간을 좀더 세밀하게 살펴볼 필요가 있다.

첫째, 현금기계는 자동화화물취급 회사인 듀큐텔Ducutel에 의해서 몇 년 전에 이미 개발되어 있었다.

둘째, 시티뱅크는 그 기계를 처음 설치한 첫 번째 은행도 아니었다. 뉴욕의 화학은행이 1969년 9월 2일에 처음으로 롱아일랜드에 현금기계를 개설하였다.

셋째, 1970년 초에 시티뱅크에는 기계가 비록 카운터 뒤에 있었으나 텔러들에 의해 사용되었으며, 이미 모든 지점에 시티카드 기계의 네트워크를 설치하였다.

넷째, 전국적인 신용카드 네트워크에 관한 리드Reed의 아이디어는 1970년 그의 부행장 승진 이후에 회사 내부적으로 많은 논의가 있었다.

모든 아이디어는 시간이 흐르면서 일어났고 다른 사람들과 그룹들이 이에 기여하였다. 리드가 아이디어를 중요하게 만든 것은 그가 많은 상이한 아이디어들을 함께 결합할 수 있는 방법을 찾았기 때문이다. 그 상이한 아이디어들은 현금기계, 신용카드, 컴퓨터, 네트워크 등으로 이를 함께 결합하겠다는 새로운 유형의 은행시스템을 만들어 낸 것이다.

루이스와 톨킨의 아이디어 협업

1926년에 옥스퍼드 대학의 영문학과의 클리브 루이스(Clive Lewis)와 존 로날드 루엘 톨킨(John Ronald Reuel Tolkien)은 학과에서 아웃사이더처럼 느껴졌다. 루이스(Lewis)는 그 당시 28살이고 톨킨(Tolkien)은 34살이었다. 루이스는 성격의 문제로 그의 동료들과 감명을 주고받지 못하였고 톨킨은 그의 동료들과 친하지 않은 상태에 있었다. 또한 각자는 걸출한 동료들에게 비밀로 하는 하나의 취미로 신비적인 소설과 시를 쓰고 있었다.

이들 두 사람은 다른 지역 동료들과 하나의 그룹인 인클링스(Inklings)라는 그룹을 만들었다. 인클링스란 그 모인 사람들이 작가들로서 모호하거나 반쯤 형성된 암시나 아이디어를 찾는 사람들이란 의미이다. 매주 화요일마다 옥스퍼드의 한 선술집에서 만나 북유럽의 신화나 시를 토론하고 자신들이 개발하고 있는 작품들을 크게 낭독하였다.

이 두 사람은 그룹 내에서 신뢰가 구축되면서 자신들의 비밀스런 글들을 공유하기 시작하였고 서로의 글에 대한 상세한 코멘트를 해주었다. 이 그룹에서 새로운 아이디어가 토론 속에 나오면 구성원들은 집에 돌아가 좋은 아이디어를 잡아내는 초안을 작성하곤 하였다. 다음 모임에서 각자 작성한 초안을 차례대로 크게 읽었고 다른 사람들은 듣고 비평적인 조언들을 주었다. 톨킨은 자신의 시각으로 작성한 작품들을 그 모임에 내어놓음으로써 모임구성원들의 비판적인 조언 덕분에 「호빗(The Hobbit)」과 3부작 「반지의 제왕(Lord of Ring)」을 출간할 수 있었다.

루이스는 자신의 작품으로 7권 분량의 「나니아 연대기(The Chronicles of Narnia)」를 출간할 수 있었다. 이 창의적인 모임이 없었다면 이들 작품은 세상에 나오지 못하였을 수도 있다. 오늘날 이 작품들은 수백만 명에 의해 읽혔고 대형 영화관에서 상영되었다. 처음에 3개의 나니아 상영영화는 15억달러 이상을 벌어들였고 반지의 제왕은 60억달러 정도의 수익을 내었으며 수많은 오스카상과 다른 상들을 휩쓸었다.

이들 작품을 쓴 작가들에 대한 우리의 이미지는 이 작가들이 고독하고 내면에 영감을 가진 각각의 한 인간들이라는 생각을 가지고 있다. 그러나 이 두 작품은 설명한 것

〈반지의 제왕 – 일러스트 김원호〉

과 같이 외로운 천재성에 의한 고독한 혼자의 작품이 아니라 협업 모임에서 이루어진 것이었다. 이 두 사람은 협업의 힘으로 시작한 유일한 작가들은 아니다. 그 외에 수많은 사람들이 이러한 비슷한 과정을 통하여 작품들을 만들었다.

소설과 같은 그러한 고독한 활동도 그 기원이 협업에 있다. 인클링스가 어떻게 루이스 같은 보통 수준밖에 안되는 파트타임 시인을 유명한 소설가로 전환하고 톨킨의 신화같은 아이디어를 일관된 이야기로 바꾸었는가? 이를 이해하기 위해서는 창의적인 과정에 대하여 좀더 이해할 필요가 있다.

〈나니아 연대기〉

출처: Sawyer(2017).

대부분 창의적이고 작은 아이디어들은 항상 협업과정에서 깊숙이 들어 있다. 이는 다음과 같은 5가지 단계를 거친다.

첫째, 준비단계이다. 이 준비단계에서는 열심히 일하고 문제를 공부하고 그에 관하여 일하는 다른 모든 사람들과 대화하는 기간을 포함한다.

둘째, 시간투입단계이다. 팀 구성원들은 내용을 바꾸고 다른 활동에 관여한다. 종종 다른 사람과 대화한다.

셋째, 조그만 아이디어 단계이다. 시간을 투입하는 동안 해결방안이 나온다. 그러나 그 해결책은 지식과 준비단계와 시간투입단계의 사회적 상호작용 속에 들어 있고 그 조그만 아이디어는 다른 사람이 이미 가졌던 작은 아이디어 위에 구축이 된다.

　　넷째, 선택단계이다. '아하!'라는 깨달음의 느낌이 항상 그 아이디어가 좋다는 것을 의미하지는 않는다. 창의적인 사람들은 후속조치를 위한 가장 좋은 아이디어를 선택하는 데 뛰어나다. 혹은 그들을 선택하는 데 있어서 다른 사람들과 협업한다.

　　다섯째, 정교화 내지 합성단계이다. 아이디어를 이끌어내는 것은 전형적으로 많은 추가적인 아이디어들을 필요로 한다. 그들을 함께 결합할 때 항상 사회적 상호작용과 협업이 필요하다.

　　준비단계, 선택단계, 정교화단계 등은 의식적이고 합리적인 활동들이다. 협업그룹은 과업을 행하고 결정을 내리기 때문에 이러한 합리적인 활동들은 항상 깊게 사회적으로 연관되어 있다. 그러나 영감의 아이디어는 주로 유일하게 혼자 있으면서 고독할 때 나온다. 이런 아이디어들은 샤워하다가 혹은 해변가에서 휴가를 보내다가 우연히 떠오르게 된다. 이러한 아이디어들은 사람들이 외로이 혼자 있을 때 일어난다. 고독이 창의성을 얻는 중요한 열쇠가 된다.

　　그러나 이미 알려졌듯이 영감의 순간, 이 사적인 순간 조차도 창의적인 협업으로부터 유익을 얻는다. 개인들이 처음에 그룹 내에서 일을 하는 동안과 그룹미팅이 끝난 후에 그들 스스로 비슷한 과업을 완성할 때를 관찰한 연구에 의하면 그룹 내에서 일한 사람들은 어떤 협업을 경험하지 않은 사람들보다도 혼자하는 일에서 보다 나은 성과를 달성하였다는 점이다. 보다 놀라운 점은 그 이후에도 그들이 오랜기간에 걸쳐서 보다 나은 성과를 지속적으로 보여주었다는 점이다. 그룹의 의사결정과정에 참여하게 되면 개인의 의사결정의 질에 대한 강한 긍정적인 정(+)의 파급효과를 주게된다. 두뇌활동 그 자체는 협업으로 퍼져나간다. 개인의 창의성이 그룹 창의성과 어떻게 결합되는가를 이해하는 것이 창의적인 잠재성을 이해하는 열쇠가 된다.

　　20세기 초반에 게슈탈트Gestalt 심리학자들은 영감문제를 사용한 '아하!'란 깨달음의 순간을 연구하였다. 문제를 해결하기 위한 갑작스런 영감의 아이디어가 필요한 수수께끼를 생각하였다. 이들 중에 가장 유명한 하나는 [그림 3]과 같은 9개 점에 관한 문제이다. 즉, 이는 9개 점을 연결하되, 종이에서 손을 떼지 않고 4번의 연결된 직선으로 9개 점을 연결하는 퀴즈에 관한 문제이다.

그림 3) 4개의 직선으로 9개 점을 연결하기

출처: Sawyer(2017).

이 문제를 풀기 위하여 1~2분을 생각해보라. 과거에 이 문제를 본 기억이 있다 할지라도 답을 기억하는 데는 어려움을 가질 수도 있다. 이에 대한 해답은 이 장의 부록에 첨부되어 있다. 이 심리학 이론에 의하면 일부 사고들과 지각은 그들의 개인적인 요소들을 분석해서 이해할 수 있는 것이 아니고 복잡한 전체로서 이해될 수 있다고 알려져 있다. 이들은 유명한 착시현상을 만든 심리학자들이다. 가령, [그림 4]와 [그림 5]와 같이 착시현상은 두 말이 서로 응시하는 모습에서 갑자기 사람 얼굴로 바뀐다거나 헬쑥한 노파의 얼굴이 갑자기 젊은 소녀로 바뀌는 현상 등을 말한다. 아무도 동시에 두 개의 느낌을 볼 수는 없고 하나로부터 다른 것으로 전환이 갑작스럽다.

이처럼 창의적인 영감도 하나의 비슷함이 갑작스럽게 재인식되는 것을 의미하는 것 같다. 이러한 것을 연구하는 심리학자 중의 하나인 칼 던커Karl Duncker는 지적하기를 어떤 문제들은 너무나 갑자기 빠르게 아이디어가 떠올라서 사실 간에 어떠한 연계의 고리는 새로운 발견을 설명할 수가 없다고 한다.

그림 4 여인의 착시 현상

그림 5 노파와 젊은 소녀의 착시현상

던커Duncker는 문제를 해결하는 일련의 전형적인 단계를 확인하는 방법을 소개하고 있다. 우리는 분명한 답으로 그리지만 그러나 갑자기 그것이 아님을 깨닫는다. 아직 우리 마음은 이미 그 답에 고정되어 있고 그 문제를 다른 방식으로 보는데 장애를 받고 있다. 이전의 경험은 때때로 잘못된 경로로 우리를 고착화시키는 일부가 된다. 그런데 갑자기 우리가 그 고착화를 극복하고 그 문제를 재구성하고 정답을 보게 되면서 우리는 섬광 같은 영감을 경험하게 된다. 이는 고착화, 잠복기, 돌파구라는 단계를 거친다고 볼 수 있다. 우리의 창의성이 매일의 생각과는 다르게 내부적 심리적 사건이라는 증거를 원한다면 이를 통하여 알 수가 있다는 것이다. 던커Duncker의 주장에 따르면 이전의 경험은 문제를 해결하는 데 도움을 주지 못한다는 것이다. 그것은 오히려 방해가 된다. 이처럼 던커Duncker의 연구는 우리들에게 무엇이 마음속에서 일어나고 있는지를 여전히 설명해주지는 못하고 있다. 그래서 협업에 의해서 이루어진 역할을 찾아낼 수가 없다.

1981년에 로버트 와이즈버그Robert Weisberg와 조셉 알바Joseph Alba는 사람들이 던커Duncker의 영감문제를 푸는 동안 무엇이 진행되고 있었는지를 분석하는 인지심리를 사용하였다. 특히 사람들이 잘못된 해결책에 고정되어 있기 때문에 혹은 가정이 주어지지 않기 때문에 문제를 해결하는 데 어려움을 갖는다는 점에 흥미를 가졌다. 가령, 9개 점을 4개의 선분으로 연결하는 문제의 경우 사람들은 선들이 박스 내에서 유지되어야 한다고 가정한다. 우리는 박스 바깥으로 나가는 것을 생각할 수 없기 때문에 그 문제는 풀기가 어렵다.

게슈탈트Gestalt 심리학자들은 그 고정화가 제거되면 해결책이 빠르게 일어난다고 생각하고 이를 재구조화restructuring라고 불렀는데 이는 과거 경험에 의존하지 않는 새로운 방법으로 상황을 보는 것을 말한다. 이와 반대로 와이즈버그Weisberg는 그 문제가 영감의 문제라 하더라도 과거 경험이 항상 문제를 푸는 방법이라는 믿음에서 출발하였다. 문제가 해결되지 않는 것은 과거 경험에 의하여 고착화로 장애가 생겼기 때문이 아니라 과거 경험에 대한 충분하고 올바른 지식을 가지지 못했기 때문이라고 주장한다. 즉, 9개 점을 연결하는 수수께끼에서 점 바깥으로 나가는 경험이 없었다는 것이다. 많은 사람들이 점과 점을 연결하는 게임을 많이 해본 경험이 있어서 이것에 기초하여 해결하려 하지만 곧 이 방법으로 문제를 해결할 수 없는데 다른 방법에 대한 그 어떤 경험을 가지지 못하였다는 것이다.

로버트 와이즈버그와 조셉 알바는 만약 사람들이 힌트를 얻으면 어떻게 반응할까를 살폈다. 가령, 점들의 바깥으로 나갈 수 있다는 힌트를 준다. 그러나 사람들은 그 힌트에도 별로 반응을 보이지 못하고 움츠리고 있다. 그러면 또 다른 힌트로 첫 번째 선을 그려준다. 소수의 사람들은 그것을 이해하고 문제를 풀 수 있을 것이다. 그 다음으로 두 번째 선을 보여주면 모든 사람들은 아마 그 문제를 풀 수 있을 것이다. 이들 학자들의 마지막 결론은 박스 바깥에서 생각하는 법을 알아야 한다는 것이다.

어떻게 하면 박스 바깥에서 생각할 수 있도록 학습하게 할 수 있는가? 사람들에게 단순히 힌트를 보여주는 것은 별로 도움이 되지 않았다. 사실 거의 해결방안의 절반을 보여주고 나서 사람들은 문제를 풀 수 있었다. 와이즈버그와 조셉 알바는 다른 방법을 사용하여 보았다. 사람들이 삼각형 바깥으로 나감으로써 삼각형 점들을 연결하도록 훈련을 시킨 후에 9개 점을 연결하는 문제를 풀게 했을 때 더 쉽게 답을 찾았다. 이러한 결과를 통하여 우리는 협업으로 되돌아 가게 된다. 왜냐하면 우리는 항상 선생들과 동료들과 함께 사회적인 상호작용 속에서 생각하는 법을 배우기 때문이다. 여기서 얻게 되는 교훈은 답에 관한 힌트를 주는 것 대신에 비슷한 문제를 해결할 기회를 준다면 사람들이 나중에 보다 더 창의적으로 바뀌게 된다는 것이다.

이러한 결과에 기초하면 창의성에 관한 게슈탈트Gestalt 심리학자들의 주장에 대한 다음의 상이한 결론을 얻게 된다.

전신을 발견한 모스의 협업

새뮤얼 모스(Samuel.F.B.Morse)가 자기 홀로 영감 속에 전신을 발견한 것이 아니다. 마크 트웨인이 언급하였듯이 전신을 발명하는데 수천명이 관여하였다. 모스가 그이름을 얻게 되었고 우리는 그 이전에 기여한 사람들을 잊어버렸다. 1844년 모스의 전신을 연결하는 선은 많은 사람들에 의하여 시간에 걸쳐서 협업되어진 많은 영감의 결과로 나온 것이었다. 모스는 여러 사람들과 함께 일하여 단계 단계를 발전시킬 수 있었다. 모스는 전신을 발명하기 위하여 기술문제를 정교하게 하는 12년의 힘든 작업이 소요되었고 최초의 아이디어를 가능하게 해주는 수많은 조그만 연속된 작은 아이디어들이 있었다. 그 많은 새로운 아이디어들은 결과적으로 떨어져 나갔다. 모스의 최초의 4디지트 코드는 결코 사용되지 않았다. 대부분의 발명자들은 보통 그들이 협업을 시작하기까지 어떤 조그만 아이디어가 중요한지 알지 못한다. 다른 사람과 대화 속에서 초기의 조그만 아이디어가 새로운 종류의 감각을 만들어내기 시작한다.

모든 위대한 발명들은 오랜 기간의 조그만 아이디어들이 축적되어서 만들어진다. 최초의 아이디어는 종종 그렇게 좋지 않은 경우가 많지만 협업 덕분에 그 조그만 아이디어가 또 다른 작은 아이디어를 촉발하거나 혹은 예기치 못한 방향으로 재해석되기도한다. 협업을 통하여 조그만 아이디어들이 함께 결합되어서 획기적인 혁신을 만들어내게 된다. 성공적인 혁신가들은 우연하게 행운을 얻어서 성공한 것이 아니었고 보기드문 아이디어를 생각하는 축복을 받은 것이 아니었다. 그들은 많은 조그만 아이디어의 길로 연속해서 나아갔고 시간과 세대에 걸쳐서 협업을 이끌어내어서 그 조그만 아이디어들을 엄청난 것으로 만들어낸 것이었다. 많은 아이디어들이 심하게 목표를 벗어났지만 소수의 좋은 아이디어들이 그 과정에 나타났고 결국 이상적인 훌륭한 아이디어에 이르게 만들어 준다. 최초의 모스 코드는 결코 작동되지 않았다. 이는 단지 수치를 0부터 10까지 보내는 시스템이고 작동자가 특별히 제작된 코드책을 사용해서 글과 함께 여러 자리수를 단어와 연계시켜야만 하였다. 이 작업은 사용하기에 거의 악몽과 같았다. 그러나 나중에 부유한 투자자인 베일(Vail)과 협업하여 보다 나은 코드를 만들어내게 되었는데 이것이 오늘날 모스 부호가 되었다. 성공적인 혁신가들은 실패로부터 배운다.

영문모스부호		한글모스부호		숫자모스부호		약부호
A	· −	ㄱ	· − · ·	1	· − − − −	· −
B	− · · ·	ㄴ	· · − ·	2	· · − − −	· · −
C	− · − ·	ㄷ	− · · ·	3	· · · − −	· · · −
D	− · ·	ㄹ	· · · −	4	· · · · −	· · · · −
E	·	ㅁ	− −	5	· · · · ·	· · · · ·
F	· · − ·	ㅂ	· − −	6	− · · · ·	− · · · ·
G	− − ·	ㅅ	− − ·	7	− − · · ·	− − · · ·
H	· · · ·	ㅇ	− · −	8	− − − · ·	− · −
I	· ·	ㅈ	· − − ·	9	− − − − ·	− ·
J	· − − −	ㅊ	− · − ·	0	− − − − −	−
K	− · −	ㅋ	− · · −			
L	· − · ·	ㅌ	− − · ·			
M	− −	ㅍ	− − −			
N	− ·	ㅎ	· − − ·			
O	− − −	ㅏ	·			
P	· − − ·	ㅑ	· ·			
Q	− − · −	ㅓ	−			
R	· − ·	ㅕ	· · ·			
S	· · ·	ㅗ	· −			
T	−	ㅛ	− ·			
U	· · −	ㅜ	· · − ·			
V	· · · −	ㅠ	· · ·			
W	· − −	ㅡ	− · ·			
X	− · · −	ㅣ	· · ·			
Y	− · − −	ㅐ	− · −			
Z	− − · ·	ㅔ	− · − −			

출처: Sawyer(2017).

첫째, 사람들은 과거경험이나 불필요한 근거없는 가정으로 장해를 받는다. 하지만 와이즈버그Weisberg는 거짓가정을 제거하면 문제를 쉽게 해결한다고 주장한다.

둘째, 사람들이 고정화를 벗어버리면 빠르고 쉽게 영감의 아이디어에 이르게 될 것이라는 것도 사실이 아니다. 대신에 '외부'라는 힌트가 새 문제의 해답을 열게 해 준다. 그러나 그 해답은 역시 전문성과 과거 경험을 필요로 한다.

셋째, 영감은 이전의 지식과 독립적이다. 그런데 현실적으로 비슷한 문제에서 훈련을 하면 폭넓게 도움을 얻는다.

창의성은 관습을 거부하거나 우리가 알고 있는 것을 잊어버리라는 것이 아니다. 대신에 창의성은 과거 경험과 현존하는 관념에 기초를 둬야 한다는 것이다. 가장 중요한 경험은 협업으로 채워져 있는 사회적 그룹 속에 들어 있다.

만약 어떤 영감의 마술과 같은 순간이 없다면 즉, 문제에 작동하는 신비로운 하위의식의 배양작업이 없다면 또는, 창의성이 매일의 생각 속에 기초하고 있다면, 왜 많은 창의성을 얻은 사람들이 자신이 고민하던 문제로부터 벗어나서 휴식을 취해야 했을까? 왜 창의성이 항상 협업적이라면 사람들이 사무실에서 멀리 떨어져 있을 때 영감의 아이디어를 얻었을까? 이전에 창의성을 얻었던 사람들의 이야기가 우리가 중요한 영감을 얻기 위해서 문제로부터 거리를 유지할 필요가 있고 때로는 창의적이 되기 위해서 그룹으로부터 떨어져 있을 필요가 있다고 믿게 만드는 것이다. 창의성이 그렇게 협업적이라면 왜 휴가를 가는 것이 아이디어를 얻는데 도움이 되는 것인가?

이러한 질문들에 대한 답은 우리가 창의적이 될 때, 마음속에 무엇이 일어나고 있는지를 정확하게 이해하는데 있다. 이를 위하여 창의성을 구성하는 매일의 심리과정을 살펴볼 필요가 있다. 이러한 과정이 어떻게 깊이 협업과 관련되는지도 살펴봐야 한다. 성공적인 창조자는 시간이 흐름에 따라서 펼쳐지는 협업과정으로 들어감으로써 아이디어들이 나오도록 하는 방법을 안다. 대부분 혁신가들은 아이디어를 계속해서 갖는다. 그들도 아이디어의 대부분이 잘 작동할 것이라고 생각하지는 않는다. 그들은 재빠르게 실패를 중단하고 협업자들과 함께 공명이 되는 얼마되지 않는 소수의 좋은 아이디어들을 쫓아간다. 혁신가들은 잘못된 아이디어에 머무르거나 집착하지 않고 그 잘못된 아이디어를 이용하여 새로운 아이디어를 만들어서 세상을 바꾼다.

이하에서는 영감의 아이디어를 중요한 혁신으로 전환하기 위하여 그룹창의성을 사용하는 방법을 살펴볼 것이다. 휴가를 내는 것은 작은 아이디어를 얻는데 도움이 된다. 아이디어는 우리가 사무실에서 벗어나 있을 때, 그리고 협업자와 떨어져 있을 때, 나타나곤 한다. 여러 가지 새로운 소프트웨어 기기는 도움을 준다. 팀협업 소프트웨어인 베이스캠프basecamp는 잠시 동안 들어오는 모든 메시지를 차단하는 타이머버튼을 제공해 준다. 모임생산성 어플리케이션인 Do.com은 우리가 모임을 위한 작업에 얼마나 시간을 사용했는지 매일, 그리고 주단위로 보고를 해 준다. 그러나 지금 우리는 시간에 걸쳐서 협업의 긴 과정에 들어가 있을 때 홀로 있는 것이 도움이 된다는 것을 안다. 조그만 아이디어가 서로서로 어떻게 구축되는가? 그리고 그들이 어떻게 협업과정에서 작동되는가? 심리학자들은 새로운 아이디어가 과거의 아이디어 위에 어떻게 구축되는지를 이해하기 위하여 많이 노력하였다. 새로운 연구에 의하면 그러한 조그만 아이디어가 때때로 한 사람의 단독 창의자에게 일어날 때조차도 협업이 어떻게 개인 속의 조그만 아이디어를 연결시키는지를 보여주고 있다.

창의적 마인드에 관한 연구에 의하면 열심히 일하기, 협업, 그리고 한 영역에 깊은 친밀감 등이 사람을 보다 창의적으로 만들어 준다고 한다. 우리가 창의적인 도메인에 더 많은 정보를 가질 때, 문제로부터 떨어져서 휴가를 갖는 것이 작은 영감을 얻는데 도움이 된다. 왜냐하면 휴가가 우리의 마음을 자유롭게 해서 다른 개념적 공간에서 작동하게 하고 보다 많은 잠재적 유사성을 인지하게 해 준다. 우리가 한 문제에 열심히 일할 때, 우리 마음은 하나의 관련된 분야에 완전히 몰입되어 있다.

다른 것들은 뒤로 밀리게 된다. 때때로 우리는 휴식이 필요하고 마음을 자유롭게 할 때 다른 유사한 것들이 들어올 수 있다. 그러나 우리가 그러한 유사한 것들과 일하지 않고 그러한 문제를 스스로 해결하지 않으면 영감들은 일어나지 않는다. 창의적 연구에서 가장 확고한 발견 중의 하나는 10년 룰이 있다. 10년을 한 분야에서 열심히 일하면 창의성을 가져오는 높은 성과를 얻을 수 있다는 것이다.

월드와이드웹의 창시자인 팀 버너스리는 자신이 그 뛰어난 아이디어를 단번에 떠올리지는 않았다고 말한다. 웹은 전형적인 '느린 예감'으로 태동한 것이라고 한다. 팀 버너스리가 어린 시절부터 1백년도 더 된 백과사전을 탐구하던 것에서 출발하여 나중에 동료들의 프로젝트를 추적하는 프로그램으로 발전하고 나아가 지구상의 모든 컴퓨터들을 연결하는 새로운 정보의 플랫폼으로 발전되었다고 한다. 다윈이 생명체의 얽히고설킨 거미줄을 이해하는 데 오랜 시간이 필요했던 것과 마찬가지로 버너스리의 아이디어도 성숙하기 위해서는 적어도 10년 이상의 시간이 필요했다. 월드와이드웹을 발명한 것은 아이디어를 구속받지 않는 자유로운 거미줄 방식으로 배열하면 힘이 생긴다는 것을 서서히 깨달음으로써 가능했던 일이다. 즉, 이는 여러 방향에서 온 영향, 아이디어, 깨달음이 뒤섞여 새로운 개념이 구체화된 것이다. 그것은 직선적으로 문제를 하나씩 해결하는 프로세스라기보다는 다양한 각도에서 다양한 아이디어를 결합하여 발전된 아이디어였다.

다른 사람과 협업은 우리를 새롭고 기대하지 못한 사고에 노출시키고 우리 마음이 보다 창의적인 형태로 집중되기 때문에 협업은 인간의 마음을 보다 창의적으로 만든다. 그 창의성은 거리적 개념, 핵심적 특징을 수정하여 개념의 정교화, 새로운 개념의 창조 등을 포함한다. 많은 새로운 아이디어들은 나쁜 아이디어들을 내포하고 있다. 시간에 걸친 협업은 그 중 좋은 것을 선택하는 최선의 방법이다. 개별 아이디어의 영감은 작지만 협업을 통하여 그들을 함께 합쳐서 최고의 혁신을 만들어 낸다. 모스Morse는 점과 선들에 대한 아이디어를 가졌으나 그들을 사용하여 4-디지트 단어코드를 만들었다. 마침내 베일Vail과 협업함으로써 각 문자를 그 자신의 구별되는 점과 선의 패턴으로 보내는 아이디어가 나타나게 된 것이다. 협업은 떨어져 있는 개념을 함께 결합하여 각 개인이 보다 창의적이 되게 만든다. 그룹창의성을 통하여 얻은 결과물은 어떤 개인이 홀로 생각하는 것들보다 훨씬 더 크다는 것이다. 이제 우리는 개인적 사고와 시간에 걸친 협업 간에 연결을 이해하였다. 이제 그 다음으로 그룹창의성의 유인자로서 의사소통과 대화의 영감이란 주제를 다루고자 한다.

사례 10

창의적인 과학자와 논문수

역사적 연구로서 창의성 과학은 아이디어의 발전과정을 살펴보고자 하였다. 캘리포니아 대학 데이비스의 케이스 시몬톤(Keith Simonton) 교수는 이 접근의 선구자로서 최초로 대규모의 사례와 역사적 창조자들의 데이터베이스를 발전시켰다. 가령, 아이작 뉴턴, 레어 톨스토이, 레오나르도 다빈치, 루트비히 반 베토벤 등 이들의 일생동안 창작했던 모든 창의적 작품들을 확인하고 매번 창작할 때 얼마나 오랫동안 시간을 들였는지 기록하였다. 시몬톤의 데이터베이스는 혁신의 기원으로 하나의 귀중한 포털을 제공한다. 이러한 형태의 자료를 사용하여 우리는 매번 창의적 도메인에서 대부분의 사람들이 다소 비생산적인 것을 알게 되고 조그만 소수의 생산성이 매우 높다는 사실을 발견하게 된다. 즉, 양과 질은 서로 관련이 있고 노벨과학상 수상자들은 창의적인 생산성이 높기 때문에 일반과학자들보다 더 많은 논문을 쓴다고 한다. 가령, 과학자의 10%가 과학논문의 50%를 작성한다. 아래 수치는 시몬톤의 데이터베이스가 보여주는 분석을 제시하고 있다. 수평축에 출간된 논문수를 두고 수직축에 논문을 발간한 과학자수를 두자. 왼편의 거대한 점은 많은 과학자들이 단지 한편의 논문을 발간하였고 오른쪽에 긴 선은 오직 소수의 과학자들만 10편 이상의 논문을 발간하였음을 보여주고 있다. 시몬톤은 과학으로부터 미술, 시에 이르기까지 모든 창의적인 도메인에 대하여 이와 같이 그래프를 만들어 왔다. 그래프는 항상 이와 같은 비슷한 그래프를 보여주었다.

그래프를 보면 대부분의 과학자들이 왼편에 위치하고 있다고 결론을 내리게 된다. 결국 최고의 아이디어는 사람들이 그들의 모든 노력을 오랫동안 하나의 특별한 아이디어에 초점을 둘 때 당연히 나타나게 된다. 많은 논문을 발간한 과학자들은 정말 중요한 어떤 한 논문을 위하여 그들의 조그만 에너지만을 들인 것처럼 보인다. 그러나 시몬톤의 데이터베이스에 의하면 한 사람의 온전한 생산성—자신의 창의적인 생산물의 원초적인 산출—은 그 자신의 창의적인 성공과 매우 밀접하게 연관되어 있음을 보여준다. 가장 창의적인 과학자들은 그림에서 우편에 위치한 사람들이다. 뿐만 아니라 어떤 주어진 창의자에서 가장 창의적인 생산물은 가장 생산적인 시간 동안에 나타나는 경향이 있다. 역설적으로 속도를 늦춰서 느긋해지거나 한 작업에 초점을 두게 되면 덜 창의적으로 변하게 된다.

시몬톤의 통계적 연구결과에 의하면 모스의 실패들은 전형적으로 나타나지만 모스의 그 많은 실패한 아이디어는 찾아볼 수 없고 하나의 좋은 성공아이디어만 남아있다. 수많은 과학자들은 많은 실패 속에서 소수의 좋은 아이디어를 찾아내었고 그 소수의 아이디어들은 그들의 생산성이 최고조일 때에 나타난 창의성으로부터 만들어진 것이었다는 점이다. 좋은 아이디어를 가지려면 우선 많은 아이디어를 생각하고 적합하지 않는 나쁜 아이디어들은 버리는 것이다. 노벨상을 수상한 대다수 학자들의 주장에 의하면 10번 중 9번은 실패하게 된다는 것이다. 10번 중 9번의 실패는 그런대로 좋은 성적이라는 점이다.

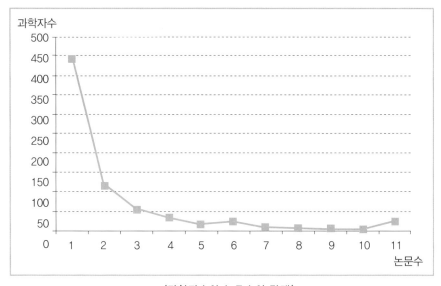

〈과학자수와 논문수의 관계〉

출처: Sawyer(2017).

2. 대화와 대화의 영감

아이디어는 어느 순간에 갑작스럽게 떠오르는 것이라고 생각할 수도 있지만 아이디어는 협업과정 속에서 대화를 하는 중에 자주 나타나기도 한다. 인간의 뇌의 중요한 역할은 다른 생물과는 다르게 사물을 보고 이와 유사한 아이디어를 생각해 내는 네트워크의 연결성에 있다. 우리의 뇌는 수많은 뉴런들이 얽혀있는 네트워크 구조를 이루고 있어서 단순히 사물을 연결시키는 것이 아니라 새로운 것을 연결시키고 인접가능성을 생각해 낼 수 있기 때문에 다른 생물과는 차원이 다른 생각과 아이디어를 만들어 낼 수 있다는 것이다. 사실은 인간의 뇌가 탁월한 아이디어를 만들어 내는 혁신의 공간이다. 이 인간의 뇌라는 네트워크가 사물을 연결시키고 아이디어를 촉발시킨다.

1990년대 초 캐나다 맥길대학교의 케빈 던바Kevin Dunbar는 과학자들이 어떻게 위대한 발견을 하는지 알아보려고 하였다. 그는 과학자들의 실험실 여러 곳에 카메라를 설치하고 과학자들이 작업하는 모습과 과정을 촬영하였다. 또한 과학자들과 많은 인터뷰를 통해서 연구가 진행되는 과정의 변화를 살펴보았다. 새로운 발견이나 새로운 아이디어의 생성에 관한 전통적인 견해에 따르면 과학자들이 실험실에서 실험장비를 가지고 씨름하다가 갑자기 새로운 발견이나 아이디어를 얻는다는 것이다.

그러나 던바가 실험실의 작업과정을 조사하여 발견한 사실은 아이디어 생성의 전통적 견해는 잘못된 것이라는 점이다. 새로운 아이디어는 혼자 고독하게 실험하면서 나오는 것이 아니라 여러 과학자들이 모여서 자유롭게 실험결과에 대하여 대화를 나누는 정기적인 실험실 대화에서 나오게 된다는 것이다. 즉, 혁신의 생성은 실험기구가 아니라 과학자들 간에 연결시켜주는 대화라는 네트워크였다는 점이었다.

협업적 대화는 혁신과정을 가속화시키게 된다. 작은 아이디어가 현장에서 일어나기 때문이다. 또한 던바는 9개월 동안 4번에 걸쳐서 작은 아이디어를 발견한 박사후과정생들에게 이 발견이 어떻게 이루어졌는지를 조사하였다. 대화를 통해 발견한 사실들이 주어졌으나 이들은 아이디어를 얻게 되었던 협업의 출처를 잊었다. 심지어 그 아이디어를 어떻게 얻었는지에 관하여 잘못된 기억을 갖고 있었다. 이처럼 박사후과정생들이 동시적인 유사성이나 그 영감이 실험실 내의 그룹대화로부터 어떻게 나왔는지를 기억하지 못하는 것은 놀라운 일은 아니다. 우리는 종종 우리 자신의 아이디어가 어디서 나왔는지를 잊는다. 그러나 협업팀의 대화가 혁신의 인큐베이터라는 것은 여러 경험에서 명확하다.

그러나 이 점이 한 세기 전에는 분명하지 않았다. 지난 세기에는 전화, 이메일, 항공여행이 없었기에 혁신의 속도는 믿을 수 없을 정도로 느렸다. 오늘날 자주 열리는 높은 강도의 대화, 모임, 생산성 소프트웨어, 그리고 사회적 네트워크 등으로 인하여 우리는 과거 어떤 시기보다도 더 창의적이 될 수 있는 잠재력을 가지게 되었다. 오늘날 협업의 대화과정을 통하여 작은 아이디어를 발견하고 이를 발전시켜서 그룹창의성으로 나아간다. 협업의 대화과정은 이하에서 제시하는 시넥틱스 기법, 통합하는 협업, 대화의 영감, 대화의 상징성, 다의성 등을 포함하고 있으므로 이들을 하나씩 살펴보고자 한다.

1) 시넥틱스 기법

창조적 문제 해법을 말하는 시넥틱스_synectics_는 1944년에 개인의 문제해결 과정을 관찰하고 이에 관련된 심리적 과정을 연구하였던 윌리엄 고든(William J. J. Gordon, 1919~2003)이 주장한 것이다. 시넥틱스란 말의 어원은 '서로 다르고 관련이 없어 보이는 요소를 합친다.'는 그리스어로서 시넥틱스는 문제를 보는 관점을 완전히 다르게 하여 대화를 통하여 연상되는 유사성과 연관성을 찾아내서 창의적 아이디어를 만들어 내는 방법을 말한다. 산업계에서 널리 쓰이게 된 집단 아이디어 발상법으로 알려져 있다. 심리학에서는 인간의 무의식과 자의식의 상호 간의 결합을 의미하기도 하고, 사고의 연계과정에서 파생되는 새로운 사고를 의미한다는 점에서 사전적으로는 창조 공학 혹은 '창조적 문제 해법'을 말한다.

예를 들어, 서로 전문 분야가 다른 사람들로 구성된 팀을 만들고 당면한 문제를 해결하도록 그 팀에 문제를 주면, 서로 대화과정에서 유사성과 연관성을 활용하여 창의적 아이디어를 만들어 냄으로써 문제의 해결방안을 얻을 수가 있다는 것이다. 아이디어 발상을 위해 상황이나 사물에 대한 유추의 방법을 많이 사용한다. 시넥틱스는 사물이나 개념에 대한 유추를 통하여 친숙한 것을 생소한 것으로, 생소한 것을 친숙한 것으로 보이도록 함으로써 새로운 시각을 갖기 어려운 상황에서 창의적인 사고를 도와주고 문제 해결을 모색하도록 한다. 창의적 문제 해결에 사용되는 유추형태는 직접유추, 의인유추, 상징적 유추, 환상적 유추 등 네 가지가 있다. 즉,

첫째, 직접유추direct analogy이다. 이는 두 가지 이상의 사물, 아이디어, 현상, 개념 등을 직접적으로 연관시키는 방법이다. 즉, 해결해야 하는 문제가 전혀 다른 대상과 유사한 면이 있다면 다른 속성도 유사할 것이라는 추측을 기반으로 직접적으로 비교하고 검토하는 방법이다. 가령, 벨이 전화기를 만들 때 말하고 들을 수 있는 수단으로 사람의 귀와 입을 비교하여 전화기를 유추해 내었던 것을 들 수 있다. 이외에도 비교대상으로 예를 들면, 하늘을 난다는 점에서 유사한 비행기와 새를 비교하는 것이 직접유추의 사례가 될 수 있다.

둘째, 의인유추personal analogy이다. 자신이 해결할 문제의 일부가 되었다고 가정하거나 반대로 해결할 문제 혹은 물체를 사람으로 의인화해서 문제를 해결하는 방법이다. 즉, 자신이 물리적인 어떤 실체나 그 중 한 부분이 되었다고 간주하고 심리적인 감정이입을 경험하도록 하는 방법이다. 가령, 탁구공을 잃어버렸다고 할 때, 내가 만약 탁구공이라면 작고 통통 튀고 어디든 잘 굴러가므로 가구나 책장 밑에 들어가 있을 것이라고 탁구공의 입장에서 생각해 보는 방법이다.

셋째, 상징적 유추symbolic analogy이다. 두 개의 서로 모순되어 보이는 단어를 가지고 어떤 현상을 기술하도록 하거나 서로 반대거나 모순되는 두 대상을 하나로 통합하여 새로운 의미를 만들어내는 과정에서 특성이나 상징을 활용하는 방법을 말한다. 가령, 부드럽지만 강한 것이나 천둥 속에 침묵, 군중 속에 고독 등 서로 상반되는 대상이나 개념을 통합하여 새로운 특성이나 물건을 만들어 낼 때 활용한다.

넷째, 환상적 유추fantasy analogy이다. 현실적인 유추를 통해서는 문제가 해결될 수 없을 때 비현실적인 유추를 통해 문제를 해결하고자 활용할 수 있다. 가령, 자동차가 스스로 움직이거나 멈추고 목적지까지 운전이 가능할까?와 같은 현실성이 없어 보이는 상상이나 유추를 통하여 스스로 움직이는 자동차를 개발할 때 사용하는 방법 등이다.

이처럼 고든의 시넥틱스 기법은 기업에서 새로운 상품을 만들어 내는 방법으로 학습에 활용을 많이 한다. 요컨대 이 기법은 전혀 관련이 없어 보이는 것들을 비유법을 통해 연결하도록 함으로써 새로운 대안의 창출을 돕고자 하는 창의적 아이디어를 얻는데 사용된다. [그림 6]은 시넥틱스 기법을 이용한 회의의 세부진행방법을 보여주고 있다.

[그림 6] **시넥틱스 기법의 회의 세부진행방법**

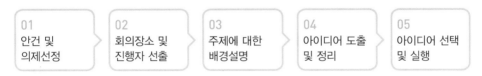

| 01 안건 및 의제선정 | 02 회의장소 및 진행자 선출 | 03 주제에 대한 배경설명 | 04 아이디어 도출 및 정리 | 05 아이디어 선택 및 실행 |

출처: http://magazine.bizforms.co.kr/view.asp?number=4570.

첫째, 안건 및 의제선정 단계이다. 이 단계는 주로 조직 내 아이디어 도출을 위한 주제를 선정한다. 이는 주로 리더가 진행하는 경우가 많은데 리더는 회의에 참여할 참여자들을 위해 충분한 시간을 활용하여 아이디어 도출이 수월하게 이루어질 수 있도록 그에 맞는 적절한 의제를 선정할 수 있다면 좋을 것이다. 때에 따라서는 다른 구성원 혹은 여러 구성원이 이를 정할 수도 있다.

둘째, 회의장소와 진행자, 회의방법에 관해 설명하는 단계이다. 회의의 진행과 아이디어를 효율적으로 수렴하고 자유롭게 논의할 만한 장소 선정과 의견의 취합, 종합에 뛰어난 사람으로 진행자를 선출하도록 한다. 다양한 분야의 전문가들이 회의에 참석하여 폭넓은 발상과 다양한 의견을 제시하는 것이 필요하다.

셋째, 주제에 대한 배경설명 단계이다. 리더나 혹은 의제를 발제한 사람이 선정한 주제에 대해 참여자들에게 사전에 배경설명을 해야 한다. 회의를 하고자 하는 목적과 회의 진행방식에 대해 사전에 공유하면서 회의 참여자들에게 그에 따른 필요한 준비들을 하고 회의를 효율적으로 진행하도록 해야 한다.

넷째, 아이디어 도출 및 정리 단계이다. 회의의 참여자들은 직접유추, 의인유추, 상징유추, 환상유추 단계를 적절히 이용하여 자신의 아이디어를 제안한다. 회의 진행자는 참여한 모든 사람들이 각자의 아이디어를 제시하도록 유도하고 유추를 통해 나온 아이디어는 다시 한 번 주제와 결합하여 내용을 구체화하도록 요약하고 종합하여 정리한다. 계속적으로 아이디어를 발전, 확장하며 문제에 최적화된 아이디어로 나아가도록 회의를 진행하고 아이디어를 선별해서 진행한다.

다섯째, 아이디어 선택 및 실행 단계이다. 이 단계에서 진행자 혹은 리더는 회의의 결과물로 최종적인 아이디어를 선택한다. 즉, 회의를 통해 제시된 아이디어는 주제와 관련성, 문제 해결 가능성, 실행 가능성, 경쟁력 등을 검토 후 최종결정한다. 선택된 아이디어는 필요시 진행 방향에 관한 논의를 거친 후 실행이 된다.

지금까지 협업의 대화과정 속에서 아이디어를 얻어내는 방법으로 제시한 시넥틱스 기법은 유사성과 연관성을 기반으로 아이디어를 만들어가는 과정을 보여주고 있다. 이 기법은 코카콜라, 네슬레, 얌을 포함한 대규모 기업에서 사용하였다. 특히 이 방법의 장점은 사람들을 협업팀 내에서 대화를 활성화하여 새로운 유사성과 연관성을 찾도록 만든다는 점이다. 이러한 기법에서도 팀원들이 너무 동질적이면 덜 창의적이 되고 연관성의 아이디어를 상이한 관점에서 찾아내기가 쉽지 않기 때문에 가능한 서로 다른 분야를 담당하거나 전공한 사람들로 구성하는 것이 보다 효과적이다.

2) 통합하는 협업(integrative collaboration)

유사성을 형성하는 데 사용되는 정신적 개념조차도 깊게 협업적이다. 대화는 정신의 개념화의 원천이다. 심리학자 아트 마크만Art Markman은 아주 흥미로운 일련의 실험에서 이를 증명하였다. 그는 그의 랩에 여러 쌍의 사람들을 모아서 레고 우주선모델을 함께 만들게 하였다. 그들은 박스 위에 완성된 그림을 따라서 요구된 52개의 조각을 사용하였다. 제한사항은 두 사람 중 하나는 그 조각을 만지는 것을 금지하였고 다른 한 사람은 그림을 보지 못하게 한 것이었다. 그래서 그들은 우주선을 완성하기 위하여 계속해서 대화해야만 하였다. 끝난 후 각 사람은 그 조각들을 그룹들로 배열하게 하였고 각 그룹에 이름을 붙였다. 그들은 bar(얇은 벽돌), tile(평평한 벽돌), 그리고 prism(삼각형 형태의 조각) 등과 같은 범주를 만들었다. 그들은 모델을 만들기 위한 기능에 따라서 벽돌을 그룹화하였다.

마크만은 또 다른 그룹에 대하여 분리된 연구를 진행하였다. 그는 한 사람씩 데려와서 시간 안에 참여자들이 혼자 모델을 만들도록 하였다. 이러한 사람들이 나중에 그 조각들을 순서화하도록 요청을 받았을 때 그들은 색깔에 따라 조각을 쌓아올렸다. 우주선을 만드는 데 있어서 첫 번째 그룹에게 대화하도록 한 점이 두 번째 그룹에서 단독 작업자들이 만들었던 것보다도 더 풍부하고 복잡한 유형들을 만들게 하는 원인이 되었다. 우리가 자신의 생각을 만들기 위하여 사용하는 범주화와 개념은 그들이 만들어 내는 협업을 통하여 투사된다. 자신의 개인적인 개념을 사용함으로써 생각하는 것과 같이 가장 그럴듯하게 혼자하는 창의적 활동들도 협업 속에서 일어난다.

뉴멕시코대학의 창의성 연구자인 베라존스 스타이너Vera John-Steiner도 그의 책 「창의적 협업」에서 많은 성공적인 협업을 분석하였다. 그녀는 여성해방주의 비평가인 캐리 카플란Karey Kaplan과 엘렌 로즈Ellen C. Rose의 말을 인용하였다. "우리의 정신은 서로 간의 공기 속에서 만난다. 우리는 최선을 다하여 자유분방하고 창의적이고 관대한 상호 호혜성을 달성한다. 우리는 가설적이고, 눈에 보이지 않지만 그럼에도 분명히 표현한다. 우리는 컴퓨터 앞에 함께 앉아서 우리가 혼자 작성하는 것보다 나은 문장을 작성할 수 있다는 것을 알았다."

클로드 모네Claude Monet는 알프레드 시슬레Alfred Sisley, 오귀스트 르누아르Auguste Renoir, 폴 세잔Paul Cezanne, 에드가 드가Edgar Degas, 카미유 피사로Camille Pissarro 등 동료 인상주의 화가들의 유명한 창의적 서클을 설명하였다. 이들은 무명시절에 서로를 지원하고 있었다. 이들 미술작가들은 종종 함께 교외로 나갔다. 르누아르와 모네는 1969년 여름에 자주 함께 그림을 그렸고 그들의 캔버스를 나란히 세워두고 서로의 그림을 모니터해주며 서로가 무엇을 하고 있는지를 토론하였다. 한 쌍의 그림들을 세밀하게 보면 어느 작품이 누구의 것인지를 말할 수 있을 것이다. 그러나 스타일이 너무나 비슷해서 누가 그린 그림인지를 명확하게 구분하기는 쉽지가 않다. 되돌아 보면 누가 주어진 혁신을 가져왔는지 구분할 수는 없다.

화가들과 시인들은 종종 동일한 서클의 회원이었다. 파리에서 20세기 초에 시인 기욤 아폴리네르Guillaume Apollinaire는 Bande a Picasso의 회원이었다. 1907년에 아폴리네르는 피카소를 조르주 브라크George Braque에게 소개하였다. 두 사람의 화가는 세잔의 영향으로 작품을 만들었다. 파블로 피카소의 전기작가는 다음과 같이 썼다. "화가와 시인이 동일한 상상에 접근한 것처럼 그들의 형상화가 너무 비슷하다." 거의 매일 저녁에 브라크의 작업실에 가거나 브라크가 피카소의 스튜디오에 왔다. 피카소는 그들의 협업에 대하여 이렇게 언급하였다. "우리들 각자는 상대가 낮 동안 이루어 놓은 것을 봐야만 했다. 우리는 서로 각자의 작품을 비평하였다. 우리 두 사람이 괜찮다고 느끼지 않으면 한 작품이 끝난 것이 아니었다." 그토록 밀접한 협업의 기간 동안에 그들은 각자의 캔버스 뒤에 각자의 이름을 사인하기로 결정하였는데 이는 각 화가의 개별적 정체성이 협업보다 덜 중요하다는 것을 의미하였다. 존 스타이너는 이것을 통합적 협업이라고 불렀다.

이는 공유된 비전을 만들어내는 심오한 연대를 의미한다. 이러한 긴밀한 협업들이 모든 것 가운데 가장 근본적이고 헌신적인 것으로서 사물을 보는 방법을 전환하는 잠재성을 가지고 있어서 완전하게 새로운 비전을 만들어낸다.

3) 대화의 영감

대화의 영감은 비즈니스에서 항상 일어난다. 오늘날 로보틱 수술시스템이 그런 경우이다. 오늘날 다빈치 수술시스템이 매년 3천개 수술실에서 사용되고 수십만 번의 수술에서 사용되고 있다. 수술은 메스, 가위, 조그만 카메라를 보유한 3개 혹은 4개의 팔을 가진 로봇이 작업하는데 복강경 수술동안 환자의 몸 속 깊숙히 수술을 관찰한다. 로봇 시스템이 발명되기 전에 수술의사와 수술보조자는 카메라와 다른 수술도구를 들고 있어야 하였고 미세한 손떨림이 항상 문제를 일으켰다. 로봇수술시스템에 대한 아이디어는 컴퓨터모션computer motion의 창시자인 유룬 왕Yulun Wang과 외과의사 론 라티머Ron Lattimer 간의 대화 속에서 만들어졌다. 다른 로봇회사의 창시자와 마찬가지로 왕Wang은 군수산업과 자동차 산업에 초점을 두었으나 그 분야들은 1990년대 초반에 경제적 침체기에 있었다. 소수의 성장 산업들 중의 하나는 보건분야였고 왕Wang은 의사와 대화하기로 결정하였다. 그들이 대화하는 동안 라티머는 왕Wang에게 복강경수술에 관하여 이야기하였다. 로봇이 시야와 카메라를 유지할 수 있다면 불가피한 조그만 손떨림의 문제는 해결될 수 있다는 것이었다. 라티머는 "만약 내가 그 카메라를 직접 통제할 수 있다면 나에게 매우 도움이 될 것이다."라고 언급하였다. 왕Wang이 나중에 말하기를 "그때는 매우 중요한 순간으로 로봇 수술의 개념이 막 등장하던 첫 시기였다."

라티머는 그 혼자 아이디어를 생각할 수 없었는데 그는 로봇기술에 익숙하지 않았기 때문이다. 왕Wang도 역시 그것을 생각할 수 없었던 것은 수술에 대해서 거의 아는 것이 없었기 때문이다. 그들은 대화 속에서 수천만 명의 환자를 위한 의료분야를 향상시키는 방법을 고안하였다. 이처럼 오늘날 많은 창의적인 산출물들은 협업적인 대화에서 등장하게 되었다.

이러한 협업에서는 어떤 사람도 책임자나 담당자는 아니고 어떤 사람도 그 밖의 다른 사람보다 더 많은 것을 만들어낼 필요는 없다. 그들은 동등하게 참여하여 그룹흐름을 이끌어 낸다. 그 어떤 멤버도 그룹을 지배하지는 않는다. 그룹에서 만들어진 산출물은 그룹의 창의성으로부터 나오게 된다.

4) 대화의 상징성

대화를 연구하는 학자들은 각 대화자의 행동과 전체그룹에서 나오는 대화 간의 관계를 살펴본다. 대화분석을 통하여 우리는 개별적인 영감의 아이디어가 협업하는 동안 어떻게 결합되는지를 연구하는 수단을 얻게 된다. 명시적인 표현과 다르게 간접적 혹은 암시적인 표현은 문맥 밖에서 이해하기는 어렵다. 맥락적 의존성은 지표적 상징성indexicality이라고 불린다. 가장 창의적인 표현은 매우 상징적이다. 이는 즉각적으로 사회적 상황에서 깊이 나타나게 된다.

언어학자들은 모든 표현의 50% 이상이 상징적인 것이라는 것을 발견하였다. 일부 학자는 우리가 말하는 것의 90%가 상징적이라고 추정한다. 대명사인 '그'와 '그것'은 상징적이다. 그것이 미리 대화 내용 속에서 언급된 것을 알 수 없기 때문이다. 대화하는 동안 내용에 의존하여 '여기'는 다음 가운데 어떤 것을 의미할 수도 있다. 이 방에서, 이 이웃들, 이 도시, 이 회사에서 등등...

연구자들은 단일의 상징적인 단어를 사용하더라도 창의성에 대한 기회를 제공한다는 것을 보여주었다. 많은 창의적인 대화는 즉흥적인 연극무대의 대화와 같다. 각 대화자는 듣는 이야기를 재해석하고 그 위에 새로운 방향으로 추가하여 예상하지 못한 창의성이 그룹에서 나타난다.

간접적인 표현의 두 번째 특징은 그것이 보다 잠재적인 해석이 가능하다는 점이다. 간접적 표현은 듣는 자에게 창의적으로 참여하도록 초대한다는 것이다. 성공적으로 소통하는 대화를 위해서 말하는 자와 듣는 자가 의미하는 바를 결정하는 데 협업해야 한다. 미국사람들은 명확하고 모호하지 않게 소통하는 것은 말하는 사람의 책임이라고 생각하는 경향이 있고 듣는 자는 자의적으로 해석해서는 안된다고 생각하는 경향이 있다. 그러나 다른 문화에서는 가령, 한국에서는 돌려서 말하거나 간접적으로 말해야 하는 경우가 더 많고 듣는 사람이 이를 잘 알아들어야 한다고 생각한다. 심지어는 비록 말하는 자가 불분명하게 말하였다 하더라도 간접적인 표현과 창의적인 경청이 매우 중요한 것으로 간주된다. 따라서 이를 제대로 알아듣지 못하는 상황이 벌어지면 어리석다거나 센스가 없다는 등 듣는 사람을 비난하는 경우까지 발생하게 된다.

이처럼 협업에서 간접적인 표현은 듣는 자에게 보다 많은 가능성을 열어주고 결과적으로 대화는 협업적인 창의성이 보다 많아진다. 창의적인 대화자들은 종종 대화가 예기치 못한 방향으로 전개되도록 내버려 둔다.

5) 다의성(equivocality)

창의적인 표현의 상징성은 현실 세계에서의 혁신에서 멀리 떨어져 있는 것처럼 보일 수 있다. 그러나 오늘날 가장 혁신적인 회사들은 간접적 대화를 시도하였고 그것이 더 큰 혁신성을 가져온다는 것을 발견하였다. 디자인 컨설팅 회사인 IDEO와 비행기 제조회사인 보잉을 포함한 8개 혁신적인 조직의 3년간의 연구결과에 의하면 혁신적인 기업들이 어떻게 간접적인 소통을 사용하여 창의성을 이끌어냈는지를 보여준다. 이들 회사들은 찾을 수 있는 데이터베이스에서 전문적인 직원들의 집단적 지식을 포착하고 집중화시키려고 시도하였다. 그러한 지식관리의 목표는 사람들을 연결시킴으로써 혁신에 영감을 주려는 것이다. 그러나 8개 기업 모두 그러한 데이터베이스가 혁신을 촉진하는 데에 별로 도움이 되지 않는다는 것을 알게 되었다. 실제로 데이터베이스를 만든 사람조차도 그러한 데이터베이스를 사용하지 않았다.

무엇이 잘못된 것인가? 이러한 데이터베이스는 잘 정의된 문제를 해결하는 데 도움이 된다. 그러나 혁신은 우리가 알지 못하는 것을 알려고 할 때 보다 잘 일어나는 것 같다. 우리는 구글의 검색엔진을 사용하여 문제를 해결하는 정보를 찾는다. 그러나 키워드를 찾는 방식은 창의성을 발견하는 문제에는 별로 도움이 안된다. 데이터베이스가 혁신에 기여하지 못하는 또 다른 이유가 있다. 컴퓨터는 간접성이나 모호성을 참아내지 못한다. 8개 회사에서 혁신은 아이디어가 여러 가지 의미로 해석되도록 열려있을 때 더 일어나는 것 같았다. 다의성이라 부르는 개방된 가능성이 조직에서 상이하거나 예상치 못한 문제를 해결하는데 아이디어가 재사용되기에 더 쉽게 만들어 줌으로써 혁신에 더 기여한다.

보다 혁신적인 회사의 문화는 다의성을 강조한다. 다의성은 즉흥적인 대화에서, 좋은 브레인스토밍 세션에서 그리고 비공식적인 네트워크에서 일어난다. 네트워크를 이용하면 얻을 수 있는 정보나 아이디어들은 정리되어 있지 않고 여러 가지 의미를 담고 있을 수 있다. 그러나 그 네트워크는 일어날 수 있는 예기치 못한 연결을 만들어 준다. 조직관리학자들에 의하면 그러한 연결을 격려하는 회사들 가령, 일본의 Sharp(전자회사)나 Kao(가정 및 화학물제조회사) 등은 보다 혁신적이다. 왜냐하면 이들 회사의 시스템은 경계와 단계마다 다양한 연결을 장려하기 때문이다. 이런 회사들은 다의성을 높이고 창의적인 대화를 위한 잠재성을 높이려고 노력한다.

다의성, 즉흥적 혁신, 일관된 소통을 조장해 주는 조직문화는 그룹창의성을 높여준다. 그러나 그러한 조직문화를 일어나게 하는 방법을 배우기 위하여 그룹을 넘어서 보아야 하고 창의적 조직을 살펴보아야 한다.

제2절

창의적 조직의 특성

1. 즉흥적인 아이디어의 조직화

이동이 없고 점심휴식이 없고 시계가 없는 공장을 상상해 보라. 그 공장에서 3천명의 고용인이 그들 스스로 작업시간을 설정한다. 그 어떤 공식적 규칙과 계급도 없다. 구조와 절차는 밑에서부터 나온다. 가장 낮은 직급에 속하는 작업자도 언제든지 기업의 회계장부를 검토할 수 있다. 이 회사는 자유과정을 제공하여 작업자들에게 대차대조표와 현금흐름표를 읽는 법을 가르친다. 핵심적인 기업의 의사결정이 3천명 모두의 고용인에 의해서 투표로 결정되기 때문이다. 이 이상적인 근로자들의 낙원은 실제 존재하는데 미국이나 일본이 아닌 파트너주의와 확고한 가족운영으로 알려진 나라인 브라질에 있다. 셈코 파트너스Semco Partners라는 회사는 설립자인 안토니오 커터 셈러Antonio Curt Semler의 이름을 따서 회사이름을 지었다. 이런 종류의 즉흥화된 조직은 지식집약적이고 화이트칼라 기업에서 가장 잘 작동할 것이라고 기대할 수도 있다. 그러나 셈코는 부동산, 제조 등을 포함한 전통적 스타일의 비즈니스를 운영한다. 이 회사의 공장들은 해양펌프, 디지털 스캐너, 산업용믹스기, 상업용식기세척기 등을 생산하는데 식기세척기는 한 시간당 4천 접시 이상을 청소한다. 셈코는 산업시대 비즈니스에서 하나의 지식회사이다. 이 회사는 세계의 가장 큰 협업조직을 갖춘 회사일 수 있다.

대부분 회사에서 관료주의는 혁신을 방해한다. 셈코에서는 관료주의를 제거하였다. 셈코는 기업의 방향을 즉흥화하였고 국제적으로 장기계획을 세우지 않는다. 즉, 결코 6개월 이상을 앞서 계획하지 않았다. 2003년 셈코는 파티를 열어서 CEO인 리카도 셈러Ricardo Semler가 내린 지난 결정을 기념하였다. 셈코의 팀은 밑에서부터 그들의 조직구조를 즉흥적으로 형성하고 개혁한다. 그리고 팀의 소속은 주로 직원 스스로가 선택한다. 셈러Semler는 "그것은 조직구조가 없는 것이 아니라 위로부터 부과되는 조직이 없는 것이다."라고 말한다. 어떤 보스도 어깨너머로 쳐다보고 있지 않지만 업무를 수행하는 동료의 압력이 강하다. 직원이 같이 일하는 동료를 존경하지 않는다면 어떤 팀에서도 선택받지 못할 것이고 회사에서 나가야 한다.

셈러는 자신의 미국 카운터 파트너인 빌 고어Bill Gore와 동일한 결론에 이르렀다. 즉, 협업조직이 너무 비대해 지면 그 조직이 잘 돌아가지 않는다는 것을 인식하였다. 한 그룹이 150명을 넘어서면 고어Gore는 델라웨어 외곽에 새 빌딩을 만든다. 셈코도 동일한 철학을 공유한다. 셈러는 300명의 공장을 3개의 분리된 사업장으로 나눈다. 물론 이 결정은 비효율과 비용상승을 수반한다. 그러나 내년이 지나면 판매가 배 이상 증가하고 판매 전에 재고로 남아있는 평균일수가 136일에서 46일로 줄어든다. 한편, 혁신이 꽃피우면서 8개의 신제품이 출시되었다.

유럽, 일본, 미국에 관한 기업연구에서는 가장 혁신적인 기업들은 작업단위를 400명 이하로 제한을 둔다는 것을 알 수 있다. 많은 회사들은 회사직원들의 참여를 통하여 힘을 얻게 된다고 믿고 있다. 그러나 대부분의 기업들은 셈코와 같아 보이지는 않는다. 종종 직원들의 참여는 고용자의 직업만족을 증가시키는 전략에 지나지 않거나 고위간부직원의 결정에 대한 동의를 얻는것에 지나지 않는다. 셈코는 진정한 참여적 관리가 무엇인지를 보여준다. 이는 협업적이고 즉흥적이며 하부조직에서부터 결정되는 방식이다. 셈코와 같은 참여적 관리방식은 조직의 급진적이고 혁신적인 변화를 의미하므로 대부분 회사들은 아직 거기까지 가려고 하지 않는다. 그러나 혁신이 점점 더 중요해지게 됨으로써 어떤 다른 선택이 있을 수는 없을 것이다.

 오늘날 혁신은 한 명의 외부자가 기업을 구하기 위하여 끝까지 이끌어가고 과거의 훌륭한 영감을 갑자기 단절시키는 것을 의미하지는 않는다. 그와는 정반대로 오늘날 혁신은 작고 일관된 변화의 연속적인 과정이고 성공적인 기업의 문화로 건설이 된다. 혁신발전소 3M의 CEO인 조지 버컬레이_{George Buckley}가 말하기를 "초점은 다음의 큰 일을 만들어내는 데에 있지 않았다. 혁신은 매년 수백개의 조그만 일들을 만들어내는 것에 있다."고 하였다. 발명자들에게 그들의 아이디어가 어디서 나오는지를 물었을 때, 그들은 한결같이 협업과 소통에 관한 스토리를 말한다. 즉, 전체 회사로 확산되는 창의적 공간과 때로는 회사의 경계를 넘어서는 공간에서 나오는 혁신을 말한다. 가령, 시티뱅크의 CEO인 존 리드는 매달 정치적 리더나 비즈니스 리더들과 대화한다. 왜냐하면 그러한 대화에서 나오는 아이디어들의 경험을 배우기 때문이다.

 협업조직의 문화는 융통성, 소통, 대화에 기초하고 이제 즉흥화된 혁신은 표준 비즈니스 관행이 되고 있다. 그러한 문화는 많은 전통적인 관리자들에게 자연스럽지 않다. 즉흥화는 관리자들이 미리 계획하지 않는 것을 함축하기 때문이다. 많은 조직관리이론은 1960년대와 1970년대에 뿌리를 두고 있다. 그 때는 적응과 혁신이 오늘날 만큼 중요하지 않은 시기였다. 그러한 이론들은 거의 변화하지 않는 안정된 구조를 가진 회사와 시장을 설명하는데 적합하였다. 많은 조직관리이론들은 오늘날처럼 급격하게 변화하는 경제에서 조직 혁신에 별로 도움이 되지 않는다. 왜냐하면 보호받는 독점력이 점차적으로 없어지고 새로운 기술들로 인하여 이전의 안정적인 산업들이 급속히 새 경쟁체제에 개방되고 노출되고 있기 때문이다.

 계획과 구조화가 조직이론에서 한때 지배적인 추세였던 때가 있었다. 관리분야 거장인 칼 웨익_{Karl Weick}은 1969년에 주장하기를 "보다 작고 느슨하게 결합된 조직이 주의 깊게 계획된 조직보다 보다 혁신적이다."라고 말하였다. 이 느슨한 조직은 상대적으로 방해가 적어서 함께 결합되고 분리되어 있어서 재형성될 수 있는 자발적인 빌딩 블록과 같다. 수십 년이 지난 후에 칼웨익이 주장한 느슨하게 결합된 회사가 맞았다는 것을 보여주고 있다. 1980년대의 전설적인 학자인 피터 드러커와 로사베스 모스 칸트Rosabeth Moss Kanter는 이러한 영감을 확장하였다. 그리고 기업들이 보다 작은 팀과 보다 작은 계층단계구조를 사용할 때, 그 기업들이 보다 혁신적으로 바뀐다는 것을 보여주었다. 이후의 연구들도 팀에 기초한 기업들이 전통적인 관료적인 기업보다도 더 성과가 좋다는 것을 입증해 주고 있다. 또한 협업의 높은 성과를 지지하는 증거들이 많이 나타나고 있다. 조직이론가들은 다기능적인 협업그룹을 혁신랩innovation lab이라 불렀다. 혁신랩은 구매, 제조, 마케팅, 엔지니어링, 서비스, 금융 등을 포함하는 생산개발의 모든 단계를 대표하는 상이한 기업기능에서 나온 직원들로 구성되어 있다. 혁신랩은 생산개발의 시간을 단축한다.

대다수 사람들은 구글과 같은 하이테크 회사들이 혁신에 초점을 두고 있다고 기대할 지 모르지만 소매와 서비스 기업들도 이 혁신에 뛰어들고 있다. 샌프란시스코 지역에 랩을 가진 비하이테크 기업들로는 로웨즈Lowe's, 홈디포, 타겟, 왈그린, 시어즈, 비자, 노드스트롬 등이다. 이들 기업의 공간은 창업기업과 같아 보인다. 화이트보드, 그룹공간, 밝게 색칠된 디자인가구, 공짜점심, 그리고 탁구대를 갖추고 있다. 우리는 군이 샌프란시스코로 갈 필요가 없다. 많은 기업들이 그들 자신의 도시에 혁신공간을 만들고 있다.

2. 비선형적인 혁신

혁신랩은 무엇이 그렇게 새로운가? 결국 혁신을 증가시키는 가장 오래된 전략 중의 하나는 일상의 비즈니스 활동을 혁신적인 활동으로부터 분리하는 것이었다. 과거에 유명한 혁신은 고립된 조직에서부터 나왔다. 그런데 이러한 과거의 혁신조직들은 주로 선형적인 혁신에 기초하고 있다는 점이다. 그 분리된 혁신조직은 아이디어를 내고 기업의 나머지 부분은 단지 그 아이디어를 받아들여서 각자의 업무를 수행한다.

혁신이 선형이라면 아이디어 개발과 수행단계가 분리될 수 있고 혁신 담당 조직은 별개의 조직으로 창의적인 단위 속에 위치할 수 있다. 그리고 개발업무의 수행은 여전히 전통적인 관료조직이 감당할 수 있다. 그러나 이러한 단계분리는 단기 창의성을 위하여 좋지만 장기혁신에는 방해가 된다. 연구소와 같이 고립된 비밀 실험실은 대개 조직의 다른 부분과 소통하는 데 어려움을 갖는다. 혁신은 회사전반에 걸쳐서 협업을 필요로 하기 때문이다.

비밀실험실 모델이 추구하는 핵심은 특별한 사람들로 선택적으로 구성된 특정 그룹에게 회사의 운명을 맡길 수 있는 큰 영감의 아이디어를 개발하도록 임무를 부여한다. 아주 큰 영감에 회사의 모든 희망을 건다. 그러나 실제 우리는 전환가능한 새로운 생산품들과 시스템이 수많은 조그만 아이디어들로부터 나오는 것을 경험해 왔다. 성공적인 혁신기업들의 경우, 조직전체를 통하여 개인들로부터 나오는 조그만 아이디어를 유지하고 각 아이디어가 다음 아이디어에 영감을 주게 된다. 혁신랩은 하나의 완전히 다른 유기체로서 조직전체의 전 분야에서 온 사람들을 포함한다. 그들은 일시적으로 파견되고 다시 자기부서로 돌아간다. 랩에 파견된 직원들은 그 랩에 있는 동안 지속적으로 협업하고 소통한다. 2016년 노드스트롬의 리더들은 회사의 고립된 혁신랩 방식이 잘 작동하지 않는 것을 알았다. 그래서 기술혁신자들을 조직 전반에 걸쳐서 배치하기 시작하였다. '마이크로소프트의 게라지 Garage'도 그 회사의 모든 생산라인으로부터 엔지니어들을 함께 불러모았다. P & G의 Clay Street Project도 디자이너와 과학자들뿐만 아니라 제조부분과 마켓팅 직원들도 함께 일하게 하였다. 그리고 몇 달이 지난 마지막 때에 참여자들은 그들 자신의 새로운 영감과 연계를 되찾게 되고 원래 소속 부서에 속한 동료들과 이를 공유하게 된다.

3. 창의적 조직이 해야 할 활동

혁신랩은 시작일 뿐이다. 조직을 통하여 협업이 창의적인 힘을 확장할 때 실질적인 이익이 나온다. 가장 혁신적인 기업들은 협업과 혁신을 조장하는 다음과 같은 일들을 수행한다.

1) 많은 아이디어를 유지하라

할리우드의 창의적인 전문직원들은 큰 성공을 달성하는 가장 좋은 방법이 많은 아이디어를 만들고 그 중에서 최고의 것을 선택하는 것이라는 것을 안다. 성공한 노벨상을 받은 과학자들은 그들도 동일하게 그렇게 하였다고 말하고 있다. 그들은 잠시 보류한 많은 프로젝트를 가지고 있다. 협업조직에서 많은 프로젝트는 즉각 활성화된다. 비즈니스 환경이 변화할 때 가장 잘 팔리는 제품이 절대적일 수도 있다. 그러나 잠시 보류된 제품 중의 하나가 갑자기 다음의 새로운 제품으로 등장할 수도 있다.

2) 놀라움을 찾는 부서를 만들어라

토마스 에디슨의 랩에서 한 팀이 지하 대서양 전신케이블 작업이 잘 작동되게 하는 새로운 방법을 테스트하고 있었다. 그 랩은 이전에 알려지지 않은 전도성의 특성을 가진 탄소를 발견하였다. 이 발견으로 인하여 새롭고 저렴한 (무선)마이크로폰 디자인이 나와서 에디슨의 전화디자인팀은 업무가 끝나게 되었다. 저렴한 무선마이크로폰의 개발은 전화를 상업적으로 가능하게 하는 핵심요소가 되었다. 협업조직에서 초기 목적에 실패한 아이디어들이 종종 다른 곳에서 선택되고 사용되곤 한다. 1899년에 전기자동차 판매가 증가하였을 때, 에디슨은 가솔린 엔진은 사라지고 장래 자동차는 모두 전기자동차가 될 것이라고 확신하게 되었다. 그러나 그 당시 가솔린 엔진은 완전하지 않았고 장래는 명확하지 않았다. 에디슨은 그의 랩에 지시하여 알카리성 저장 배터리를 개선하는 작업을 시작하라고 하였다. 그러나 배터리로 동력을 갖는 자동차에 많은 문제가 있었다. 그 당시 거친 도로노면으로 인하여 배터리 판이 손상되었고 자동차들은 너무 무거워서 배터리가 빠르게 소진되었다. 1909년에 에디슨이 그의 차동차 배터리를 대량생산하려고 준비하였을 때, 가솔린 엔진은 결함이 없었고 전기차를 비즈니스에서 몰아내어 버렸다. 그러나 에디슨의 배터리는 대형기계공장 운영에는 매우 유용하였다. 이는 에디슨이 결코 의도한 혁신은 아니었다.

협업 가운데 많은 아이디어들이 등장할 수 있다. 이 때 한 가지 위험한 점은 정말 좋은 아이디어가 많은 아이디어 속에서 사장될 수도 있다는 점이다. 협업조직은 그 하나의 위대한 아이디어를 이용한 협업이 일어났을 때 좋은 것이다. 우리는 혁신을 위하여 계획할 수는 없을지라도 협업이 좋은 아이디어를 만들어내는 데 좋다는 인식이 가능하도록 만드는 조직을 갖출 수는 있다. 놀라움을 찾는 부서를 만들면 그 그룹의 사람들은 놀라움을 찾기 위해 헌신적으로 일할 것이다. 협업조직이 좋은 아이디어를 발굴하는 한 방법은 급진적인 혁신을 인식하는 자발적인 팀으로 만들어서 아이디어 시장이 되도록 하는 것이다. 놀라움을 찾는 부서들은 회사를 통하여 아이디어를 찾는다. 그리고 그들을 상업화하는데 책임을 다할 것이다.

가장 새로운 아이디어들은 결코 잘못되지 않는다. 실패는 협업조직에서 일상의 일이고 실패가 없으면 성공이 올 수 없다는 것이 혁신의 법칙이다. 새로운 아이디어가 설사 실패하더라도 다시 수정되고 보완되어 성공으로 연결된다. 그리고 실패 없이 성공을 가질 수 없기 때문에 우리는 실패를 소중히 여기는 조직문화를 만들어야 한다. 구글 혁신랩은 그들의 프로젝트가 실패로 끝나면 그 팀에게 보너스를 준다. 만약 10명 중 9명이 집중하여 그 프로젝트를 위하여 일하였다면 이러한 직원들의 사기가 꺾일 필요가 없다는 것이다. 그들은 한 프로젝트에서 성공한 사람보다 더 큰 지지와 긍정적인 강화가 필요하다. 실패한 프로젝트조차 나중에 프로젝트에서 잠재적으로 재사용될 수 있는 귀중한 지식이 된다.

3) 창의적 대화를 위한 공간을 만들어라

최근 대부분 앞선 기업들은 협업의 활성화를 위하여 업무공간을 공개되고 개방적인 형태로 디자인하여 제공한다. 혁신기업들은 이런 공간을 가질 뿐만 아니라 그룹창의성을 위하여 디자인된 공간배치를 하여 자발적인 대화와 긴밀한 사회적 네트워크가 일어나도록 한다. 공개된 공간은 협업적 혁신의 자연스러운 흐름 속에 들어간다. 그 공간은 아이디어가 한 공간에서 다른 공간으로 이동하는 것을 도와주고 즉흥적인 대화를 가능하게 하며 비공식적으로 정보를 공유하는 네트워크를 강화시켜 준다. 새롭게 디자인된 사무실 공간으로 종종 커피 바와 게임 룸 등이 함께 들어 있기도 하다. 계획하지 않는 대화의 가능성을 증가시키기 위하여 혁신기업들은 직원들이 카페를 통과하여 걷고 직원들 간에 도달하도록 업무공간을 배치한다.

가구회사의 Steelcase and Herman Miller는 바퀴가 달린 가구(책상, 파일캐비닛, 회의탁자 등)를 만들어서 재빠르게 불시의 협업패턴에 맞추도록 하기도 한다. 구글의 실리콘밸리 캠퍼스는 나무 계단의 모든 방향에 전기콘센트가 갖추어져 있는데 프로그래머들이 계단에 앉아서 작업하고 업무공간을 바꾸거나 작업형태를 바꿀 수 있도록 변화에 맞추어서 설계되어 있다. 사무실 가구 회사들은 이러한 추세의 가장 위에서 열심히 일하고 있다. Steelcase and Herman Miller는 협업의 시간과 사적인 집중시간에 대한 요구의 균형을 맞추는 작업공간을 디자인하고 있다. 때로는 미끄러지는 문을 갖는 유리판 패널 작업실을 만들어 직원들 간에 이야기하기 쉽게 하기도 한다. 단독 작업을 대화와 결합하는 작은 그룹을 위한 작업공간도 이에 해당한다. 때로는 전체 층을 오픈된 공간과 협업공간, 혼자만의 작업을 위한 조용한 공간 등으로 구성한다.

4) 아이디어를 생각할 시간을 주라

많은 사람들은 작업시간 중 압박을 받아야 일이 더 잘된다고 말한다. 일부 회사에서는 엄격한 마감일과 장시간 노동이 회사 철학의 반공식적 일부가 되고 있다. 그러나 하버드대학의 연구자 테레사 아마빌Teresa Amabile에 의하면 이러한 관리전략은 창의성을 죽인다는 것이다. 물론 이러한 관리가 사람들을 더 열심히 일하도록 하지만 반대로 덜 창의적으로 만든다. 7개의 미국회사에서 177명의 고용인에 관한 한 연구에서 회사들은 창의성이 그룹성공에 매우 중대한 팀작업을 하고 있다. 정신없이 바쁜 날에는 창의적인 생각을 보다 적게 하게 된다. 그러나 역설적으로 고용인들은 시간압박이 높을 때 보다 창의적인 것처럼 느낀다고 말한다. 아마빌은 6개월 넘게 매일 작업일지를 분석함으로써 실제 이야기를 찾아내었다. 사람들은 창의적으로 느끼지만 작업일지에 의하면 높은 압박을 받는 날에 창의성은 낮은 압박을 받는 날에 생기는 창의성의 절반에 미치지 못한다. 높은 압박을 받은 날이 지난 후 최소한 이틀동안 창의성은 떨어져서 침체된다.

낮은 업무압박의 환경에서 협업대화가 전개될 수 있고 그 때가 혁신이 나타나는 때이다. 여기 사람들이 낮은 압박과 높은 창의성을 보인 날에 관한 작업일지를 작성한 내용이 있다.

"상상할 수 있는 모델을 토론하는 모임에서 그가 언급한 여러 아이디어들은 내가 가진 아이디어와 잘 맞아떨어졌고 나는 보다 좋고 보다 상세한 모델로 넘어갔다. 웬디는 ILP필름의 샘플을 가져와서 나에게 보여줬는데 이는 정말 센스있고 나의 목적에 맞고 많은 아이디어를 촉발하는 것이었다."

우리가 창의성을 재촉한다고 가질 수 있는 것은 아니다. 그 이유는 기존의 아이디어를 내부화하고 서로 결합하여 창의성을 발휘하기 위해서는 시간이 필요하기 때문이다. 협업팀이 그룹창의성을 전개하려면 시간이 필요하다. 트랜지스터와 레이저 같은 세계를 변화시킨 발명을 한 AT&T의 전설적 Bell Lab은 이것을 공식적인 기업철학으로 채택하였다. 즉, "큰 아이디어는 시간이 들어간다."

5) 즉흥성의 위험을 관리하라

관리자들은 즉흥성에 관하여 신경써야 한다. 즉흥성의 위험은 다음과 같다.

첫 번째 위험은 사람들이 즉흥화할 때 주의 깊게 분석되고 계획된 프로젝트에 일정 시간을 할애해야 한다. 핵심은 계획과 즉흥성의 적절한 균형을 만드는 것이다.

두 번째 위험은 즉흥성이 중심적인 비전과 장기적인 전략을 유지하지 못하게 할 수 있다는 점이다. 즉흥성은 100명보다 크지 않은 조그만 팀들 혹은 그룹에서 가장 잘 작동한다.

세 번째 위험은 너무 많은 아이디어들이 거품처럼 일어날 수도 있다는 점이다. 한 회사의 고용인이 말하기를 "회사는 매번 새로운 기회에 다가갑니다. 무엇인가 아이디어를 갖고 있는 사람은 즉각 그것을 추진하기 시작합니다. 우리는 자원을 조금씩 분리합니다. 그리고 핵심비즈니스로부터 다소 초점을 잃습니다." 개별적으로 매력있는 생산기능의 다양한 즉흥성은 쉽게 기능변형을 가져올 수 있어서 더 이상 시장의 요구를 충족시키지 못하는 제품을 초래할 수도 있다. 기능변형은 리눅스와 같은 공개된 소프트웨어 회사가 경험한 바 있다. 이론적으로 어떤 프로그래머들은 자신이 생각하기에 소프트웨어가 가져야 할 것들을 무엇이든지 추가할 수 있다. 제조업과 금융업은 일단 프로젝트가 시작되면 고정되기를 원하는 경향이 있다. 마케팅과 엔지니어링은 즉흥성을 융통성과 적응성을 위한 강력한 수단으로 간주한다. 문화에서 이러한 차이가 종종 높은 수준의 조직적 갈등을 야기한다. 성공하기 위하여 협업조직은 요령있게 이러한 위험을 관리하지 않으면 안된다.

6) 혁신의 균형을 유지하라

성공적인 혁신가들은 제한된 구조를 사용하는데, 일명 이를 준구조semistructure라 한다. 연구자들은 혁신을 위한 비판적인 균형은 너무 확고하지도 않고 너무 느슨하지도 않은 혼돈의 가장자리에 있다고 결론내린다. 너무 확고한 것은 불시의 혁신을 방해하고 과도하게 느슨한 것은 완전한 혼돈을 초래한다. 성공적인 회사는 잘 정의된 관리적 책임과 명시적인 프로젝트 우선순위를 가지고 있다. 마케팅과 엔지니어링의 역할은 명확하게 특정되어져 있다. 회사는 시장잠재력에 의해서 프로젝트의 우선순위를 준다. 그러나 성공적인 회사는 이러한 구조들을 횡단 프로젝트의 소통문화와 결합한다. 모든 사람은 모든 사람의 재료를 빌릴 수 있다. 티탄Titan이라는 또 하나의 성공적인 회사는 개발부에 커피바Coffee Bar를 만들어서 다른 팀의 팀원들이 쉬는 동안 함께 대화할 수 있도록 하였다. 가장 중요한 점은 이러한 회사에서 디자인과정 그 자체는 구조화되어 있지 않다. 개발자들은 거의 완전한 자유를 가져서 요구되는 작업에 따라 즉흥적으로 할 수 있다. 가장 효과적인 구조는 기회주의적 계획 즉, 한 회사가 진행하는 방법의 전반적 개요를 제공하는 계획을 지지하지만 예기치 못한 개발에 대응하여 변화할 수 있는 충분한 융통성을 줄 수 있는 구조이다.

하나의 느슨한 회사가 정형화된 실리콘밸리 문화를 가졌다하더라도 그들은 프로젝트를 하위과업으로 분해하는 극단적으로 구조화된 개발과정을 가지고 있다. 모든 단계의 길을 고려하는 일정한 체크포인트와 공식적인 설명서, 그리고 절차들이 있다. 관리자들은 이러한 시스템을 가질 때 매우 행복하다. 왜냐하면 그것이 효율적인 개발과정을 가져오기 때문이다. 그러나 그 시스템으로는 만약 시장이 변화할 때 혹은 새 기술을 이용해야 할 때, 중간 프로젝트에서 적응할 수가 없다. 우리가 문제를 인식할 때는 이미 문제가 생겨서 이를 해결하기에 너무 늦다. 협업조직이 무정부주의는 아니고 구조와 순서화된 기능을 가지고 있다.

7) 혁신지식을 관리하라

협업조직은 좋은 즉흥성에서 나온 아이디어를 다른 그룹에 전달하는데 뛰어나다. 즉흥성은 수명이 짧고 협업이 끝나면 메모리가 빨리 사라져 없어지기 때문에 이를 실행하기가 어렵다. 성공적인 협업조직은 좋은 즉흥성을 선택하고 그들을 조직에 걸쳐서 전파하는 절차를 사용한다. 이는 오늘날 '지식관리'라고 알려진 시스템이다. 지식을 폭넓게 확산하는 방법은 과업을 가능한 한 넓게 정의하는 것이다. 사람들이 폭넓은 범위의 기술을 가지고 있을 때, 새로운 연결과 더 큰 소통이 가능해진다. 과업이 정형화될수록 혁신은 줄어든다. 한 연구에 따르면 회사혁신의 절반은 새로운 업무할당이나 넓은 업무부여로 자극을 받게 된다는 것이다. 또 하나는 혁신과 사람들의 업무지침 간에는 거의 상관이 없다는 점이다. 가령 3개월의 일로 혁신랩을 통하여 사람들을 순환시키는 등의 직원의 빈번한 재배치는 기술된 보고서와 컴퓨터 데이터베이스보다 더 암묵적 지식tacit knowledge을 효과적으로 확산시켜 준다.

8) 긴밀한 네트워크를 구축하라

커피바와 공개된 공간이 작고 친숙한 창업기업에만 잘 작동될 것이라고 생각할 수도 있다. 대규모 기업이 어떻게 보다 협업적이 될 수 있는가? 한 해결책은 셈코회사의 예가 될 수 있다, 모든 공간을 200명보다 작게 유지하는 것이다. 그러나 200명보다 큰 조직이 모든 조직원들을 포함하여 협업할 수 있을까? 대규모 회사가 이를 해결하는 방법 중의 하나는 대규모 플랫폼을 만드는 것이다. 그 플랫폼은 위키wikis, 블로그, 토론방, 낙서하기, 실시간 협업수단들을 통합해서 연결해주는 것이다. 목표는 사람들을 지리적으로 기능적인 그룹으로 조직의 수준에 따라서 함께 모아 주는 것이다.

오늘날 회사들은 마이크로소프트가 만든 slack, basecamp, trello, yammer, 그리고 Do.com과 salesforce.com 등 다양한 협업수단들을 선택할 수 있다. 가령, salesforce.com의 관리 사이트에서 CEO는 5000명의 직원들을 초대하고 모임에 참여시켜서 채터Chatter를 사용하기로 결정하였다. 채터를 통하여 직원들은 코멘트를 할 수 있었으나 모든 직원들은 처음에 말하는데 긴장하였다. 그래서 어떤 직원이 한 관리자가 말하는 것에 대하여 코멘트를 달았는데 그 코멘트는 확산되기 시작해서 사람들이 공개적으로 얘기하게 되었다. 모임 후에 협업 토론은 채터에서 계속되었고 여전히 5000명이 가입되어 있다.

마이크로소프트의 슬랙slack은 이해가 빠르기 때문에 수백 명 아니 수천 명의 종업원도 협업할 수 있게 지원한다. 슬랙은 즉각적인 메시지, 대화방, 이메일, 심지어 파일까지 전체 회사 직원의 대화를 조직화해 준다. 슬랙의 1.25백만 사용자들로 삼성, Pinterest, eBay, 하버드대학 등에 팀들이 들어와 있다. 이 프로그램은 같은 사무실과 같은 시간에 있지 않는 사람들을 함께 연결하는데 효과적이다. 누구나 관심을 두고 있는 프로젝트를 위하여 슬랙을 사용할 수 있다. 뿐만 아니라 즉흥적인 대화와 문제해결을 위한 대화도 할 수 있다. 즉각적인 문제해결을 위하여 수명이 짧은 그룹을 함께 모으는 새로운 대화방도 종종 나타난다.

전통적인 관료조직은 오직 적합한 사람이 올바른 정보를 보았다는 것을 확인하기 위하여 디자인되어 있다. 만약 한 회사가 공개하는 문화를 관료주의로 이동시키려 한다면 그것은 강의 상류로 노를 젓는 것이 될 것이다. 슬랙은 단순하지만 정교한 수단으로서 협업의 힘을 전체 조직으로 확산한다.

9) 조직차트를 버려라

슬랙과 같은 새로운 기술은 협업에 도움이 된다. 그러나 그 곳에 올바른 문화와 가치가 없다면 협업조직은 만들어질 수 없다. 정보가 협업을 통하여 공유되고 의사결정이 분산될 때, 1950년대에 관료적인 회사처럼 한 사람의 의사결정자에게 정보를 모으고 채널화하기 위하여 조직을 계층화할 필요는 없다. 대신에 관리자는 촉매자이자 촉진자이다. 이들은 그룹 간에 연계자, 횡단매개자 그리고 지식의 운반자로서 역할을 해야 한다. 이것이 무계층조직 철학인 holacracy 즉, 관리자 직급을 없애고 구성원들이 모두 동등한 위치에서 업무를 수행하는 제도를 의미한다. 이것의 목표는 관리자로부터 권한을 없애고 그것을 팀과 개인에게 나눠줘서 회사를 진화적인 조직으로 만드는 것이다. 무계층조직은 그룹창의성으로 인도하고 자기조직화하는 팀을 조장하기 위하여 디자인된다.

1980년대에 많은 회사들이 관리컨설팅 회사들을 고용해서 그들의 비즈니스 모델들을 재편성하였다. 그러나 비싸고 고통을 수반하는 기업재조직화는 거의 혁신을 증가시키지 못하였다. 왜냐하면 이 모델들은 최고관리자에 의해서 주도되었고 부서지기 쉬운 조직을 만들었기 때문이다. 이 모델은 환경의 변화로 디자인범위에 이동이 있을 때 쉽게 무너지는 시스템이 되었다. 1980년대에 관리자들은 보다 큰 소통이 더 큰 혁신을 가져온다는 것을 보여주는 연구에 익숙해졌다. 각 직원이 여러 상관에게 보고하는 매트릭스 구조는 초기에 이러한 정보에 대한 반응으로 만들어졌다. 그러나 문제는 매트릭스 조직은 협업조직으로 충분히 나아갈 수 없다는 점이다. 가령, 네덜란드 전자제품 회사인 필립스는 매트릭스 조직의 지지자였으나 최근에 융통성과 연계성을 강조하는 방향으로 이동하였다. 마이크로소프트 등은 다분야 융합과 유동적이고 하향식bottom-up 조직을 선택하였다. 이런 조직이 그룹창의성을 지지하기 때문이다. 필립스도 그들 자신의 조직단위 밖에서 협업하면 고용인들을 보상하고 직원들이 같은 지역이나 같은 생산영역에 머무르는 것을 허용하지 않는다.

10) 올바른 것을 측정하라

혁신적인 기업을 성공적으로 만들었다는 것을 어떻게 알게 되는가? 기업혁신을 측정할 수 있는 방법이 있는가? 가장 오래되고 인기있는 첫 번째 방법은 연구와 개발에 투입된 투자액을 측정하는 것이다. 그러나 2005년 부즈 알렌 해밀턴Booz Allen Hamilton컨설팅의 연구에 의하면 연구개발비와 성과 간에는 어떤 관련이 없다는 것이다. 동일하게 회사의 특허수와 회사의 비즈니스 성과 간에도 관계가 없다는 사실이다. 협업조직의 관점에서 이 사실들은 놀라운 것이 아니다. 회사가 연구와 개발부서로 불리는 분리된 그룹에서 새로운 아이디어가 나오기를 기대한다면 그것은 여전히 창의성의 오래된 선형모델을 사용하고 있다는 것이다. 협업조직에서 혁신은 회사 전체로 확산된다. 분리된 부서 내에 갇혀있는 것이 아니다. 협업조직은 모든 부서에서 그리고 모든 수준에서 창의성을 발휘할 수 있다. 협업조직은 창의성이 분리된 부서에서 나오는 것을 기대하지 않는다. 그 점이 연구개발비 지출이 조직전체에 걸쳐서 확산될 때 가장 효과적인 이유이다. 협업은 그 경계가 엔지니어링, 마케팅, 판매, 서비스, 제조업 간에 내려오는 혁신랩과 같은 횡단기능적 협업을 가진 영역에서 혁신과정의 모든 단계를 보다 잘 작동하도록 만든다. 가장 유망한 새로운 아이디어를 선택하고, 개발하는 동안 프로젝트에 적응하고 디자인에서부터 제조업에 이르기까지 변화시킨다.

혁신을 측정하는 두 번째 방법은 특허수를 사용하는 것이다. 특허수에서는 IBM이 2014년에 7,534개를 수상하여 이 분야의 리더이다. 그러나 우리가 잘 알듯이 특허가 혁신과 동일하지는 않다. 소수의 특허만이 직접 성공적인 제품으로 전환된다. 가장 성공적인 혁신은 많은 분리된 아이디어가 복잡하게 결합된 것이다. 특허는 조직을 함께 결합시키는 협업시스템보다 덜 중요하다.

혁신의 잠재력을 측정하는 가장 좋은 척도는 그 조직이 어떻게 협업조직을 성공적으로 만들었느냐 하는 점이다. 협업조직은 특히 조직차트에서 나타나지 않는 비공식적 상호작용 등 한 조직 내에서 모든 연결의 정량적인 척도를 제공한다. 하버드 비즈니스 리뷰는 조직 내에서 가장 강한 협업자를 확인하는 네트워크분석을 하였는데 놀랍게도 그 목록에 리더들이 그 절반을 차지한 것으로 나타났다.

협업조직에서 성과로서 측정할 수 있는 중요한 요소는 다음과 같다.

첫째, 고용인과 팀 간 그리고 외부의 파트너와 사회적 네트워크를 발휘할 수 있는 능력이다. 이를 측정하는 수단으로 이메일, 캘린더, 사회적 플랫폼, 비즈니스 애플리케이션 등 사람들이 이미 사용하고 있는 툴을 분석함으로써 연계를 확인할 수 있다. 이러한 사회적 네트워크를 분석하는 과거의 수단과 다르게 마이크로소프트는 고용인이 각 형태의 협업에 사용한 시간, 조직의 계획에 없는 협업의 시간 등을 추적하였다.

둘째, 협업조직의 정보를 관리하는 방법이다. 혁신은 새로운 형태로 재해석되고 재사용될 수 있는 지식의 대표성과 융통성있고 예상치 못한 방법으로 정보에 접근할 수 있는 수단 등에 의하여 유발된다. 그러나 전통적으로 인식되고 있듯이 지식관리에 여러 가지 문제가 있다. 주된 문제는 회사지식을 저장하도록 디자인된 컴퓨터 데이터베이스는 단지 확고하게 코드화되고 정확한 정보만을 수집할 수 있다. 그러나 혁신은 암묵적이고 문서화되지 않은 정보의 교환으로 부터 나타난다. 조직지식의 특성을 측정하는 것은 매우 어렵다 그러나 조직들은 이를 시작하는 것이 필요하다.

회사가 혁신잠재력을 가질 수 있는 몇가지 방법을 제안한다. 즉,

첫째, 조그만 실험적인 프로젝트에 소비한 시간의 비중을 측정하는 것이다. 이는 많을수록 더 좋은 것으로 총 직원의 근무시간의 20%~30%를 투입하는 조직도 있다.

둘째, 종료되기 전까지 프로젝트의 평균길이를 측정하는 것이다. 이는 짧을수록 더 좋을 것이다.

셋째, 조직이 어떻게 실패를 기념하고 보상하는지를 검사하는 것이다. 요컨대, 자주 실패하라, 초기에 실패하라, 멋지게 실패하라.

개방되고 연계된 네트워크는 큰 혁신을 조장한다. 그러나 협업이 왜 회사의 내부에서만 이루어져야 하는가? 왜 협업네트워크가 고객, 공급자, 다른 주요 비즈니스 파트너를 포함하여 확대되지 못하는가? 많은 혁신은 조직 외부에 있는 네트워크와 그것이 확산되고 분배되는 거의 잘 보이지 않는 협업으로부터 나타난다. 이것이 협업네트워크라고 부르는 혁신네트워크이다. 다음 장에서는 협업네트워크에 대하여 살펴본다.

〈부록〉 9개 선 문제에 대한 해답

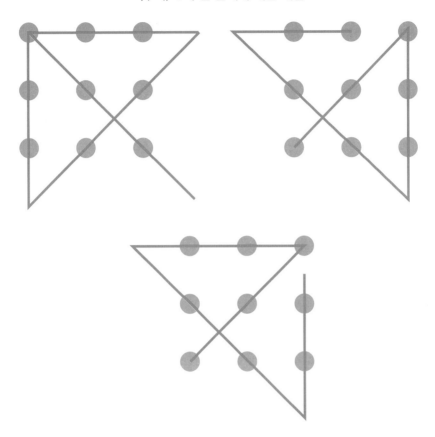

 사례 11

크리스티앙 디오르와 예술가 친구들

크리스티앙 디오르는 1905년 프랑스의 바닷가 마을 노르망디 그랑빌에서 태어났다. 알렉상드르 루이스 모리스 디오르(Alexandre Louis Maurice Dior)의 다섯 자녀 중 둘째로 유복한 실업자의 아들이었다. 그는 항상 우아하고 세련되게 치장한 어머니를 여성의 모습으로 생각했고 이는 후에 크리스티앙 디오르 디자인에 영감을 주었다. 크리스티앙 디오르 최초의 향수인 '미스디오르'도 자신의 누이를 회상하며 만든 것이다.

부모님이 바라던 대로 1920년부터 1925년까지 에콜 리브르 데 시앙스 폴리테크(the École des Sciences Politiques)에서 공부하고 외교관을 지망했지만 그는 건축과 예술에 깊은 흥미를 가지고 있었다. 학교를 떠나 아버지로부터 받은 돈으로 1928년 미술관 자크 봉장(Jacques Bonjean)을 열었고, 조르주 브라크, 파블로 피카소, 장 콕토(Jean Cocteau), 막스 자콥(Max Jacob) 등의 작품들을 다뤘다. 1930년 경제공황으로 집이 파산하고 1931년 어머니와 형이 세상을 떠난다. 갤러리 문을 닫을 수밖에 없었던 그는 친구 장 오젠느(Jean Ozenne)에게 패션 드로잉을 배우고 막스 케나(Max Kenna)에게 색칠하는 법을 배워서 생활의 방편으로 오트 쿠튀르(Haute Couture)에 모자와 드레스의 크로키를 그려서 팔았다.

그는 이후 1938년부터 로버트 피제(Robert Piquet)의 양장점에서 디자이너로 일했다. 1939년 제2차 세계 대전에 종군하면서 한동안 디자인을 하지 않고, 제대 후 프로방스의 칼리앙(Callian)에서 농장을 운영했다. 전쟁 중 독일은 정치적인 이유로 프랑스 영화를 규제했지만 시대극은 장려했기 때문에 디오르는 이러한 영화의 의상을 디자인 했다. 그 뒤로 루시앙 르롱(Lucien Lelong)의 쿠튀르에서 피에르 발맹과 함께 모델리스트로서 일하다가 1946년 독립해 섬유 회사 Marcel Noussac의 지원을 받아 '메종 크리스티앙 디오르(프랑스어: La Maison Christian Dior)'를 설립한다.

1947년 2월 12일 자신의 첫 콜렉션을 열었고 이때 선보인 디자인이 '뉴 룩'으로 불리면서 세간의 관심을 받아 국제적인 명성을 얻게 되었고 같은 해 패션계의 오스카상이라고 불리는 니먼마커스상(Neiman Marcus Award)을 수상, 세계 각지에 지사를 설립하고 사업을 확장했다. 그는 2차 세계 대전 이후 1950년대 전 세계적인 규모의 왕성한 활동을 하는 패션계를 이끄는 디자이너 중 하나였다.

디오르의 또 다른 협업자 르네 그뤼오는 과장되면서 단순한 선과 극적인 색상 대비 효과를 통한 패션 일러스트로 유명하다. 르네 그뤼오는 패션 디자이너들에게 영감을 주고 일러스트를 통한 상업적 성공을 바탕으로 패션 사업에 지속적인 영향을 미친 패션 일러스트레이터이다. 크리스티앙 디오르, 발렌시아가, 이브 생로랑, 랑방, 에르메스, 지방시 등의 유명 패션 디자이너들과 작업했으며, 마리 클레어, 보그 등의 다양한 잡지사들과 많은 협업을 하였다. 그의 독창적인 작품들은 패션 일러스트뿐만 아니라 포스트 아트, 광고 등 현재까지도 다양하게 활용되고 있다. 크리스티앙 디오르가 1947

Dior

〈크리스티앙 디오르와 친구들〉

년 처음 패션하우스를 열고 세계에 돌풍을 일으켰을 때, 디오르와 그뤼오는 공동작업으로 많은 작품을 남겼다. 둘의 결합은 굉장한 시너지효과를 거두게 된다. 르네 그뤼오는 "나는 쉴 줄 모르는 크리스티앙 디오르와 매우 친밀감을 느낀다." "그는 나와 아이디어를 같이 의논했고 나는 내 스케치를 그에게 보여주곤 했다."라고 이야기하였다.

　디오르의 디자인과 그뤼오의 고전적인 스타일이 상호 완벽한 보완을 이루어 디오르의 향수 'Miss Dior'와 많은 유명 고가품의 이미지 제작에 곧 참여하게 된다. 1940년대 후반부터 오랫동안 그의 스타일은 세계를 주도하는 패션잡지의 커버와 광고를 장악했다. 디오르가 죽은 후에도 디오르는 일찍부터 그의 후계자로 지목되던 이브 생로랑에 의해 성장을 계속할 수 있었다. 이후 마크 보안(Marc Bohan), 지안프랑코 페레(Gianfranco Ferre) 등의 디자이너들이 전통에 충실한 디오르 정신을 이어 왔다. 디오르 하우스는 지금까지 70년간 애비뉴 몽테뉴를 수호한 파리 패션의 성지가 되었다. 여기서 전설로 남은 창립자와 뒤를 이은 성실한 후계자들은 디오르라는 세계의 브랜드를 견고히 쌓아 왔다. 디오르하우스는 패션의 정수 오트 쿠튀르와 립스틱과 향수로 대표되는 현실의 비즈니스가 공존하고 변화라는 동력과 꿈이 지닌 힘을 보여주는 곳이 되었다.

제8장

협업네트워크의 구축

협업네트워크의 중요성

혁신을 이해하는 키는 협업네트워크가 창의적인 사람들보다 더 중요하다는 것을 깨닫는 것이다. 물론 창의적인 사람들도 협업네트워크의 활발한 요소로서 중요한 역할을 한다. 그러나 오늘날 경제에서 대부분 활동은 네트워크 속에서 이루어지고 이 네트워크에서 모든 사람의 창의적 힘은 증가하여 전체가 부분의 단순한 합보다 더 크다. 모든 혁신은 협업네트워크에서 부터 나타난다. 완전한 창의적 잠재력을 실현시키기 위하여 선형적인 창의성을 넘어서 움직여야 하고 협업네트워크의 힘을 흐르게 해야 한다.

협업의 네트워크는 새로운 기술로서 갑자기 중요해진 것은 아니었다. 모든 역사적인 혁신은 협업 네트워크로부터 나왔다. 비행기를 발명한 윌버와 오르빌이 첫 시험비행을 완성한 바 있었다. 그들은 비행기에 대한 특허를 얻은 것이 아니었다. 그들은 핵심적인 혁신기술인 전체 날개를 앞과 뒤로 휘게함으로써 조정하는 고도통제 메커니즘에 대한 특허를 얻었다. 1903년 첫 비행에서 협업의 힘을 보여주었고 협업이 이전의 발명의 역사 위에 구축된 것을 보여주었다. 그러나 첫 비행이후 라이트 형제는 자신의 네트워크를 소유하려고 하였고 그것이 미국의 비행기 산업을 죽이는 결과를 가져왔다.

새로운 발명을 보여주는 대신에 라이트 형제는 숨어서 언론인터뷰를 거절하였다. 그들은 사진기자들이 비행기실험이 향상되고 있는 농장의 들에 가까이 오지 못하게 하였다. 이 기간 동안 그들은 우선적으로 군대와 계약을 하는데 초점을 두었다. 1907년 9월 30일에 전화를 발견한 것으로 유명한 알렉산더 그레이엄 벨이 항법실험협회AEA: Aerial Experiment Association를 창설하기 위하여 2만달러를 기부하였다. 이 협회는 그 목표가 실용적인 비행기를 만드는 것이었다. 이 협회는 좋은 의도를 가졌고 직선으로 1킬로미터를 비행할 수 있는 첫 비행기가 인정을 받아서 미국과학잡지상을 수상하였다. 레드윙the red wing이라는 그들의 첫 비행기는 1908년 3월 12일에 뉴욕의 하몬스포트에서 시험되었다. 그 비행기는 라이트 형제의 비행기와 많이 비슷하였지만 라이트 형제의 특허를 위반하지는 않았다. 대신에 전체 날개를 위와 아래로 곡선을 그리는 트러스시스템을 사용하였다. 항법실험협회의 회원인 케이지 볼드윈은 화이트 윙the white wing이라는 다음 비행기를 디자인하였다. 그 비행기는 바퀴를 추가하고 고도통제를 위하여 에일러론을 사용하였다.

　　세 번째 AEA 프로젝트는 1908년 7월 4일에 시도한 글렌 커티스Glen Curtiss의 준벅June Bug이었는데 커티스는 1마일 이상 비행하였고 미국과학트로피를 수상하였다. 라이트 형제는 경쟁에 들어올 수조차 없었다. 그들의 비행기는 바퀴를 가지지 않았고 기차선로에서 시작하였기 때문에 들에서 날 수도 없었다. 1909년 커티스가 돈을 지불하는 관람객 앞에서 그의 비행기를 날리기 시작한 이후에 라이트 형제는 특허위반소송을 제기하였다. 그들의 주장은 자신들의 특허가 모든 고도 조정 메커니즘을 포괄하는 것이라는 것이다. 어떤 비행기도 그 특허를 위반하지 않고 날 수는 없다는 것이다. 커티스는 이에 대항해서 싸웠고 그의 에일러론 디자인은 라이트 형제의 날개휘기 특허와는 다르다고 주장하였다. 윌버가 장티푸스 열병으로 죽고 나서 1년 후인 1913년에 연방법원은 오르빌의 손을 들어줬고 커티스가 에일러론을 사용하여 비행기를 만드는 것을 중단하라고 명령하였다. 그 때 커티스는 1899년 사뮤엘 피어폰드 랭글레이Samuel Pierpont Langley가 디자인한 것에 기초하여 다른 비행기를 제작하였다. 그 비행기는 랭글레이의 것에 매우 가까웠고 커티스는 결함을 없애고 날 수 있도록 하는 전문성을 가졌다. 이제 커티스는 발명의 우선권을 주장할 수 있었고 다른 변호사와 함께 소송을 제1차 세계대전까지 끌어가게 되었다.

이 기간 동안 협업네트워크는 유럽에서도 형성되어 오고 있었다. 영국, 프랑스, 독일의 비행기 산업에서 붐이 일어나고 있었다. BMW가 1913년에 비행기엔진 회사로 설립되었다. 유럽경쟁자들로부터 일정한 혁신이 진행되면서 미국은 뒤처지게 되었다. 9년간의 법정 투쟁은 1917년 미국이 제1차 세계대전을 참전함으로써 마침내 중단되었다. 라이트와 커티스 회사들은 이로 인하여 발명과 아이디어를 공개하고 공유하여 연합특허를 내게 되었다.

AEA는 협업네트워크이고 그 협회에 가입함으로써 커티스는 라이트보다 앞설 수 있었다. 그의 접근방법은 협회의 최초 디자인을 추월하였다. 커티스는 처음으로 비행기를 다른 사람에게 상업화하여 팔았다. 그리고 처음으로 한 도시에서 다른 도시로 비행하는 비행사자격증을 얻었다. 그의 에일러론은 오늘날 날아다니는 모든 비행기에 사용되고 있고 단언코 라이트 형제의 날개휘기 디자인보다 우월하다. 커티스의 비행기들은 처음으로 접어넣을 수 있는 착륙장치와 수륙착륙을 위한 착수장치를 사용하였다. 라이트형제와는 다르게 커티스는 그의 발명을 전체 운항 공동체와 공유하였다. 비행기의 진화는 라이트형제의 것을 포함한 전세계 네트워크라는 협업네트워크 속에서 일어났다. 이는 미국으로부터 유럽으로 확장된 것이었고 라이트형제 이전과 이후에 20년 동안 성장하였으며 오늘날도 계속되고 있다. 이처럼 협업네트워크는 소수의 개인들을 능가한다.

제2절

협업네트워크의 주요 특징

텔레비전, 컴퓨터소프트웨어들은 각각 협업네트워크의 힘으로부터 나오게 되었다. 협업네트워크의 특징들은 다음과 같다.

1. 혁신은 이전 혁신의 오랜 역사 위에 만들어진다

시장에서 성공한 창의적인 제품은 성장해온 각 단계를 보여주는 제품으로 거의 나타나지는 않는다. 소비자는 조그만 아이디어들의 긴 역사적 경로를 거의 보지 못한다. 이 역사적 경로는 축적되어서 마지막 시너지의 결과물을 보여주기 때문이다. 엘리 휘트니Eli Whitney가 면화에서 솜과 씨를 분리하는 기계인 조면기the cotton gin를 발명하였으나 그의 발명은 미국의 남부에 도달하기 전에 이미 인도와 이태리에서 사용되었던 한 세기 이상의 오래된 조면기를 기초로 하여 만든 것이었다. 또한 제임스 와트가 증기기관을 발명하였으나 그의 발명은 오랜 기간에 걸친 증기기관의 한 버전에 지나지 않는다. 와트가 태어나기 전에는 전 세계적으로 뉴코멘 Newcomen의 엔진이 사용되어 왔다.

만유인력의 법칙을 발견한 뉴턴은 다음과 같은 말을 하였다. "내가 남들보다 조금 더 멀리 바라보았다면 그것은 내가 거인들의 어깨 위에 서 있었기 때문이다."

이는 '거인의 어깨 위에 서 있는 소인nanos gigantum humeris insidents'이라는 라틴어를 인용한 것으로서 현대의 모든 새로운 발견이나 발명은 과거 누군가의 연구와 업적에 기반하고 있다는 뜻을 담고 있다. 뉴턴은 자신의 업적은 과거 과학자들이 축적한 경험과 연구에 기반하였기에 가능한 것이라고 고백한 바 있다.

스티브 잡스는 아이패드를 선보이면서 거인의 어깨 위에 서 있는 소인의 사례를 인용한 바 있다. 즉, 아이패드에서 전자책을 구입할 수 있는 '아이북스'를 소개할 때, "아마존은 킨들이라는 훌륭한 전자책 단말기로 전자책 시장을 열었지만 애플은 아마존의 어깨 위에 올라서서 아마존보다 더 멀리 바라볼 것"이라고 말했다. 오늘날 조직들도 '거인의 어깨 위에 서 있는 소인'의 사례를 활용하여 새로운 혁신을 시도할 수 있다.

2. 성공적인 혁신은 작은 아이디어들의 결합체이다

세상에 알려진 위대한 혁신적 아이디어는 천재 한명의 머릿속에서 나온 게 아니다. 이전의 많은 사람들이 생각하였던 아이디어에 기초하여 여러 사람들도 각자가 아이디어를 제기하였고 수많은 아이디어가 서로 교류하고 전달되는 과정에 충돌되고 융합되는 과정을 겪으면서 위대한 아이디어가 만들어진 것이다. 작은 아이디어들은 조직 내에서 네트워크를 통하여 정보가 공유되고 끊임없이 서로 논의되고 전달되면서 보다 훌륭한 아이디어로 발전하게 된다. 창의적 인재를 채용했다고 해서 조직이 당연하게 창의적으로 변하는 것은 아니다. 지난 700년 동안 탄생한 200여 개의 위대한 혁신을 살펴본 결과, 여러 아이디어의 연관성을 찾아내 융합하는 협업적 혁신이 성공적인 결과를 가져왔다는 것이다. 즉, 이러한 협업적 혁신이 집단창의성을 만들어내었고 조직의 높은 성과를 가져왔다. 이러한 협업적 혁신이란 아이디어가 엉뚱하다고 해서 버리는 것이 아니고 이와 유사한 주변의 아이디어를 붙여서 고리사슬처럼 연결해 나가면서 확산시켜 가는 것을 의미한다. 이러한 집단 창의성은 개인의 창의성이 산술적으로 합산되어 나오는 것이 아니라 개개인의 창의적인 아이디어가 다른 구성원들이 갖고 있는 정보와 공유되고 서로 연결되는 네트워크와 조직의 운영과정을 통하여 나타나고 확산되는 것이다.

창의성의 구성요소인 전문성과 기술은 고립된 개인으로 두지 말고 조직 전체가 서로 공유하도록 해야 한다. 조직이 전문성과 기술을 관리하여 구성원 모두가 자유롭게 활용할 수 있을 때 집단 창의성은 확산된다. 이를 실천하기 위하여 영화 제작사인 픽사에서는 '두뇌위원회'라는 관리과정을 만들었는데 이는 경험 많은 감독으로 구성하였다. 제작팀은 도움이 필요할 때면 언제든지 이 위원회에 요청하여 겪고 있는 문제점에 대한 조언을 구할 수 있다. 위원회에서는 다양한 경험을 배경으로 문제 해결을 위한 논의를 하고 조언을 한다. 제작팀은 언제라도 편리하게 위원회의 도움을 구하고 제작팀은 이를 참고로 스스로가 문제의 해결방식을 결정함으로써 창의성을 보호받을 수 있다. 새로운 아이디어를 자유롭게 누군가와 논의하고 피드백을 받을 수 있도록 하는 것은 거인의 어깨를 빌려주거나 거인을 키우기 위한 노력이 시작되는 것이다. 구성원의 거칠고 다듬어지지 않은 서투른 아이디어들도 주변의 아이디어들과 연결되고 결합되어 또 다른 혁신적인 아이디어로 발전된다.

3. 협업의 네트워크에서 팀 간에 긴밀한 상호작용이 있다

실리콘밸리에서 각 팀의 멤버들은 다른 팀들이 무엇을 하는지를 서로 본다. 핵심 팀원들이 빈번하게 다른 팀으로 이전하여 그들의 경험을 다른 팀으로 전수하였다. 휴렛패커드에서는 프로젝트를 하는 몇 년 동안 엔지니어들을 이동시키는 것이 회사의 정책이었다. 3M에서 엔지니어들은 새로운 부서로 순환하여 보직을 바꾸었다. 다우 케미컬도 그의 직원들을 다른 부서와 다른 비즈니스, 다른 지역으로 재배치하였다. 매일의 상호작용은 협업적 네트워크를 구축하는데 도움이 된다. 구글의 인사관리부서는 가장 생산적인 팀원들은 매일 다른 사람들과 점심을 먹는 사람들이라는 것을 알게 되었다.

4. 협업네트워크에서 다양한 발견이 일어난다

협업네트워크에서는 서로 상이한 아이디어도 많지만 유사한 아이디어도 많이 나타난다. 협업네트워크는 그 네트워크의 규모, 이질성, 결합강도, 집중정도 등에 따라서 상이한 연계가 일어난다. 일반적으로 네트워크의 규모가 클수록 비슷한 아이디어를 가진 사람들은 많아지고 유사한 아이디어라 하더라도 보는 관점에 따라서 서로 다른 아이디어로 개발이나 발명이 진행될 수도 있다. 참여하는 사람에 비례할 정도로 다양한 아이디어들이 공존하게 되고 그 중에서 서로 간에 새로운 협업이 일어나기도 한다. 물론 수많은 아이디어들이 존재하고 다양한 발견들이 이루어지지만 훨씬 많은 아이디어들이 여러 결함들로 인하여 드러나지 못하고 사라진다. 그 중에서 수정되고 보완된 다양한 아이디어들은 세상에 빛을 보게 된다. 또한 네트워크의 이질성, 결합강도, 집중정도에 따라서 서로 형태가 다른 발견들이 일어날 수 있다.

"혁신은 비효율적이다."라는 이 말은 MIT 미디어랩 창시자인 니콜라스 네그로폰테Nicholas Negroponte가 하였다. 큰 그림의 관점에서 두 회사가 두 개의 경쟁적 기준을 개발하는 것은 자원의 낭비이다. 1920년에 여러 팀들이 나란히 경쟁적으로 텔레비전을 발명하였다. 하지만 다양한 노력없이 그리고 빈번한 실패 없이는 혁신이 있을 수 없다.

5. 협업의 네트워크는 소유가 아니고 흐르게 해야 한다

가장 창의적인 네트워크의 주요 특징은 소유권의식으로부터 협업적 접근으로 이동시키는 것이다. 전체의 네트워크를 구축하려고 시도하는 회사들은 모든 것을 잃어버리는 결과를 얻게 될 수도 있다. 일부 회사들은 여전히 그것을 소유하려 한다. 그들은 혁신하기 위한 네트워크를 기다린다. 그리고 나타난 모든 제품들의 권리를 구입한다. 파커 브라더즈Parker Brothers가 전매권을 팔아서 부자가 된 후에 그 회사는 지역적으로 변형된 종류들에 대한 권리를 모두 사들였다. 그러나 이 회사조 차도 네트워크에서 나온 제품을 소유하였고 결코 그 네트워크 자체를 소유할 수는 없었다. 또한 전 세계적으로 게임가들로 부터 나왔던 이후의 혁신들도 소유할 수는 없었다. 그것은 거위를 소유하는 것과 황금알을 소유하는 것 간에 차이와 같다.

관리자들은 혁신이 네트워크로부터 나오게 해야 하고 그 네트워크는 그들 자신의 기업, 그들의 고객, 그들의 공급자, 심지어는 그들의 경쟁자를 모두 포함하 고 있다. 20세기의 대부분 기간 동안 혁신이 대기업들에 의하여 지배되었고 그들은 큰 연구실험실을 갖추고 있었다. 그러나 그 시대는 이제 끝났다. 성공적인 기업들 은 여전히 연구개발에 많이 투자한다 그러나 그들은 점차 협업네트워크에서 다른 주체들과 혁신하고 있다.

협업네트워크의 적정수준과 공개

협업네트워크의 이상적인 적정수준은 어느 정도인가? 2005년에 노스웨스턴대의 브라이언 우찌Brian Uzzi와 스텐포드대의 자레트 스피로Jarrett Spiro가 창의적 클러스터인 20세기 브로드웨이 뮤지컬산업에 초점을 맞춤으로써 이 질문에 답하였다. 각 뮤지컬은 작곡가, 작사가, 대본작가, 안무가, 지휘자, 제작자 등 6명으로 구성된 한 팀이 만든다. 새 팀은 각 프로젝트를 위하여 함께 모인다. 우찌와 스피로는 1945~1989년 사이에 제작된 모든 뮤지컬작품들에 대한 우정, 협업, 팀멤버십에 관한 완전한 데이터를 수집할 수 있었다. 이 분석 기간이 콜 포터Cole Porter, 앤드루 로이드 웨버Andrew Lloyd Webber, 밥 포세Bob Fosse와 같은 예술가들이 그들의 가장 위대한 작품들을 만들었던 황금기간이다. 그들의 데이터베이스는 2,092명의 예술가들과 474개의 뮤지컬 그리고 한해 평균 500명의 예술가들의 활동에 관한 자료를 포함하고 있다.

대부분의 예술가들은 하나 이상의 뮤지컬에 활동하였기 때문에 팀 간에 비공식적으로 많은 연결이 있었다. 한 예술가가 과거 7년 기간 내에 작업을 하였던 다른 뮤지컬에서 만난 사람의 수, 즉, 예술가 당 평균 연결자의 수는 29명이었다. 이 패턴은 네트워크 연구자들이 '작은 세계네트워크small world network'라고 부른다. 많은 사람들이 서로 느슨하게 연계된 작은 그룹을 연결시키고 있다. 우찌와 스피로는 변수 Q로 대표되는 네트워크의 수를 유도해 내었는데 이는 전체 뮤지컬 공동체가 얼마나 상호 밀접하게 연결되었는지를 측정해 준다. Q가 낮으면 팀 간에 많은 연계가 없고 그 연계는 강하지 않다. Q가 높다면 그 팀은 다른 팀에 보다 많은 사람들과 연결되어 있다. 이들 두 연구자가 답하려고 했던 질문은 음악산업이 어떤 Q의 수준에서 가장 창의적인 작품을 만들어내었는가? 하는 점이다. 40년 이상의 자료를 가지고 이들은 가장 창의적이었던 해와 다른 해를 비교할 수 있었다. 창의성은 비평적인 찬사와 재정적인 성공이라는 두 가지의 관점에서 측정되었다.

흥미로운 점은 많은 연계성은 더 좋지만 어느 절정 수준까지만이라는 점이다. 그 임계점을 지나면 증가된 연계성은 혁신에 방해가 되기 시작한다. 낮은 수준의 Q에서 팀들이 고립되고 예술가들이 다른 팀과 함께 일할 수 없을 때, 그 산업은 높은 수준의 Q에서 만큼 혁신적이지 않다. [그림 7]에서 2.6이라는 이상적인 Q수준에서 재정적인 히트를 칠 가능성은 Q가 1.4 수준의 가장 낮은 수준에 있을 때 보다도 2.5(=0.4/0.16)배 더 높다(좌측). 그리고 비평가의 찬사를 받을 가능성은 3(=1.2/0.4)배 이상 더 높다(우측). 이상적인 Q수준을 넘어서면 성공의 가능성은 감소한다. 너무 많은 상호 연계는 혁신을 감소시킨다. 물론 너무 높은 연계는 전혀 연

그림 7) 네트워크의 적정수준과 성과의 관계

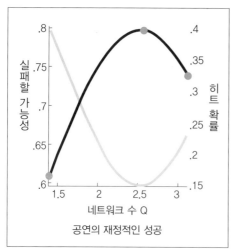

공연의 재정적인 성공

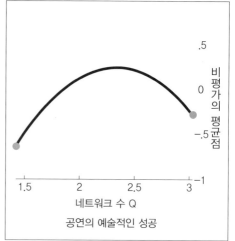

공연의 예술적인 성공

계가 없는 것보다는 여전히 더 낫다. 네트워크상에 최대의 창의성은 중간수준의 Q에서 나온다. 그 때 그 팀은 연결되어 있으나 너무 강하지 않은 상태에 있다. 너무 높은 Q의 위험은 팀들이 협업 과부하에 걸리게 된다는 점이다. 버지니아대 교수인 로브 크로스Rob Cross에 의하면 어떤 관리자와 직원들은 협업 활동에 그들의 시간을 80% 이상 소비하였는데 이 때 가장 낮은 성과와 가장 낮은 만족감을 보였다는 것이다. 성공적인 브로드웨이 팀들이 29명의 다른 음악가들과 느슨한 연계를 가지지만 그들 팀은 단지 6명의 멤버를 가진다. 또한 크로스의 연구에 의하면 25명 이상이 되는 사람들과 밀접한 연결은 성과를 떨어뜨린다는 것이다. 일부 사람들은 거의 100명과 연계를 가지고 있었다.

팀의 네트워크 연결은 새로운 창의적 아이디어의 기회를 제공한다. 그러나 그 네트워크가 온전히 연결된다면 아이디어의 다양성은 줄어들고 네트워크는 판에 박힌 전통적 스타일로 떨어질 위험이 있다. 앞서 살펴본 것 같이 브레인스토밍 그룹은 종종 집단사고로 떨어지고 단독 작업자보다 못한 혁신력을 보이게 된다. 가장 창의적인 네트워크는 좋은 연결이 팀 간에 있을 때에 바람직하고 그 팀은 여전히 독립성과 자율성을 누릴 수 있어야 한다.

협업의 네트워크는 공개된 출처의 공동체와 많은 공통점을 갖는다. 그러나 공개된 출처의 공동체 모델은 혁신을 위한 이상적인 네트워크는 아니다. 엔지니어들이 기존의 제품으로 되돌아가게 하거나 복제품을 개발하게 하는 것은 우리가 혁신이라 부르지는 않는다. 진정한 혁신을 만드는 협업네트워크를 어떻게 만들 수 있는가? 공개된 출처가 어떻게 공개된 혁신으로 전환될 수 있을까? 회사들이 협업네트워크를 장려하기 위하여 회사가 이미 고객들과 연결을 가지고 있는 사람들과 행동을 취할 수 있는 한 곳이 있다. 고객들은 사용자 그룹들, 웹사이트, 인터넷토론리스트와 함께 독립적으로 비공식적인 공동체를 형성한다. 소비자 네트워크는 진정한 혁신이 나오는 곳이다. 모든 회사들이 이렇게 자연적으로 형성되는 조직적 네트워크와 협업하기 위하여 노력하여야 한다.

커피 한 잔에서 협업을 찾다

우리가 매일 마시는 커피 속에도 협업이 들어있다는 사실을 알고 있는가? 커피 한 잔의 단순한 즐거움에는 여러 가지 다른 분야에 속한 사람들의 협업 결과물이 들어가 있다. 우리가 커피를 마실 수 있는 것은 바로 전 세계 각 지역을 돌아온 이러한 협업산물의 결과 덕분이다.

인류가 커피를 처음 마시기 시작한 것은 9세기경 에티오피아에서 출발한 것으로 알려져 있다. 커피는 홍해를 건너서 예멘의 아덴항을 통하여 아라비아반도에 퍼졌다. 처음에 종교의식에서 사용되었던 커피는 모든 사람들이 즐기는 기호품으로 전환되어 갔다. 커피를 찾는 사람들이 늘어나면서 오스만제국의 수도 콘스탄티노플에 1475년 '키바 한(Kiva Han)'이라는 최초의 커피하우스가 개점하게 된다. 당시 오스만 제국에서는 남편이 매일 일정량의 커피를 제공하지 못하면 아내는 이혼을 할 권리가 있었다고 한다. 커피가 유럽에 들어왔을 때 "커피를 악마의 음료라고 선포해달라"고 청원했지만 커

〈남미와 동남아시아의 농부가 재배한 커피콩(좌)과 커피콩을 볶는 로스팅 전문가(우)〉

〈브라질의 사탕수수로 만들어진 시럽(좌)과 커피머신 발전소에서 생산된 전기로
작동되는 커피머신 (우)〉

피를 마셔본 교황 클레멘트 8세는 "악마의 음료라기에는 너무 맛있으니 커피에게 세례
를 주겠다."고 선언했다는 이야기가 전해진다.

커피하우스는 유럽 문화와 예술과 정치와 혁명의 중심지가 됐다. 아무리 마셔도 취
하지 않는 음료를 파는 건전한 공간 커피하우스는 근현대 유럽의 경제와 정치, 학문이
탄생한 곳이다. 영국 과학자로서 최고의 영광이라고 하는 과학자들의 모임인 '왕립학
회'도 커피하우스에서 탄생했다. 아이작 뉴턴과 로버트 보일, 로버트 훅 등이 커피하우
스에 모여 토론한 내용은 근대과학의 토대가 된다.

커피하우스는 혁명을 잉태한 공간이기도 하다. 파리의 커피하우스는 볼테르와 장 자

〈커피를 내려주는 전문 기술을 가진 바리스타〉

크 루소 등 계몽주의 사상가들의 아지트가 되었다. 누구나 찾아와 이야기를 나눌 수 있는 커피하우스는 평등과 공화주의를 상징하는 공간이 되었다. 커피하우스에서 민중을 만나고 치열하게 토론하며 개혁의식을 키워간 부르주아 계급의 성장은 프랑스 혁명으로 이어지게 된다.

미국의 독립혁명의 근거지 역시 커피하우스이다. 미국에서 보스턴 차 사건 이후 "영국에 대항하기 위해서는 차 대신 커피를 마셔야 한다."는 생각이 널리 퍼지면서 커피문화가 발전했다. 미국의 첫 커피하우스는 보스턴에 문을 열었고 이곳 역시 사람들이 정치적 의견을 나누는 장소의 역할을 했다고 한다.

19세기와 20세기, 유럽의 커피하우스는 작가와 예술가들의 작업실이자 이들이 모이는 곳이 됐다. 미국 대중음악의 한 축인 포크음악은 커피하우스 공연을 통해서 발달했다고 한다. 세계적인 뮤지션 조안 바에즈나 밥 딜런도 처음에는 커피하우스에서 기타 한 대를 들고 노래했다고 한다.

제9장

협업의 과정과 구조

협업이 제대로 진행되려면 조직차원에서 협업과정과 구조를 체계화해서 뒷받침해야 한다. 협업의 과정과 구조는 협업이 원활하게 이루어지도록 하는 하드웨어로서 협업이 일관되고 효율적으로 이루어지도록 만들어 준다. 협업의 목적이 정해지면 이에 맞는 업무과정과 구조가 갖추어지는 것은 당연하다. 이를 통하여 협업 구성원은 내부적으로 불필요한 탐색비용을 줄이고 함께 업무에 몰입할 수가 있게 된다.

　협업의 성공은 협업조직과 구조의 설치가 필수적이다. 업무시스템이 갖추어지지 않은 상태에서 협업을 수행하면 업무가 중첩되고 이중으로 일이 발생할 뿐만 아니라 추가적인 업무의 가중이 일어나는 등 기존 조직과의 갈등도 발생하게 될 것이다. 따라서 조직 내에서는 협업에 관한 책임자를 정하고 기업의 협업업무를 찾아내고 관련 절차와 제도를 정비하여야 한다. 나아가 타 기업과 네트워크를 구축하고 협업할 수 있도록 해야 한다.

　협업과정과 구조를 만들어갈 때 고려해야 할 사항은 조직 내에 구성원들의 합의에 기초하여 그 과정과 구조가 항상 상황에 능동적으로 대처할 수 있도록 융통성과 적응성을 가져야 한다. 또한 협업의 구성원들에 관한 명확한 역할과 규율, 지침을 규정하여야 하고 이에 따라서 각자의 역할과 권리, 책임 등을 정하고 수행하는 방법을 제시하여야 한다.

협업의 운영과정은 협업의 팀이 집단적 활동을 하면서 목표를 달성하는 모든 역할들을 포괄하는 것이다. 협업의 구조는 과정과 그 과정을 통한 성과를 모두 포함하고 있다. 협업의 과정은 목표설정과 주요 관련자 확인, 대화와 소통, 리더십, 갈등관리 등 전반을 다 포함하고 있다. 추가적으로 적절한 자원투자(예산, 사람), 전략, 규정, 역할분담이 다 정해져야 한다. 여기서 가장 중요한 요소가 조직의 협업제도를 갖추는 것이다. 이 제도 속에 권한의 분배, 과업의 분배, 규칙의 제정, 조직의 형태(공식조직, 비공식조직), 네트워크의 범위 등에 관하여 대부분 설정되고 확정되어져야 한다. 특히 기존의 조직은 협업과 상충될 수 있는데 매트릭스 형태의 조직 속에서 협업을 수행하기는 매우 어렵다. 협업의 구성원은 조직의 경계를 초월하여 일을 하기 때문이다. 특히 협업은 같이 일하는 것이므로 개인이익과 집단이익이 상반될 경우에는 협업이 원활하게 운영되지 못할 수 있기에 제도를 통하여 이에 관한 방침을 명확히 하고 개인작업과 협업작업에 대한 분배도 정확히 규정해 둬야 할 것이다.

특히 협업구조를 만들 때, 고려해야 할 사안들로는 수평적 역할과 수직적 역할의 구분, 자율성을 발휘할 수 있는 권한위임 정도, 협업의 역할과 책임에 따른 성과연동 등을 잘 규정해야 할 것이다. 협업의 계층구조를 만들 때에도 보고체계, 계층의 수, 통솔의 범위, 창의성을 발휘하는 모임, 수평적인 조직, 의사소통의 경로와 원활성, 조직경계를 초월하는 신축성 등을 고려하여 만들어야 할 것이다.

이상적인 협업의 과정과 구조는 협업구성원들이 기존 조직과 협업조직에 소속되어 있으면서도 두 역할을 모두 원활하게 수행할 수 있도록 할 뿐만 아니라 높은 성과를 올릴 수 있도록 지원이 되어야 할 것이다.

이하에서는 협업과정과 구조의 한 사례로서 협업의 과정을 단계화하고 그 구조를 개방과 폐쇄, 수평과 수직이라는 간단한 기준을 근거로 하여 체계화한 Salonen(2012)이 제시한 Design Collaboration 사례의 주요 내용을 요약하여 소개하고자 한다.

협업과정의 단계화

협업과정은 사례연구를 구조화하기 위하여 사용된다. 협업과정을 단계화하기 위한 많은 모델이 있다. 그 중의 하나로 디자인위원회Design Council의 이중다이아몬드Double Diamond 모델을 소개한다. 이 모델은 설계 과정을 진행하면서 프로젝트의 변화하는 범위를 제시한다. 발견하기Discover, 정의하기Define, 개발하기Develop, 전달하기Deliver의 네 단계는 설계자가 탐색, 테스트 및 혁신할 수 있는 프레임 워크를 형성한다. 이 작업은 모든 단계에서 여러 분야의 전문가와 다양한 직업의 팀 구성원이 참여할 수 있다. 서로 다른 네 단계는 환류될 수 있다. 이를 제시하면 [그림 8] 과 같다.

그림 8 **협업과정의 단계화**

DISCOVER	DEFINE	DEVELOP	DELIVER
과정의 시작 신규 혹은 기존제품/ 서비스를 개발하는 생각과 필요성 영감을 찾고 모으기 문제식별	발견물 필터링 및 분석 논의 가시화 프로토타이핑, 테스트 개발아이디어 선택	프로토타이핑, 테스트 피드백수집 추가시각화와 추가논의 제안된 개념을 좁히기	시험 및 정교화 이해관계자 승인/거부 제품을 제시 혹은 시작 하거나 초기단계로 복귀

출처: Salonen(2012).

1. 발견하기

발생한 문제를 인지하고 이를 확인하는 것으로 협업을 시작하는 단계이다. 협업의 주제를 정하고 구체적인 목표를 설정하는 단계라고 할 수 있다. 직면한 문제가 어떤 것인지를 정확히 파악하고 이 문제의 발생원인을 찾아내는 것이 필요하다. 이렇게 파악한 문제를 기초로 새로운 어떤 것을 하거나 현존 생산물이나 서비스를 개발하기 위한 아이디어나 필요를 찾는 과정으로서 아이디어를 찾고 모으는 단계를 의미한다. 문제를 발견하기 위해서는 주의 깊은 관찰이 필요하고 문제의 핵심을 잘 파악하는 것이 무엇보다 중요하다. 문제의 본질을 잘못 파악하면 그 다음 단계는 잘못된 과정들이 뒤따르게 된다.

2. 정의하기

문제의 본질을 파악하게 되면 그 발견한 사항들을 여과하고 분석하고 문제를 명확히 정의하는 단계가 필요하다. 이 단계에서 협업 구성원들 간에 작은 아이디어를 서로 교환하고 이를 수정하여 결함이 적고 보다 나은 아이디어를 취사 선택하는 작업을 진행하게 된다. 이 단계는 개발의 전단계로서 협업의 구성원들 간에 자유로운 토론이 필요하고 자유롭게 발견한 것들을 초기에 가시적으로 보여주고 시험적으로 테스트하거나 구체화시키고 시제품화해서 보여주는 실험이 필요하다. 따라서 다양한 아이디어가 논의되는 과정에서 좋은 아이디어들은 다음 단계인 개발 단계로 넘어가게 된다.

3. 개발하기

개발단계에서는 좋은 아이디어로 어느 정도 구체화된 아이디어들은 보다 더 정교하게 구체화시켜보고 시험을 통해서 더욱 발전시키게 된다. 구체화하고 시험하는 과정에서 문제들을 보완하고 환류하여 좀더 가시적인 결과물로 만들어 낸다.

제안된 아이디어들은 좀더 세부화되고 정교하게 다듬어서 의미있는 결과물로 개발해 나간다.

4. 전달하기

이 전달단계에서는 만들어진 시제품이나 아이디어에서 발생하는 추가적인 문제들을 보완하고 정교하게 정제하게 된다. 그 어떤 시제품도 완벽할 수는 없기 때문에 최종적으로 테스트를 거치고 미세한 부분들의 결함을 다듬는 것이 필요하다. 이해관계자들이 동의할 수도 있고 반대할 수도 있을 것이다. 이 단계에서 만들어진 결과물을 보급하고 전달한다. 결과는 반복해서 환류되고, 수정되고 새롭게 시작하게 된다.

제 2 절

협업의 구조화

협업의 구조는 개방과 폐쇄, 수직과 수평이라는 조직의 구조에 따라서 다른 형태의 협업이 나타날 수 있다. 첫째, 조직의 구조는 그 정도가 다르겠지만 단순화하여 크게 개방적인가 폐쇄적인가의 두 유형으로 나눌 수 있다. 둘째, 조직의 구조는 다양성이 존재하지만 또 다른 관점에서는 수평적 구조와 수직적 구조로 대별해 볼 수 있다. 이하에서는 이들에 대하여 각각 살펴볼 것이다.

1. 개방과 폐쇄기준

개방적 구조는 협업에 모든 사람이 참여하도록 개방되어 있어서 누구나 참여가 가능한 형태를 유지하는 것을 말한다. 이 개방형 조직에서 한 개인이나 조직이 문제를 놓고 협업을 시작할 때는 누구나 제기할 수 있고 그 문제에 기여하고자 하는 사람이면 다 문제를 제기할 수 있다. 이러한 개방형 구조는 주제 영역이나 분야가 구체적으로 잘 정의되지 않은 상태에서 많이 사용될 수 있다. 따라서 다양한 분야와 전공의 사람들이 자유롭게 아이디어를 제시하거나 작업하고 자원을 제공하기가 쉬운 형태의 구조이다.

그림 9 개방성과 폐쇄성

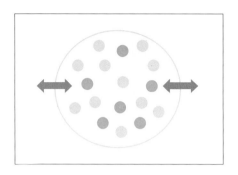 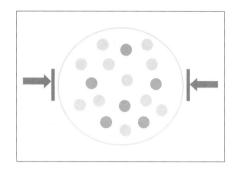

　　반면에 폐쇄적 구조에서는 관리자나 그룹의 리더가 참여자를 선택하고 지정한다. 문제해결에 필요한 인력으로 조직을 구성할 때 이러한 구조를 선택한다. 따라서 개방형 구조보다는 소규모의 참여자로 구성하여 운영하게 된다. 때로는 기업간 협업의 사례로서 적용되는 경우가 많다. 주제 분야나 영역이 잘 정의되어 있을 때 이런 구조를 사용하여야 하고 여기서는 프로젝트에 대한 가장 적절한 기여자를 결정하는 것이 가능하다.

2. 수평과 수직기준

　　수평적 구조에서는 모든 참여자가 의사결정 과정에 참여할 수 있고 논의할 수 있다. 모든 참여자들은 아이디어를 같이 공유하며 같이 개선하는데 노력한다. 그리고 의사결정도 함께 한다. 협업이 성공하려면 모든 참여자가 우선적으로 그 프로젝트의 목표에 동의하는 것이 필요하다.

　　수직적 구조는 개별 조직에 따라서 그 정도는 다르지만 계층화된 조직구조를 가지고 의사결정이 이루어지는 것을 단순화해서 제시한다. 수직적 구조에서는 어떤 임무를 부여받거나 선택된 참여자나 조직이 의사결정을 내릴 수 있고 다른 사람들은 이에 관여할 수가 없다. 참여자의 과업과 과제는 그 선택된 의사결정자가

그림 10 **수평과 수직구조**

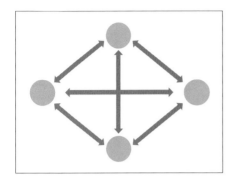 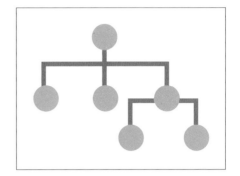

결정할 수 있다. 개별 참여자는 수직적 구조 내에서 그들 자신의 업무 수행 목표를
가질 수 있다.

협업구조의 유형화

협업의 과정과 구조를 결합하면 협업의 상이한 유형들이 나타날 수 있다. 개방과 폐쇄, 수직과 수평구조를 결합하면 협업의 상이한 유형을 만들어 낸다. 이들을 결합한 상이한 유형은 [그림 11]과 같다.

그림 11 **협업의 상이한 유형**

[그림 11]의 사분면에서 볼 수 있듯이 개방과 폐쇄기준과 수평과 수직기준을 결합하면 4가지 협업의 유형을 제시할 수 있다. 이들은 다음과 같다.

첫째, 개방과 수직유형이다. 이 유형에서는 누구나 과제에 기여할 수가 있으나 프로젝트에 책임을 갖는 사람이나 회사, 혹은 조직이 논의된 아이디어나 해결책 가운데 최종 결정이나 선택을 할 수가 있다.

둘째, 폐쇄와 수직유형이다. 이 유형에서 아이디어를 선택하고 개발하는 것을 결정하는 조직의 책임자가 참여자를 결정하고 논의된 아이디어 가운데 최종 아이디어를 선택할 수 있다.

셋째, 개방과 수평유형이다. 이 유형에서는 협업에 누구나 참여가 가능하고 제공된 결과를 사용할 수 있기 때문에 어떤 혁신을 시도할지를 결정하는 책임자는 존재하지 않는다. 의사결정은 함께 만들어 나간다. 즉, 협업에 참여와 의사결정에 누구나 참여할 수 있다.

넷째, 폐쇄와 수평유형이다. 조직에서 선정된 참여자 그룹이 주제의 범위를 정하지만 의사결정과정에서는 아이디어를 공유하고 의사결정은 모두가 함께 내리게 된다.

이러한 4가지 유형은 협업 프로젝트가 진행되는 동안 원하는 목표를 달성하기 위하여 그리고 상황에 따라서 일의 수월함을 위하여 하나 이상의 상이한 유형을 사용할 수 있다.

제4절

협업과정과 구조유형의 결합

협업과정과 구조유형을 결합하면 협업과정과 구조에 따른 다음 〈표 2〉와 같은 매트릭스 형태의 단계가 각각 만들어 질 수 있다.

표 2 **협업과정과 구조의 개별 형태**

협업과정/구조	개방-수직	폐쇄-수직	개방-수평	폐쇄-수평
(문제) 발견하기	동기가 부여된 조직에서 개방되어 누구나 참여가능하므로 모두가 문제를 발견하고 리더는 어떤 문제가 해결되어야 할지를 결정한다.	리더는 무엇이 문제인지, 누가 그것을 해결할 것인지를 결정한다.	문제는 어느 누군가에 의하여 유기적으로 나타나고 대규모의 충분한 량이 경험되고 다루어진다.	문제가 특정한 그룹 내에서 제기되고 그 문제는 모든 참여자가 참여하여 다룬다.
정의하기 (해결아이디어)	동기가 부여된 조직은 문제를 정의내리고 아이디어를 찾는다. 리더는 추구할 아이디어와 사례를 결정한다.	선정된 그룹은 문제와 아이디어를 정의하고 리더는 추구해야 할 것과 추구할 자를 정한다.	동기가 부여된 조직이 문제를 정의하고 제안들은 토론되고 공개적으로 다루어진다.	그 그룹 내에 동기가 부여되고 선택된 부서가 문제를 정의하고 그 그룹 내에서 모든 참여자들이 토론한다.
개발하기 (해결아이디어 정교하게 다듬기)	많은 사람들이 아이디어를 개발하고 정교하게 다듬는다. 리더는 전달되어야 할 것과 전달자를 결정한다.	선택된 그룹은 해결책을 정교하게 다듬고 발전시킨다.	동기가 부여된 조직은 해결대안들을 구체적으로 만들고 그 해결책은 공개적으로 선택된다.	선택된 그룹은 해결책을 개발하고 그들 가운데 모든 참여자들이 함께 선택한다.
전달하기 (해결책)	프로젝트의 리더나 소유주는 해결책을 전달하고 누가 해결책을 전달할지를 선택한다.	프로젝트의 리더나 소유주는 해결책을 전달하고 해결책을 전달할 사람을 선택한다.	동기가 부여된 조직들은 자유롭게 해결책을 전달한다.	그룹 구성원들은 자유롭게 해결책을 (적어도 부분적으로) 전달한다.

출처: Salonen(2012).

그런데 이와 같이 협업과정과 구조의 개별 형태는 협업의 과정에서 [그림 12]와 같이 적절한 구조로 이동을 하게 된다. 그림에서 알 수 있듯이 첫째, 문제의 발견과정의 시작이 개방–수직구조에서 이루어져서 조직이나 개인 등 누구나 문제를 발견하고 리더는 어떤 특정 문제가 다루어지고 해결되어야 할지를 결정한다. 둘째, 문제의 정의과정에서 개방–수평구조를 선택한 경우이다. 동기가 부여된 조직이 문제를 정의하고 참여자들에 의해서 제안들은 토론되고 공개적으로 다루어진다. 셋째, 문제의 개발과정에서 폐쇄–수직구조를 선택하였다. 즉, 문제해결 아이디어를 위한 특정 그룹이 선정되고 이 선택된 그룹이 해결책을 정교하게 다듬고 발전시킨다. 문제해결의 아이디어는 특정 그룹이 생각하여 만들어내고 그 해결책도 역시 선택된 그룹에서 결정한다. 넷째, 문제의 전달과정에서 폐쇄–수평구조가 선택된다. 선택된 특정그룹의 구성원들이 자유롭게 해결책을 적용해 나간다. 이는 하나의 가정적인 예를 보여준 것이다. 실제 문제는 이러한 과정에서 협업구조는 제시한 것처럼 순서대로 나타날 수도 있겠지만 한 구조에서 중첩되어 나타날 수도 있다. 이는 문제의 사안에 따라서 그 문제를 해결하고자 하는 조직의 특성에 따라서 달라질 수가 있을 것이다.

그림 12 협업과정과 구조의 이동

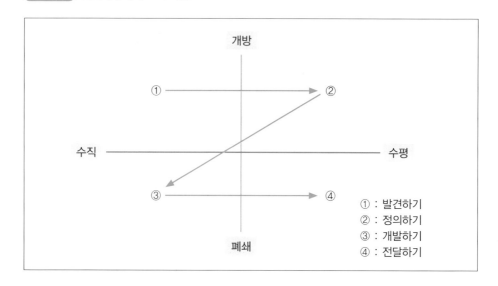

제5절

협업과정과 구조의 응용사례

이상과 같이 제시한 협업과정과 구조에 대한 응용사례는 다양할 수 있다. 여기서는 한 사례로서 영국의 런던시가 사용한 고무오리rubbish duck에 관한 협업사례를 소개하고자 한다. 고무오리는 런던시가 런던의 수로에서 건져올린 플라스틱 병으로 만든 환경적 조형물이다. 이 프로젝트는 런던의 수로에서 플라스틱 쓰레기가 야기하는 환경문제에 대한 의식을 제고하고자 하는 것이다. 이하에서 플라스틱 병으로 만든 고무오리 조각품을 대상으로 협업과정의 단계화와 응용사례, 조사표의 설계사례를 제시하고자 한다.

1. 고무오리 조각품의 단계화와 응용사례

1) 문제를 발견하기

런던의 많은 구역에서 운하와 강들은 청결이 필요한 공공의 공간들이다. 그 수로들은 런던의 야생동물을 위한 최후 자연서식지의 보루이지만 어떤 기관도 수로를 청결하게 유지할 책임을 지지 않고 있다. 쓰레기는 새, 물고기, 다른 야생동물들에게 현실적인 위협이 되고 있다.

이 문제를 해결할 프로젝트의 아이디어는 [그림 13]에서 보듯이 런던의 많

그림 13 런던 도시 수로인 리전트(Regent) 운하에서 문제 발견하기

출처: Salonen(2012).

은 도시 수로의 오염상태로부터 나왔다. 런던시민들은 리전트Regent 운하에 살면서 그 운하가 얼마나 더러운지를 볼 때 좌절하게 된다. [그림 14]와 같이 플라스틱 봉지, 캔, 맥주병 그리고 버려진 종이상자 등, 끝이 안보이는 쓰레기가 떠다닌다. 이를 보고 쓰레기 오리라는 큰 사이즈의 상징적인 고무오리 형상을 만들자는 아이디어를 가지게 되었다. 살로넨Salonen은 그의 동료인 페르디난드 포벨Ferdinand Povel에게 이 프로젝트에 참여하도록 요청하였다. 왜냐하면 그는 플라스틱의 재활용에 관한 마지막 프로젝트를 수행하고 있었기 때문이다. 다음 단계는 이전의 쓰레기 조각들과 구조를 연구하는 것이고 함께할 환경적 조직들을 찾는 것이었다.

2) 아이디어를 정의하기

2단계로 많은 환경정화 운동에 참여하여 조각품을 위한 병을 수집하였고 환경자선단체인 테임즈21Thames21과 파트너가 되었다. 이 단계에서 구성된 팀은 페이

그림 14　리전트(Regent) 운하의 오염물에서 아이디어 정의

출처: Salonen(2012).

스북과 트위터 상에서 활성화함으로써 그 프로젝트를 위한 소셜미디어를 구축하였고 이것으로 인하여 다양한 이해관계자들과 사람들이 적절한 관심을 갖게 되었다. 이 프로젝트에 협업할 학생들을 찾기 위해 대학 간의 플랫폼인 스왑숍Swap Shop을 이용하였다. 재활용에 관한 시민태도를 확인하고 런던에서 재활용이 어떻게 움직이고 있는지를 확인하기 위하여 재활용 회사인 바이워트스Bywaters를 방문하였다. 환경정화활동을 하는 가운데 운하에서 발견된 고무오리는 3D로 스캔해서 조각품을 위한 모델로 사용하였다. 초기에 고무오리를 스케치하고 초기 모형을 만들었다. 상징적인 고무오리 조각을 만들기 위한 원재료로서 플라스틱 병들을 동런던에 있는 리메킬른Limekiln 해안에서 깨끗하게 씻었다.

3) 컨셉을 개발하기

개발단계에서 그 프로젝트를 대학 내에서 널리 선전하였다. 조각품을 널리

그림 15 컨셉 개발하기

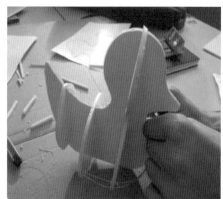

출처: Salonen(2012).

전시하기 위하여 우리는 리전트 운하 축제와 협업하였다. 이 축제의 3일간 행사에서 운하의 보존과 복구에 대한 시민의식을 높이는 프로젝트를 전시함으로써 리전트 운하의 역사를 기념하는 것이다. 영국의 재활용 물질의 선두적 재처리회사인 에코 플라스틱ECO Plastics Ltd은 전시과정의 비용일부를 부담하였다. 가능한 구조와 물질들을 시험하기 위하여 [그림 15]와 같이 그 조각품을 시험제작하여 보았고 전문가를 선택하여 자문을 얻었다.

4) 조각품을 전달하기

그 프로젝트를 끝마치자 마자 조각품은 처음으로 리전트 운하 축제기간동안 전시된다. [그림 16]과 같이 이 고무오리 조각품은 리전트 운하에서 축제기간동안 떠다니게 되고 그 조각품의 내부는 불이 밝게 비치게 된다. 그리고 쇼어디치Shoreditch 축제와 엔젤 운하 축제에 전시된다. 그 조각품은 또한 올림픽 빌리지와 런던 야생동물 센터에도 전시된다. 그 조각품은 우리 프로젝트의 파트너인 에코 플라스틱ECO Plastics Ltd이 다시 재활용하게 될 것이다.

그림 16 리전트 축제에 조각품 전달하기

출처: Salonen(2012).

2. 프로젝트 기간의 협업과정

고무오리의 협업과정은 4가지 단계를 거쳤는데 이는 [그림 17]과 같이 정리할 수 있다. 협업과정의 각 단계에 적용한 협업의 상이한 유형을 설명하면 다음과 같다.

1) 발견하기

발견단계에서 누구나 참여하여 해결하기 원하는 문제를 제기하였고 사람들을 그 프로젝트에 참여하게 하였다. 최종적인 문제의 결과를 선택하는 것은 프로젝트에 책임을 지는 사람이다. 이 프로젝트의 단계는 개방적이고 수직구조이다.

2) 정의내리기

정의 단계에서는 개방-수평구조를 선택하였다. 팀이 세척·재활용 과정과 조각품을 구축하는 데 필요한 지식을 얻는 데 협업을 이루었기 때문이다. 여기서 협업에 개방적이었고 조각품을 만드는 데 다양한 선택을 고려하였다. 즉, 이 단계

그림 17 협업과정의 단계적용의 실제 사례

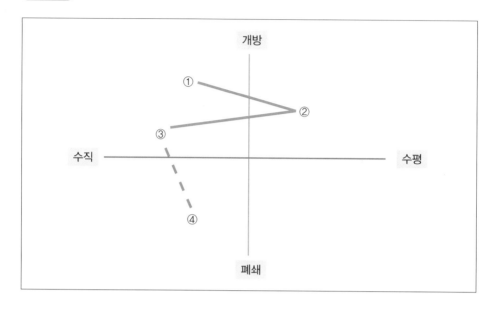

에서는 참여자 모두가 함께 문제를 정의내리고, 아이디어로 무엇을 사용할 것인지를 결정하는 데 역시 모두가 참여하였다.

3) 개발하기

이 단계에서 프로젝트는 전문가를 관여시키고 폭넓은 공동체의 참여를 유도하기 위하여 개방모델을 유지하였다. 동시에 팀은 이전에 이루어진 작업들에 기초하여 프로젝트의 비전을 소통하였다. 그러나 컨셉개발의 최종결정은 살로넨 등 특정인이 결정하였으므로 이 단계가 수평적이기 보다는 수직적으로 진행되었음을 의미한다.

4) 전달하기

프로젝트의 적용단계는 폐쇄적이고 수직적인 구조에서 이루어진다. 이 프로젝트의 지적인 특성을 파트너와 공유하고 그들과 함께 작업하며 조각품을 인도하려는 제한된 참여자의 욕구에 따라서 결정하였다. 즉, 참여자는 파트너와 살로넨으로 제한되었고, 제한된 참여자가 필요에 따라 전달하였기에 폐쇄적이고 수직적인 구조에서 전달을 완료하였다.

3. 협업과정의 각 단계에 대한 조사표의 설계사례

위에서 설명한 구조를 시도하고자 하는 다른 프로젝트에 적용할 수 있다. 각 프로젝트의 단계를 위하여 우리 프로젝트에서 어떤 구조가 선호되는지를 기입함으로써 우리가 하려는 협업이 각 과정의 단계에서 어떤 형태가 될 것인지를 파악할 수 있다. 이 설문문항을 통하여 협업과정의 각 단계에서 적용될 수 있는 구조를 보다 쉽게 결정하고 선택할 수 있을 것이다. 설문문항은 5점척도로 동의한다, 동의하지 않는다를 기준으로 그 강도를 표시하는 것이다.

1) 발견하기

가. 개방－폐쇄 기준

○ 아이디어가 소유되고 적립되는 것이 중요하다.
(It is important that ideas are owned and credited.)
동의한다.　○ ○ ○ ○ ○　동의하지 않는다.

○ 다양한 배경과 전문 지식을 가진 사람들로부터 영감을 얻는 것이 중요하다.
(It is important to gather inspiration from people from various backgrounds and expertise)
동의한다.　○ ○ ○ ○ ○　동의하지 않는다.

○ 프로젝트에 기여할 사람들을 미리 선발하는 것이 낫다.
(It is better to have a preselected group of people to contribute to the project.)
동의한다.　○ ○ ○ ○ ○　동의하지 않는다.

나. 수평과 수직 기준

○ 참가자가 이 단계에서 면밀히 안내를 받는다면 동기 부여에 더 좋다.

(It is better for motivation if the participants are being closely guided during this stage.)

동의한다. ○ ○ ○ ○ ○ 동의하지 않는다.

○ 그룹의 모든 사람들이 다른 사람들과 의사 소통을 하면 프로세스에 도움이 된다.

(The process benefits if everyone in the group communicates with everyone else.)

동의한다. ○ ○ ○ ○ ○ 동의하지 않는다.

○ 모든 사람이 가장 훌륭하고 유망한 아이디어를 선택할 수 있다면 더 좋다.

(It is better if everyone can help to choose the best and most promising ideas.)

동의한다. ○ ○ ○ ○ ○ 동의하지 않는다.

2) 정의내리기

가. 개방 – 폐쇄 기준

○ 다양한 아이디어가 주제에 대한 전문지식보다 더 중요하다.

(Broad variety of ideas is more important than expertise on the topic.)

동의한다. ○ ○ ○ ○ ○ 동의하지 않는다.

○ 프로젝트가 폭넓은 다양한 사람들보다는 소수의 가능성 있는 참가자들에게 전달되는 것이 더 낫다.

(It is better the project is being communicated to a small group of possible participants rather than a wide variety of people.)

동의한다. ○ ○ ○ ○ ○ 동의하지 않는다.

○ 긴밀한 그룹 내에서 문제가 해결되면 더 좋다.

(It is better if the problems are being solved within a tight group.)

동의한다.　○○○○○　동의하지 않는다.

나. 수평과 수직 기준

○ 개발 아이디어를 선정하는 구성원이 한 명 있어야 한다.

(It is important there is one member who selects ideas for development.)

동의한다.　○○○○○　동의하지 않는다.

○ 모든 참가자가 함께 결정을 내리도록 동기 부여하는 것이 중요하다.

(It is important for motivation that all the participants make the decisions together.)

동의한다.　○○○○○　동의하지 않는다.

○ 선택된 회원이 문제를 정의하면 더 좋다.

(It is better if a selected member defines the problems.)

동의한다.　○○○○○　동의하지 않는다.

3) 개발하기

가. 개방 – 폐쇄 기준

○ 사전 선택된 그룹 내에서 제품/서비스를 개발하는 것이 좋다.

(It is better to develop the product/service within a preselected group.)

동의한다.　○○○○○　동의하지 않는다.

○ 그룹이 더 폭 넓은 커뮤니티로부터 공동 지원을 받을 수 있는 것이 중요하다.

(It is important the group can get peer support from a wider community.)

동의한다.　○○○○○　동의하지 않는다.

○ 제품/아이디어를 개발하기 위해서는 상이한 전문 분야의 다양한 참가자가 필요하다.

(A diverse pool of participants from different professions is needed in order to develop the product/idea.)

동의한다.　○○○○○　동의하지 않는다.

나. 수평과 수직 기준

○ 모든 참가자들이 결정을 내릴 수 있는 힘을 공유하는 것이 중요하다.

(It is important all the participants share the power to make decisions.)

동의한다.　○○○○○　동의하지 않는다.

○ 모든 참가자가 지적 재산권, 위험 및 정보를 공유하는 것이 좋다.

(It is better if all the participants share the intellectual property, the risks and information.)

동의한다.　○○○○○　동의하지 않는다.

○ 오직 한 구성원만이 혁신의 가치를 통제하는 것이 중요하다.

(It is important that only one member controls the value of the innovation.)

동의한다.　○○○○○　동의하지 않는다.

4) 전달하기

가. 개방 – 폐쇄 기준

○ 결과는 긴밀한 그룹에 의해 전달되는 것이 중요하다.

(It is important the outcomes are delivered by a tight group.)

동의한다.　○○○○○　동의하지 않는다.

○ 결과를 테스트하기 위해서는 다양한 그룹의 사람들이 있어야 한다.

(It is important to have a diverse group of people to test the outcome.)

동의한다.　○○○○○　동의하지 않는다.

○ 그룹이 생산하는 아이디어를 보호하는 것이 중요하다.

(It is important to protect the ideas the group produces.)

동의한다.　○○○○○　동의하지 않는다.

나. 수평과 수직 기준

○ 모든 사람이 어떤 결과를 전달할지 결정할 수 있다면 더 큰 동기 부여가
된다.

(It is more motivating if everyone can decide which outcomes to deliver.)

동의한다.　○○○○○　동의하지 않는다.

○ 이 단계에서 참가자들에게 엄격한 지침이 주어지면 동기 부여에 더 좋다.

(It is better for motivation if the participants are being given strict guidelines
during this stage.)

동의한다.　○○○○○　동의하지 않는다.

○ 단 한 명 또는 소수의 참가자만 결과를 전달하는 것이 중요하다.

(It is important that only one or few participants deliver the outcomes.)

동의한다.　○○○○○　동의하지 않는다.

사례 13

오페라의 협업과정(음악과 연극의 융합)

　오페라의 탄생은 특별한 사람들의 오랜 계획 속에서 준비되어 온 것인지, 아니면 르네상스가 전 유럽으로 한창이던 16세기 말 당시의 시대적인 산물이었는지, 혹은 그것도 아니면 누군가가 작정하고 새로운 분야를 개척한 것인지에 관한 논쟁이 많다. 일반적으로 미술이나 음악의 경우에는 언제부터 누가 무슨 연유로 그림을 그리기 시작했는지 혹은 무엇 때문에 음악을 하게 됐는지 정확히 모른다. 그러나 오페라의 경우는 영화

와 같이 그 탄생에 관한 시기와 배경 그리고 만든 사람들까지도 알 수 있다. 오페라는 1597년경에 시작되었고 피렌체의 휴머니스트 지식인들이 결성한 Camerata de' Bardi 에서 영감을 얻었다. 오페라(opera)라는 단어는 이탈리아어로 '작품'이라는 뜻이며, 같은 뜻의 라틴어 opus에서 왔다. 그 이름이 독창자와 합창자의 노래와 연기와 춤을 무대 위에서 펼친다는 의미를 담고 있다.

오페라는 16세기~17세기의 경계인 1600년경의 이탈리아에서 르네상스의 영향을 받았다. 당시에 오페라는 베네치아와 더불어 가장 부유한 도시 중 한 곳이었던 피렌체(플로렌스)에서 문학 동호회 사람들이 모인 곳에서 시작됐다. 수많은 도시들 중에서 과거의 찬란했던 문화와 전통을 가졌던 로마가 아닌 피렌체가 오페라의 탄생 도시가 된 요인 중의 하나는 예술 후원의 원조로 알려진 메디치 가문의 공로를 들 수 있다. 12세기 이후 이탈리아 중부도시인 피렌체는 모직물 공업을 중심으로 경제가 번성하며 이탈리아의 유력도시로 성장하였다. 그 후 15세기에 접어들면서 피렌체에는 경제의 주요 산업인 모직물 공업 외에도 금융업이라는 새로운 분야로 막대한 부를 축적한 사람들이 등장하기 시작하였다. 이처럼 새로운 사업을 통해서 막대한 부를 쌓은 사람들은 부와 함께 권력도 독점하게 됐는데 그 중의 한 가문이 바로 그 유명한 '메디치 가문'이었다.

〈공연중인 오페라 : 피가로의 결혼1〉

〈공연중인 오페라 : 피가로의 결혼2〉

이 가문의 전성기는 바로 가문의 원조였던 '코시모 데 메디치(Cosimo de Medici)'의 손자로서 미켈란젤로와 보티첼리를 비롯한 수많은 예술가들을 후원했던 '로렌조 데 메디치(Lorenzo de Medici)'의 시기였다. 메디치 가문이 음악, 미술, 시 등의 예술과 수많은 예술가들을 후원하면서 비로소 피렌체는 이탈리아 최고의 학문과 문화중심지가 되었고 시간이 갈수록 당연히 점점 더 많은 예술가들이 이곳으로 몰려들었다. 이런 문화적, 예술적 배경 하에서 1600년 전후의 피렌체는 고대 그리스와 헬레니즘 그리고 로마의 문화와 예술을 부흥시키고 새롭게 재현하는 데에 많은 관심을 기울이는 도시가 됐던 것이다.

한편 당시 피렌체에서는 당대의 지식인이나 예술가들이 술집이나 귀족들의 성에서 문화와 예술을 논하는 것이 일종의 유행이었다. 이들은 어떤 특정 주제보다는 고대 그리스 작품들에 많은 관심을 보였는데 특히 그리스에서 가장 위대한 장르였던 비극에 관한 토론을 매우 즐겨했다. 어느 날 처럼 '고대 그리스 예술의 찬란했던 영광을 되찾자'라는 취지로 몇몇 작곡가들과 문학가들이 '바르디 백작(Bardi)'이라는 사람의 후원 하에 그 집의 거실에서 모임을 갖게 되었다. 그들은 자신들 스스로를 '플로렌스에 있는 예술적 친구들'이라는 의미의 '플로렌스 카메라타(Camerata)'라고 불렀고, 이들은 고대의 연극에 대한 열띤 토론을 자주 즐겼다. 특히 이들은 고대 그리스의 연극 뿐만 아니라 이것을 음악과 무용에 접목시키는 것에 대한 관심이 많았으므로 음악이 들어간

연극에 대한 많은 논의들을 하였다. 이러한 음악과 연극에 관한 논쟁과 논의는 때로는 격렬한 토론으로 이어지기도 하였다. 그런 논의과정에서 음악을 가미한 일종의 연극이 등장하게 된 것이다. 이러한 새로운 장르에 대해서 일단의 사람들은 좋아하기도 했지만, 일부 사람들은 싫어하기도 하였다. 그러던 어느 날 연극과 음악의 결합을 좋아하지 않던 한 사람이 "연극에다가 음악을 가미하는 것은 작품이라고 할 수 없다."는 말을 했고, 그에 대한 반박을 한 사람들은 "그것도 당연히 작품이다."라고 주장하였다. 당시 라틴어로 작품은 단수형으로 '오푸스(opus)'라고 했다. 이런 오푸스가 여럿 모이면 복수형으로 '오페라(opera)'라고 했다. 이렇듯 오페라는 음악이나 미술과 달리 1600년경을 전후해서 피렌체의 카메라타 회원들이라는 조금은 특별했던 사람들이 모여서 그리스 연극에 대한 공부와 연구 그리고 토론을 하였다. 그 가운데서 기존 연극에 음악을 가미하는 시도를 통해서 세상에 나오게 된 것이다.

요컨대, 오페라(opera)의 의미는 독창자와 합창자의 노래와 연기와 춤을 무대 위에서 펼친다는 의미를 담고 있다. 야코포 페리(Jacopo Peri)의 다프네(Dafne)가 지금 이해하기로는 오페라의 첫 작품이라고 받아들여지고 있다. 다프네는 고전 그리스 극을 되살리자는 르네상스적인 운동에서 시작되었다. 카메라타의 일원들은 그리스 드라마의 '코러스'(chorus: 그리스 드라마의 노래 부분) 파트를 맡았고 모든 역할의 대본까지도 그대로 사용했을 것이다. 오페라는 이러한 상황을 '재해석'하는 방식으로 이해되었다. 현재 다프네는 전해지지 않는다. 페리의 그 후 작품인 1600년경에 작곡된 에우리디체가 현재 전해지는 가장 오래된 작품이다. 현재 정식으로 상연되는 초기 오페라의 대표적인 작품은 클라우디오 몬테베르디의 오르페오이며, 이는 1607년 만토바 궁정에서 작곡했다.

제10장

협업팀의 운영사례를
통해 본 성공요인들

이상과 같이 제시한 이상적인 협업팀의 문화와 구성원의 역할, 협업그룹의 그룹흐름을 통한 대화의 영감, 네트워크의 구축방법 등을 살펴보았다. 그런데 확인하고 싶은 것은 실제 협업팀이 개별기업이나 조직에서 협업을 운영하면서 일어나는 다양한 사례일 것이다. 따라서 제10장에서는 2007년 11월 하버드 비즈니스 리뷰에 린다 그라톤Lynda Gratton과 타마라 에릭슨Tamara J. Erickson이 제시한 협업팀의 운영과정에서 실패한 사례와 성공한 사례를 살펴보고 이에 기초한 협업팀의 실제 성공요인들을 소개하고자 한다.

제 1 절

협업팀 운영의 실제사례

　　IT 시스템의 습득이나 점검과 같은 주요 계획을 다룰 때, 회사에서 수준 높게 교육된 전문가들은 주로 다양한 팀들에 의존하여 일이 이루어지게 한다. 이러한 팀들은 재빨리 소집되고 긴급한 필요에 응하고 가상적으로 함께 일한다. 즉, 온라인으로 혹은 먼 거리에 걸쳐서 협업한다.

　　그러한 팀을 구성하는 것이 오늘날 비즈니스가 직면한 많은 복잡한 과업들을 성공하기 위하여 요구되는 지식과 규모를 모으는 유일한 방법이다. 가령, BBC방송이 월드컵이나 올림픽 방송을 담당할 때, BBC방송은 연구자들, 작가, 프로듀스, 카메라멘, 기술자 등 이전에 만나본 적이 없는 많은 사람들을 모은다. 이러한 전문가들은 단 한번의 기회를 가지고 재촬영이 없다는 높은 압박 하에서 함께 일한다. 비슷하게 호텔 메리어트에서 중앙 IT팀이 정교한 시스템을 개발하기 시작할 때, 그 팀은 각자의 어젠다와 필요를 가진 개별 독립적인 호텔소유주, 소비자 경험, 글로벌 브랜드 관리자, 지역 유지들과 밀접히 협업해야 한다.

　　그러나 15개 다국적 기업에서 팀행동을 연구한 한 연구에 의하면 흥미로운 역설이 나타난다. 대규모이고 가상적이며 다양한, 그리고 높은 교육수준을 가진 전문가로 구성된 팀은 점차 도전적인 프로젝트에서 중요하지만 그러한 동일한 4가지를 갖춘 전문가의 특징들은 팀이 어떤 일을 이루기 어렵게 한다. 이를 달리 말하면 성공을 위하여 요구되는 자질은 성공을 약화시키는 것들이다. 복합적인 팀의 구성원들은 지식을 자유롭게 공유하고, 서로 배우고, 예기치 못한 병목현상을 타파하기 위하여 업무부하를 융통성있게 이전하고, 서로 업무를 완성하며 기한을 지키게 돕고, 자원을 공유하는 것 같지가 않다. 즉, 협업을 하는 것 같지가 않다. 그들은 함께 친밀해지고 서로 성공하기 원하고, 그들의 목표가 동일하다고 말하는 것 같지가 않다.

그라톤과 에릭슨의 작업은 Concours Institute(BSG 기업 연합의 한 구성기관)와 런던비지니스 스쿨의 협업 연구 프로젝트로 공동 수행된 주요연구 계획에 기초하고 있다. 그 계획은 현재 활동하는 조직들 가운데서 협업의 실현가능성을 살펴보는 한 방법으로 만들어졌다.

그라톤과 에릭슨은 55개 팀의 구성원을 포함한 2,420명에게 설문조사를 보냈다. 그 중 1,543명이 응답하였고 응답률은 64%이다. 설문조사는 포함된 회사에 대하여 그룹구성원, 그룹리더, 팀을 평가하는 경영진, 그리고 인적 자원 리더를 대상으로 하였다. 팀에 의하여 수행된 과업들은 신제품개발, 공정 리엔지니어링을 포함하고 비즈니스 문제에 대한 새로운 해법을 포함한다. 관련된 회사들은 4개의 통신회사, 7개의 재무서비스 혹은 컨설팅 회사, 2개의 미디어매체 회사, 1개의 서비스업회사, 1개의 석유회사 등을 포함하였다. 팀의 규모는 4명에서 183명에 걸쳐있고 평균은 44명이다.

조사의 목표는 경영진이 협업과제에서 팀성과와 혁신을 향상시키기 위하여 끌어당길 수 있는 영향력을 연구하는 것이었다. 특히 다음을 포함하여 가능한 요소들의 점수를 조사하였다.

첫째, 기업의 일반적 문화이다.
폭넓은 범주의 설문조사 문항을 디자인해서 그 기업이 협업문화를 가지고 있는 정도를 측정하고 지식공유에 대한 피고용인들의 태도를 확인하였다.

둘째, 인적 자원 관행practice과 과정이다.

직원채용이 이루어지는 방법과 직원이 승진되는 과정을 연구하였다. 교육훈련의 정도와 형태, 보상시스템이 어떻게 설정되는지, 멘토링과 코칭이 이루어지는 정도를 조사하였다.

셋째, 사회화와 네트워킹 구축관행이다.

팀내 구성원들이 얼마나 자주 비공식적 모임에 참여하는지, 그리고 가장 공통적인 상호작용의 형태 등을 조사하였다. 팀구성원들이 비공식적 공동체에서 활동하는 정도에 관한 많은 질문을 하였다.

넷째, 과업의 디자인이다.

팀구성원과 팀리더에서 과업 그 자체에 관하여 질문하였다. 여기서 관심은 그들이 과업의 목적을 어떻게 인지하는지, 그것이 얼마나 복합적인지, 그 과업이 구성원들에게 상호의존적이 되도록 요구하는 정도 그리고 과업이 팀 외부에 있는 사람들과 경계를 넘어서는 활동에 종사하게 하는 정도 등이었다.

다섯째, 팀의 리더십이다.

팀구성원들이 그들 팀리더의 스타일에 대하여 가지고 있는 인식과 리더들이 그들 자신의 스타일을 어떻게 표현하는지를 조사하였다. 특히 그 리더들이 관계지향과 과업지향의 기술을 실행하고 협업적 혹은 경쟁적 목표를 설정하는 정도에 관심을 두었다.

여섯째, 고위경영진의 행동이다.

팀구성원과 팀리더들에게 조직 내의 고위경영진의 인식에 관하여 질문하였다. 특히 팀구성원들이 그들을 협업적 혹은 경쟁적으로 묘사하는지도 질문하였다.

전체적으로 우리는 100개 요소 이상의 문항을 고려하였다. 통계분석의 범주를 분류해서 복합적인 협업과업을 다루는 팀들의 성공적인 성과와 연관이 있는 8개의 요소를 확인할 수 있었다.

팀들은 과거 10년에 걸쳐서 상당히 성장하였고 이슈의 크기가 변화하였다. 신기술들의 개발로 인하여 기업들은 더 많은 수의 사람들을 프로젝트에 참여시켰고 이것으로 인하여 기업들은 폭넓은 지식과 경험에 다가갈 수 있었다. 10년 전만 하더라도 사실 팀들은 20명을 넘지 않았다. 오늘날 조직 내에서 많은 복합과제들은 한 팀에 100명 이상을 포함한다. 그러나 팀의 사이즈가 20명 이상으로 증가함에 따라서 협업하는 경향은 자연히 감소하고 있다. 정상적인 상황 하에서 대규모 팀들은 높은 수준의 협업을 달성할 수 있다. 그러나 그러한 조건을 만들려면 조직이 전반적으로 협업을 위한 활성화에 주의를 기울이고 때로는 중요한 투자가 필요하다.

가상적으로 함께 일하는 것도 팀에 비슷한 영향을 미친다. 연구에 포함된 대다수의 팀들은 구성원들이 여러 지역에 걸쳐있다. 지구 전체에 13개 지역에 분포하고 있다. 그러나 팀이 보다 가상적이 됨에 따라서 회사가 협업문화를 세우는 조치를 취하지 않으면 협업은 역시 감소하였다.

다양성과 관련하여 오늘날 기업이 직면하고 있는 도전 과제는 통찰력과 혁신을 촉발시키는 상호 수정과 보완을 이루기 위하여 서로 다른 견해와 배경을 가진 사람들의 의견과 전문 지식을 요구한다. 그러나 다양성은 항상 문제를 일으킨다. 연구결과에 의하면 팀구성원은 만약 그들이 서로 비슷하다고 인식하면 보다 쉽고 자연스럽게 협업하는 것을 보여주었다. 협업을 가로막은 차이들은 국적, 나이, 교육수준, 심지어 재직기간 등이다. 더 큰 다양성은 종종 팀 구성원들이 피상적으로만 알고 있고 전에 결코 만난 경험이 없는 사람들과 일하게 되면 나타난다. 이들은 회사의 다른 부서로부터 연결된 동료이거나 아마 회사의 외부로부터 연결된 사람들이다. 연구에 의하면 팀에 외부자의 비중이 높을수록 그리고 배경과 경험의 다양성이 더 클수록 팀구성원들은 지식을 덜 공유하고 협업적인 행동을 더 적게 수행한다는 점이다.

동일한 방식으로 팀구성원의 교육수준이 높을수록 더 도전적인 협업이 그들에게 나타난다. 한 팀이 가진 전문가의 비중이 클수록 보다 더 비생산적인 갈등이나 교착상태가 나타났다. 그러므로 조직의 구조와 구성에서 나오는 불이익을 최소화하는 한편, 대규모의 다양한 팀조직의 효과성을 극대화하기 위하여 경영진은 어떻게 조직의 능력을 강화하고 복잡한 협업을 수행하게 해야 하는가?

협업의 난해한 문제로서 팀을 약화시키는 다음의 네 가지 특성을 들 수 있다.

첫째, 대규모 사이즈이다.

조사에 의하면 10년 전의 팀들은 대개 20명 이상의 구성원을 가진 경우가 드물었던 반면에 요즘은 새로운 기술 때문에 팀의 사이즈가 상당히 증가하였다. 대규모 팀들은 종종 폭넓은 이해관계자 그룹의 참여, 다양한 일련의 활동의 조정, 그리고 다양한 기술의 연마를 보장하도록 형성된다. 결과적으로 많은 팀들은 필연적으로 100명 혹은 그 이상을 참여시킨다. 그러나 연구결과에 의하면 팀의 사이즈가 20명 이상 증가함에 따라 팀구성원들 간에 자연적인 협업의 수준은 감소하였다.

둘째, 가상의 참여이다.

오늘날 대부분의 복합적으로 구성된 협업팀들은 서로 거리를 두고 일하는 구성원들을 갖는다. 할당된 과업들은 여러 지역에 있는 사람들의 영감과 지식을 요구한다. 팀구성원들은 동일한 도시 혹은 전 세계에 흩어져서 일을 할 수도 있다. 표본에 포함된 팀들의 오직 40%만이 한 곳에 모든 구성원들을 갖고 있다. 조사결과에 의하면 팀이 컴퓨터를 이용하는 등 보다 가상적이 되면서 협업은 감소하는 경향을 보인다.

셋째, 다양성이다.

오늘날 비즈니스에서 직면하는 도전적인 과제들은 다양한 배경과 관점을 가진 사람들의 급속한 결집을 요구한다. 그들은 거의 만나본 적이 없는 사람들이고 그들의 다양한 지식과 견해들은 영감과 혁신을 일으킬 수 있다. 그러나 조사결과에 의하면 팀 내에서 다른 사람을 알지 못하는 구성원들의 비중이 높고 다양성이 더 클수록 팀구성원들은 지식을 더 적게 공유할 것 같다는 것이다.

넷째, 높은 교육수준이다.

　복합적으로 구성된 협업팀들은 종종 다양하고 매우 전문화된 기술과 지식에 의지함으로써 거대한 가치를 일으켜서 새로운 해결책을 만들어낸다. 그러나 연구결과에 의하면 팀 내에 고급교육을 받은 전문가들의 비중이 높을수록 팀은 비생산적인 갈등으로 더 분열되는 것 같다는 점이다.

협업팀의 성공요인들

앞서 제시한 문제에 답하기 위하여 주의 깊게 55개의 대규모 팀을 조사해서 그들의 복합성에도 불구하고 높은 수준의 협업행동을 보여준 팀들을 확인하였다. 이 대규모 팀들은 복합적인 팀의 구성 때문에 그리고 그러한 복합적 구성에도 불구하고 성공하였다. 과업의 디자인과 기업문화 등과 같은 100개 이상의 요소들이 협업 가령, 지식과 과업부하를 공유하려는 의지에 있어서 얼마나 기여하는지를 통계적으로 분석해 보았다. 100개 이상의 요소들로부터 성공과 밀접히 관련된 8개의 요소들을 분리해 낼 수 있었다. 즉, 이러한 8개의 성공관련 요소들이 협업에 어려움을 주는 4가지 특성인 팀의 크기, 먼 거리의 의사소통, 다양성, 높은 교육수준 그리고 다양한 문화에 의해서 나오는 어려움을 지속적으로 극복하도록 돕는 것으로 나타났다. 실제 이러한 협업의 성공요소에 매우 강한 팀들을 인터뷰하였고 그러한 요소들을 어떻게 수행하였는지를 확인하였다. 그런데 조직의 네 가지 요건이 협업의 성공 요소들을 지지할 수 있다. 이 4가지 요건은 경영진의 지지, 인적 자원 관행, 팀리더의 능력, 그리고 팀 자체의 구조 등을 의미한다.

협업에 실패한 기업이 있는 반면에 성공한 기업들의 사례에서 찾아볼 수 있는 협업성공의 요소들은 8가지로 정리가 된다. 여기서는 협업을 성공적으로 이끈 기업들 가운데서 발견할 수 있는 8가지 성공 관련요소들을 소개한다. 즉,

첫째, 친밀 관계skinship**훈련에 대한 투자이다.**

경영진은 높은 수준의 가시적인 투자를 함으로서 협업적 행동을 격려할 수 있다. 가령, 의사소통을 촉진하는 공개적인 공간에 대한 시설투자는 협업에 대한 그들의 전폭적 지원을 입증하게 된다.

둘째, 협업 행동을 시범적으로 모델화하는 것이다.

고위경영진이 높은 협업 행동을 보여주는 회사에서 팀들은 잘 협업한다.

셋째, 기업 전통문화를 만들어내는 것이다.

멘토링과 코칭(특히 비공식적인 기반에 근거하여)은 사람들로 하여금 기업경계를 넘나들며 일하는 것이 필요한 네트워크를 구축하는데 도움이 된다.

넷째, 필요한 기술을 확립하는 것이다.

직원들에게 관계를 구축하고 잘 소통하고 갈등을 창의적으로 해결하는 법을 가르치는 인적 자원부는 팀 협업에 주된 영향을 미칠 수 있다.

다섯째, 강한 공동체의식을 지지하는 것이다.

사람들이 공동체의식을 느낄 때, 그들은 보다 더 평안해 지고 다른 사람에게 다가가고 보다 더 지식을 공유하게 되는 것 같다.

여섯째, 과업지향과 관계지향 모두를 갖춘 팀리더를 양성하는 것이다.

이 논의는 전통적으로 과업 혹은 관계지향이 보다 나은 리더십을 만들어내는지에 초점을 두었으나 사실 두 가지 모두가 팀을 성공적으로 이끌기 위한 핵심이다. 전형적으로 프로젝트의 초기에는 과업지향에 심하게 기울어 있다가 관계지향으로 이동하게 되고 과업은 최고조에 이르게 된다.

일곱째, 전통이 계승되는 관계를 구축하는 것이다.

너무 많은 팀구성원들이 새로운 사람들일 때 사람들은 지식을 공유하기를 주저할 수도 있다. 최선은 그 팀에서 적어도 서로 아는 소수의 사람들을 두는 것이다.

여덟째, 역할명확화와 과업모호성을 이해하는 것이다.

개별 팀구성원들의 역할이 명확히 정의될 때, 협업은 증가한다. 이 때, 팀은 과업을 달성하는 방법에 관한 자율권이 주어진다.

가장 기본적 수준의 협업에서 팀의 성공 혹은 실패는 최고 경영진의 철학에 달려있다. 경영진이 사회적 관계를 지지하는데 투자하고 그들 스스로 협업행동을 입증하며 일명 전통문화를 만드는데 투자할 때 협업조직은 잘 운영된다. 구성원들은 조직 내에 제공된 귀중하게 물려받은 전통을 통하여 리더와 동료들과 상호작용을 경험하게 된다. 이하에서는 이들을 하나하나 구체적으로 살펴보도록 한다.

1. 친밀관계 훈련에 대한 투자

생산적이고 혁신적인 방식으로 수행하는 복합적인 협업팀을 볼 때, 그 회사의 최고 경영진은 조직을 통하여 사회적 관계를 구축하고 유지하는데 상당히 투자하여 왔음을 보여 준다. 가장 협업적인 회사들은 친밀관계 훈련이라는 것을 갖는다. 이 친밀관계 훈련은 기억될 만한 훈련으로 다른 회사들이 복제하기 어려운 것인데 특히 그 회사의 비즈니스 환경에 잘 맞추어야 한다.

예를 들어 스코트랜드 로얄은행의 CEO인 프레드 구드윈Fred Goodwin은 350백만 파운드를 투자해서 2005년에 에든버러 외곽에 새로운 본부건물을 개설하였을 때, 그의 목표 중의 하나는 구성원들 간에 생산적인 협업을 조성하는 것이었다. 내부 실내 아트리움 주위로 건축된 새로운 구조는 3,000명 이상의 사람들이 매일 의기투합해서 일할 수 있게 되어 있다. 그 본부는 의사소통을 향상시키기 위하여 디자인되어 있고 아이디어를 교환하고 구성원들 간에 공동체의식을 조성한다. [그림 18]과 같이 많은 오피스들은 개방된 배치로 되어 있고 넓고 투명한 공간인 아트리움을 바라보도록 되어 있다. 그 구내는 마치 조그만 도시 같이 설계되어 있다. 소매가게들, 식당, 조깅트랙, 순환길, 소풍과 바비큐를 위한 공간, 심지어 수영장, 체육

관, 댄스스튜디오, 테니스 트와 미식축구 경기장을 갖는 완전한 레저 클럽이다. 본부를 관통하는 사적인 주요 통로와 함께, 구성원들은 하루 동안 구내에서 생활하고 자신들의 사무실에서부터 동료들과 섞이게 될 것이다.

본부 직원이 아닌 구성원들도 그 조직의 일부분이라는 것을 확인시켜주기 위하여 구드윈은 역시 인근의 비즈니스 스쿨에 의뢰하여서 다른 곳에 근무하는 직원들이 만나서 학습하도록 한다. 방문자들은 본부 광장(캠퍼스)에서 시간을 소비하도록 권장되고 그 광장은 관계를 구축할 직원들에게 기회를 주도록 디자인되어 있다.

RBS~The Royal Bank of Scotland~팀은 매우 강한 사회적 관계 즉, 그들이 과업을 빠르게 수행할 수 있도록 협업활동을 위한 확고한 기반을 가지고 있었다. 그룹 비즈니스 개선~group business improvement:GBI~팀들을 보자. 이들은 비고객부서 개선에서부터 IT 최신화에 이르기까지 다양한 업무를 추진하고 RBS의 많은 비즈니스를 수행하기

그림 18 스코틀랜드 로얄은행의 아트리움 외부와 내부전경

위하여 사람들을 구성한다. 비즈니스 분야는 보험, 소매은행, 그리고 유럽과 미국에 있는 개인은행을 포함한다. RBS가 Natwest를 인수해서 신규 인증기술 플랫폼을 RBS것으로 이전했을 때, 그룹 비즈니스 개선GBI팀의 속도와 성공은 많은 시장분석가들을 놀라게 하였다.

2. 협업 행동의 시범적 모델화

수천 명의 직원을 갖는 회사에서 고위 경영진의 행동을 관찰할 기회는 많지가 않다. 그럼에도 불구하고 고위 경영진의 의식있는 행동이 팀으로 하여금 협력적으로 과정을 진행하도록 하는데 중요한 역할을 한다. 그 예로 The Standard Chartered Bank의 경영진들은 협력에 관한 한 중요한 롤 모델이 된다. Standard Chartered는 두 은행의 합병을 통하여 1969년에 만들어졌고 오늘날 57개 국가에 57개 운영그룹을 가지고 있다. 이 은행에서 경영진들이 서로 역할대체를 하는 것은 널리 관행화되어 있다. 그 경영진들은 은행 전체 비즈니스를 잘 알고 이해한다. 그리고 그 일이 지역 기념행사를 이끄는 것이든, 주요 외부행사에서 기업을 대표하는 것이든, 내부 직원들과 대화를 시작하는 것이든, 서로 어떤 과업이든 간에 쉽게 대체할 수 있다. 이처럼 Standard Charted Bank의 고위 경영진은 직원들에게 모범이 될 만한 협업행동을 시범적으로 잘 보여주고 있다.

경영진의 팀 행동이 협업문화를 지지하는 것도 중요하지만 더 중요한 것은 경영진의 행동을 직원들의 눈에 잘 보이게 만드는 것이다. Standard Chartered에서 고위 경영진은 광범위하게 출장을 가거나 이동한다. 규정에 따라서 상대적으로 간단한 모임을 위해서도 이동한다. 얼굴을 대면하는 상호작용에 대한 노력투자는 회사구성원들에게 최고경영진의 활동을 볼 수 있는 많은 기회를 만들어 준다. 내부 의사소통은 빈번하고, 공개되어 있고, 경영진과 대화할 수 있다. 전체 회사 내부 커뮤니티에는 이런 경영진 그룹의 활동이 즉시 공개된다.

경영진의 협업적 솔선수범이 조직을 통하여 흘러간다. 직원들은 일을 행하는 최선의 길이 비공식적 네트워크를 통하는 것이라는 것을 재빠르게 학습한다. 예를 들어, 주요 프로그램에서 신규고객에게 새 기술을 소개하기 시작하였을 때, 책임있는 팀은 각 은행지점에서 핵심 이해관계자들이 누구인지 그리고 어떻게 그들에게 다가갈 것인지를 파악하는 데 거의 놀라운 능력을 보여 주었다. 회사에서 사람들과 팀구성원의 이름을 친숙하게 알게 할수록 그들의 상호작용에 활력을 불러 일으킨다.

3. 기업 전통문화의 구축

경영진의 세 번째 중요한 역할은 회사 내에서 멘토링과 코칭이 그들의 일상적인 행동에서 나타나도록 해주는 것이다. 공식적인 과정에서 명확한 역할과 책임을 가진 멘토링과 코칭이 모든 활동을 통합시키는데 조금 느슨한 편이었다. 하지만 멘토링과 코칭의 두 가지 형태는 중요한 것으로 드러났다. 통합의 느슨한 과정이 오히려 협업적 행동을 증가시키는 것으로 보였다. 매일의 코칭은 업무적으로 오고가는 문화에서 협력적인 전통문화를 만드는데 도움이 된다.

노키아Nokia에서 비공식적인 멘토링은 누군가 새로운 일을 시작하자마자 시작된다. 일반적으로 며칠 이내에 직원의 관리자가 앉아서 조직의 모든 직원을 파악한다. 직원이 어떤 위치에 있더라도 관계없이 관리자가 직원을 만나면 도움이 된다. 멘토링은 깊이 침투한 문화적 규범이다. 노키아가 작고 단순한 조직이었을 때부터 멘토링은 시작되었다. 그 관리자의 관리자가 함께 앉았던 것과 마찬가지로 새로 온 사람과 함께 앉아 그 신입 사원이 각 사람과 논의해야 할 주제를 검토해주고 왜 그 사람과 관계를 맺는 것이 중요한지를 설명한다. 신입 직원이 다른 지역으로 여행할 경우에도 목록에 있는 사람들과 적극적으로 회의를 준비하는 것이 일반적이다. 코칭 및 네트워크 구축에 소요되는 시간을 단축시켜주는 편의제공은 노키아의 협업 문화에 결정적으로 중요하다.

그럼 인적 자원은 어떠한가? 협업이 단지 최고 경영팀의 손에만 달려있는 것인가? 조사에서는 선정, 성과 관리, 판촉, 보상 및 교육뿐만 아니라 공식 후원 코칭 및 멘토링 프로그램을 비롯한 다양한 인적 자원HR 실습의 영향을 살펴보았다. 예를 들어, 팀 또는 개별 업적에 기반하거나 협업적 행동에 명시적으로 연관되어 있는 보상 시스템의 형태가 복잡한 팀의 생산성과 혁신에 어떠한 가시적인 영향도 미치지 못하는 등 몇 가지 놀라운 사실을 발견하였다. 대부분의 공식 인적자원HR 프로그램의 영향력이 제한적이었지만 두 가지 방법, 즉 협업행동과 관련된 협업기술교육 및 비공식 커뮤니티 구축지원은 팀성과를 향상시킨다는 것을 발견하였다. 협업이 강한 기업에서 인적 자원HR팀은 대개 회사의 문화 및 비즈니스 전략을 잘 계승하고 유지하는데 상당한 투자를 해왔다.

4. 필요한 기술의 함양

협업을 지원하는 많은 요소를 일컬어서 협업의 '컨테이너'라고 부른다. 그러나 일부 팀은 협업 문화가 있지만 협업 자체는 숙련되지 않은 것으로 나타났다. 팀의 구성원들은 협업하도록 지원되고 협업하기를 원했지만 팀을 이루어 함께 일하는 법을 잘 알지 못하였다.

조사한 바에 의하면 다른 사람들에게 감사하고, 의도적으로 대화에 참여하고, 생산적이고 창조적으로 갈등을 해결할 수 있는 능력과 프로그램 관리에는 기술이 필요하다. 회사의 인적 자원 또는 기업 교육부서가 이러한 분야의 직원을 교육함으로써 팀 성과에 중요한 차이를 만들 수 있다.

프라이스 워터하우스 쿠퍼스Price waterhouse Coopers;PwC는 생산적인 협업에서 가장 강력한 역량을 가진 기업으로 부상하였다. 거의 150개국에서 140,000명의 직원을 개발하기 위한 PwC의 교육프로그램은 팀워크, 감성지능, 네트워킹, 어려운 대화, 코칭, 기업의 사회적 책임 및 회사의 전략 및 공유 가치의 전달에 관한 모듈을 포함하고 있다. PwC는 또한 직원들에게 효과적으로 다른 사람들에게 영향을 미치고 건강한 동반자 관계를 구축하는 방법을 가르친다.

많은 팀들 가운데 성공한 팀은 직원들 간의 관계 기술을 훈련시킨 기업에 소속되어 있었다. 가령, 리먼 브라더스Lehman Brothers의 고객 중심의 직원을 지원하기 위한 주력 프로그램은 판매 및 관계 관리에 대한 교육으로 구성되어 있다. 이 프로그램은 영업 기법에 관한 것이 아니라 리먼이 고객을 가치있게 여기는 방법에 초점을 맞추고 모든 고객에게 회사가 제공해야 하는 모든 자원에 접근할 수 있도록 해준다. 이는 본질적으로 고객과의 협업 파트너십을 구축하기 위한 전략에 관한 과정으로서 신뢰에 기반한 개인적 관계의 중요성을 강조한다.

5. 강한 공동체의식의 지지

공동체 정신이 자발적으로 발전될 수도 있지만 지원과 노력이 필요하다. 가령, 인적 자원HR부서는 여성 네트워크, 주말 요리 및 테니스 코칭과 같은 그룹 행사 및 활동을 후원하거나 이들을 장려하는 정책 및 관행을 마련함으로써 공동체정신에 중요한 역할을 할 수 있다. 네덜란드계 은행인 ABN Amro는 회사의 서비스 기능 내부에서 효과적인 변화 관리 팀을 결성하였다. 이 비공식 그룹은 은행 전체에서 신기술을 구축하는 데 필요한 프로젝트를 담당하였다. 예를 들어, 한 팀은 온라인 뱅킹 서비스를 확대해야 했고 이를 성공시키기 위하여 그 팀은 조직의 여러 부서에 관여하게 되었다.

ABN Amro 팀들은 비공식공동체(커뮤니티)에 대한 회사의 지원을 매우 긍정적으로 평가하였다. 이 회사는 장거리 협업에 필요한 기술에 대해서 공동관심사를 갖는 개인들이 손쉽게 이용하도록 해준다. 가령, 고객들과 웹상의 회의를 자주 개최하고 온라인으로 적극 소통한다. 이 회사는 또한 새로운 지역으로 여행하는 직원들이 최대한 많은 사람들과의 만남을 가지도록 권장한다. 프로젝트가 완료됨에 따라 협업팀은 해산되지만 직원들은 네트워크를 유지한다. 이러한 관행은 시간이 지남에 따라 미래의 프로젝트를 성공적으로 수행할 수 있는 기반을 마련하는 강력한 공동체를 구축하는 데 도움이 된다.

비공식 네트워크에 대한 투자는 메리어트의 인적 자원HR 전략의 중심을 이룬다. 규모와 전 세계적인 도달 범위에도 불구하고 메리어트는 가족사업business을 유지하고 있으며 회장인 빌 메리어트Bill Marriott는 그러한 생각을 직원들에게 정기적으로 전달한다. 그는 여전히 어머니와 아버지가 워싱턴 D.C.에 있는 루트 비어root-beer 식당에서 자란 어린 아이처럼 밤에 끈적끈적한 동전을 세는 이야기를 말하곤 한다. 회사의 HR 투자 중 많은 부분이 친절하고 가족 같은 문화를 강조한다. 거의 모든 의사소통에서 직원에 대한 감사를 빠뜨리지 않는다. 자발적인 활동인 '팝업'이벤트의 범위는 즐거움과 공동체의식을 조성한다. 예를 들어, 1950년대로 되돌아가 트위스트 댄스 경연 대회를 개최할 수 있으며, 이를 통해 회사의 첫 번째 호텔 개업 기념일을 알린다. 빌 메리어트의 생일은 회사 전체의 부서에서 기념될 수도 있어서 회사의 문화와 가치를 강조할 기회가 된다. 회장은 최근 자신의 블로그를 시작하였다. 이 블로그는 직원들에게 인기가 있는데 그는 메리어트의 친환경을 위한 노력에서부터 회사가 하나의 공동체라는 아이디어를 강화하기 위한 가족 휴가 장소에 이르기까지 모든 주제들을 직원들과 논의한다.

6. 올바른 팀리더의 양성

높은 수준의 협업 행동을 하는 그룹에서 팀리더는 그렇지 못한 그룹의 팀리더에 비하여 분명히 중요한 차이와 성과를 만들어 내었다. 이와 관련하여 사람들이 알고 싶은 점은 '높은 협업을 행하는 팀리더가 실제로 이것을 어떻게 달성했느냐' 하는 것이다. 이러한 차이를 가져온 중요한 요인은 바로 높은 협업그룹의 팀리더가 가지고 있는 관리자로서의 유연성에 있었다. 즉, 협업의 팀리더의 자질로는 업무지향적일 뿐만 아니라 특히 관계지향적인 리더의 양성이 중요하다. 협업팀의 리더에 대한 가장 적합한 스타일에 관해서 학계와 고위 관리자 간에 많은 논쟁이 있어 왔다. 어떤 이들은 사람들이 신뢰와 배려의 환경에서 지식을 공유할 가능성이 높기 때문에 관계지향 리더십이 복잡한 협업팀에서 가장 적절하다고 주장한다. 또 다른 사람들은 목표를 분명히 하고, 과제에 대한 정확한 인식을 공유하며 모니터링과 피드백을 제공할 수 있는 과제지향성이 가장 중요하다고 주장한다.

협업 작업은 얼마나 복잡한가? 고도의 협업 작업이 모두 복잡하지는 않다. 협업팀을 구성하고 관리할 때, 추진해야 할 프로젝트와 관련해서 다음 내용이 적용되는지 고려하라.

　　__이 과업은 팀 내의 기술만으로는 성공적으로 성취될 것 같지 않다.

　　__이 과업은 이 목적을 위해 특별히 구성된 새로운 그룹이 해결하지 않으면 안 된다.

　　__이 과업은 고도로 전문화된 개인들로 구성된 집단적 투입이 필요하다.

　　__이 과업을 위해서는 20명이 넘는 사람들의 집단적 투입과 의견의 동의가 필요하다.

　　__이 과업을 수행하는 팀 구성원은 둘 이상의 위치에 있다.

　　__과업의 성공 여부는 그룹 외부에 존재하는 개인의 선호도나 필요성을 이해하는 데 크게 의존한다.

　　__이 과제의 결과는 매우 불확실하고 예측하기 어려운 사건의 영향을 받을 것이다.

　　__이 과업은 엄청난 시간의 압력 하에 완료되지 않으면 안 된다.

이러한 진술 중 두 개 이상에 해당될 경우, 과업은 복잡한 협업이 필요하다.

55개 팀에서 조사한 결과에 의하면 가장 생산적이고 혁신적인 팀은 일반적으로 업무지향적일 뿐만 아니라 관계지향적인 사람들에 의하여 주도되었다. 게다가 이 팀의 리더들은 프로젝트 기간 동안 자신들의 스타일을 바꾸었다. 특히, 초기 단계에서 팀의 리더들는 과업지향적인 리더십을 보여주었다. 이들은 목표를 명확하게 하고, 임무에 관한 토론에 참여하고, 개별 팀 구성원의 책임을 명확히 하였다. 그러나 프로젝트 개발의 어느 시점에서 그들은 관계지향으로 변화되었다. 이러한 변화는 팀원들이 목표와 책임을 확정하고 지식 공유에 관한 초기 긴장감이 드러나기 시작했을 때 종종 일어났다. 프로젝트를 수행하면서 업무지향이라는 한 스타일을 계속 유지하게 되면 필연적으로 팀의 장기적인 성과를 저해하는 것으로 나타났다.

가장 생산적이고 혁신적인 팀은 업무지향적일 뿐만 아니라 관계지향적인 사람들에 의하여 주도되었다. 게다가 이 리더들은 프로젝트의 진행과정에서 스타일을 바꾸었다. 양방향의 팀리더(관계 및 업무기술을 겸비한 팀리더)를 만들어 내는 것은 메리어트의 팀리더십 개발의 핵심 목표이다. 회사의 성과 검토의 과정에서는 두 가지 기술 모두에서 성장을 점검한다. 관계 기술의 증거로서 관리자는 동료의 네트워크를 설명하고 네트워크가 성공하는 데 도움이 되었던 실제 사례를 제시해야 한다. 나아가 일을 성사시키기 위해 어떻게 관계 구축을 사용했는지에 대한 사례를 제시하지 않으면 안 된다. 이러한 대화를 수반하는 개발 계획을 통하여 관리자가 사회적 관계 및 네트워크의 특정 요소를 어떻게 개선할 수 있는지 보여준다. 그러한 계획에는 예를 들어, 특정 관심있는 공동체의 사람들과 정기적으로 점심 식사를 하는 것이 포함될 수 있다.

업무의 리더십을 향상시키기 위하여 메리어트 팀의 많은 사람들은 프로젝트의 관리 인증 프로그램에 참여하여 시간이 지남에 따라 기술을 유지할 수 있는 재교육을 받는다. 회사에서 핵심 리더십 역할을 수행하는 사람들을 선정하는 중요한 기준은 이상과 같이 두 가지 형태의 역량을 가지고 있느냐의 여부가 되었다.

7. 전통계승의 관계 구축

　　성공적인 협업에 대한 신뢰가 얼마나 중요한지 감안할 때, 이미 존재하거나 전통이 계승되는 관계를 활용하는 팀을 구성하면 프로젝트 성공의 기회가 증가한다. 설문조사에 따르면, 새로운 팀, 특히 형성 당시에 신규멤버로 구성된 비중이 높은 팀들은 이미 관계가 확립된 사람들로 구성된 팀보다 협업하기가 더 어렵다. 새로 형성된 팀들은 신뢰 관계 구축에 많은 시간과 노력을 투자해야 한다. 그러나 일부 팀 구성원들이 이미 서로를 알고 신뢰하면 그들이 접속점이 되어서 시간이 지남에 따라서 네트워크로 진화할 수 있다. 데이터를 자세히 살펴보면 20~40%의 팀원이 서로 잘 연결되어 있을 때 팀이 처음부터 강력한 협업관계를 유지할 수 있음을 알 수 있었다.

　　물론 회사의 리더십이 경계를 넘어서 네트워크를 육성하기 위한 다른 조치를 취한 경우, 그것은 도움이 된다. 노키아의 오리엔테이션 프로세스를 통하여 많은 팀원들이 서로를 잘 아는 것을 확인할 수 있으므로 10만명이 넘는 회사에서도 회사 전체 직원이 다른 사람을 알고 소개할 수 있다.

　　노키아는 또한 전통이 계승되는 관계를 잘 활용할 수 있는 조직 구조를 개발하였다. 비즈니스 기능이나 구성단위units에서 기술을 이전해야 하는 경우, 노키아는 개인을 새로운 직책으로 전환하는 대신 소규모 팀 전체를 그대로 옮긴다. 예를 들어, 회사가 새로운 고객 요구를 해결하기 위하여 시장 및 기술 전문가 그룹을 모으는 경우, 형성된 그룹은 각 영역의 작은 무리의 동료로 구성된다. 조직이 시장 요구를 충족시키기 위하여 조직의 자원을 재조정하는 경우에도 주요 전통계승 관계가 지속적으로 강화되도록 한다. 회사는 물류, 인사, 재무 및 기타 거래를 위한 하나의 공통 플랫폼을 가지고 있기 때문에 팀은 새로운 시스템을 배우지 않고도 비즈니스와 지역을 전환시킬 수 있다.

　　전통계승의 관계에 대한 한 가지 중요한 주의 사항이 있다. 즉, 잘 관리되지 않으면 너무 많은 사람들이 실제로 협업을 혼란시킬 수 있다. 팀 내의 상당수의 사람들이 서로를 알고 있을 때 그들은 기능, 지리 또는 공통점이 무엇이든 간에 강력한 하위 그룹을 형성하는 경향이 있다. 그러한 일이 발생하면 우리가 단층선fault line이라고 부르는 하위 집단들 사이에서 충돌할 확률이 증가한다.

8. 역할 명확성 및 과업 모호성의 이해

협업을 촉진하는 데 있어서 목표를 달성하기 위한 명확한 접근 방식 또는 개별 팀 구성원을 위한 명확히 규정된 역할 중 어느 것이 더 중요한가? 일반적으로 목표달성을 위한 접근 방식을 주의 깊게 규정하는 것이 필수적이지만 팀 내에서 개인의 역할을 모호하게 남겨두는 것이 팀원으로 하여금 아이디어를 공유하고 다차원적으로 기여할 수 있게 한다.

그런데 설문조사에 따르면 그 반대가 사실임을 보여준다. 개별 팀의 구성원의 역할이 명확하게 정의되고 잘 이해될 때(개인이 자신의 업무에서 독립적으로 중요한 부분을 수행할 수 있다고 생각할 때) 협업이 향상된다. 이러한 명확성이 없으면 팀 구성원은 작업에 집중하기보다는 너무 많은 에너지를 역할과 관련하여 협상하거나 영역을 보호하는데 낭비할 가능성이 크다. 또한 팀 구성원들이 목표를 달성하기 위한 경로가 다소 애매한 경우, 팀원이 협업을 원할 가능성이 높다. 아직 그 접근법이 잘 알려져 있지 않거나 사전 정의되지 않아서 팀이 그 과업을 독창성이 요구되는 작업으로 인식하고 있을 경우, 그 과업의 구성원들은 협업에 시간과 에너지를 투자할 확률이 높다. 요컨대 개인의 역할과 책임은 명확히 하되 조직의 형태는 느슨하게 가져가는 것이 협업의 성공을 높일 수 있다. 즉, 느슨한 조직의 규율은 개인에게 창의적으로 생각할 시간과 아이디어를 교환하고 네트워크를 통하여 문제를 해결할 수 있는 대화와 영감을 얻는 기회를 줌으로써 협업팀은 집단창의성으로 문제를 해결할 가능성이 높아진다.

BBC에서 2006 Proms(2개월 동안의 음악 축제)의 라디오 및 TV 방송을 담당하는 팀, 2006년 월드컵을 방송한 팀 그리고 주간 텔레비전 뉴스 담당 팀을 조사하였다. 이 팀들은 Proms에서 일하는 133명, 월드컵에서 66명, 뉴스에서 일하는 72명을 포함하는데 다양한 기술과 다양한 분야의 구성원을 포함하였다. 따라서 팀 구성원들 사이에 큰 혼란이 생길 가능성이 높다고 생각할 수 있다.

이와는 반대로 BBC팀들은 구성원들이 자신의 역할과 다른 사람들의 역할을 보는 명확성과 관련하여 가장 높은 점수를 얻은 것으로 나타났다. 모든 팀은 주어진 기능에 대하여 깊은 전문 지식을 갖춘 전문가들로 구성되었고, 각 사람은 명확하게 정의된 역할을 가졌다. 음향 기술자와 카메라 운영자의 책임 사이에는 거의 겹치는 부분이 없었다. 그러나 BBC팀이 다루는 과제는 본질적으로 불확실하다. 특히 속보가 포함될 때 그러하다. BBC가 만들어낸 것은 팀원들의 개인적인 역할을 매우 정밀하게 명확히 하여 마찰을 최소화하는 것이었다.

설문조사에서 로이터(통신사)에 소속된 성공적인 팀은 멀리 떨어진 곳에서 일했고 종종 팀원들은 공통 언어를 말하지 않았다. (주요 언어는 러시아어, 중국어, 태국어 및 영어이다) 주로 소프트웨어 프로그래머로 구성된 이 팀은 고도로 복잡한 기술의 소프트웨어 및 네트워크 제품의 신속한 개발을 담당하였다. 프로그래머 중 상당수는 12시간 동안 코드를 작성하고 아무고도 말할 필요없이 자신의 책상에 앉아있었다. 아이러니하게도, 이 팀은 협업행동이 구성원들 사이에서 높다고 평가되었다. 역설적으로 각 개인이 프로젝트의 하나의 분리된 부분에 대하여 자치권을 부여 받았기 때문일 수 있다. 빠른 속도와 까다로운 프로젝트 일정은 개별 구성원이 독립적으로 작업을 수행하도록 권장되었지만 각자의 작업은 전반적인 팀 목표를 염두에 두어야 했다.

조직의 협업역량을 강화하려면 관계와 신뢰 구축이 필요하고 선임 리더는 협업의 롤모델이 되는 문화를 발전시키기 위하여 장기적인 투자와 팀 구성 방법, 역할정의, 과업설명에 대한 현명한 단기 결정의 결합을 잘 해야 한다. 한 곳에서 모두 알고 있고 서로를 아는 단순한 팀으로 잘 작동될 수도 있는 관행과 구조는 팀이 더욱 복잡해질 때 실패로 이어질 수 있다.

오늘날 협업을 저해하는 요소의 대부분은 과거에도 항상 협업을 저해했을 것이다. 그러나 과거의 팀은 글로벌 비즈니스 문제를 해결하는 데 필요한 팀원 수, 다양성, 장거리 협업 또는 전문성을 필요로 하지 않았다. 따라서 팀을 위한 모델은 현재 새로운 비즈니스 환경의 요구 사항에 맞게 조정해야 한다. 이 설문조사에서 설명한 요소에 세심한 주의를 기울임으로써, 이러한 전문성이 가져오는 부정적인 행동을 유발하지 않으면서, 기업들은 복잡한 비즈니스 문제를 해결하는 데 필요한 폭넓은 전문 지식을 수집할 수 있고 협업을 성공시킬 수 있다.

사례 14

법률가와 엔지니어가 만나서 만든 PayPal의 미래결제시스템

페이팔(PayPal)은 금융과 IT기술을 접목한 핀테크의 대표적 기업으로서 신용카드로 본인을 인증하고 이메일 계정으로 결제하는 금융서비스를 제공하는 기업이다. 페이팔은 전자결제시스템으로 유명해졌고 페이팔의 2017년 주가상승률은 약 85%로서 FANG(페이스북, 아마존, 넷플릭스, 구글)보다 훨씬 높아서 FANG 보다 월가에서 더 주목을 받고 있다.

오늘날과 같이 스마트폰으로 무엇이든지 대금을 결제할 수 있는 모바일 시대를 맞이하여 물건과 돈을 안전하게 교환해 주는 페이팔의 결제수단은 미래결제시스템 분야에서 확고한 리더를 잡고 있다. 인터넷시대에 페이팔을 이용하면 계좌번호, 신용카드 번호를 상대에게 알려줄 필요도 없고 환율도 알아서 처리하므로 가장 이상적인 경제수단이 되고 있다. 물론 페이팔을 사용하게 되면 중간 수수료를 받으나 이는 신용카드를 사용할 때 카드사에서 부가하는 수수료와 같은 개념이기 때문에 구매자에게는 전혀 부담이 없으며 판매자 입장에서도 일반적인 신용카드 수수료 정도의 금액이므로 경쟁력 부분에서는 뒤처지지 않는다.

이 페이팔이 만들어지게 된 계기를 살펴보자. 1990년대 중반 스탠퍼드 로스쿨을 졸업한 피터 틸 페이팔이 스탠퍼드대 강사로 활동하였다. 페이팔이 공동 창업자가 된 맥스 레브친을 만나게 된 것은 스탠퍼드대 강의를 통해서다. 맥스 레브친은 러시아 출신으로 일리노이공대를 다니면서 세 번 창업을 한 경험이 있었다. 페이팔은 스탠퍼드대에서 맥스 레브친을 만나면서 전공이 다른 두 사람이 서로 미래의 주요 사업에 대하여 논의하던 중 페이팔은 앞으로 온라인결제시스템이 열리는 사회가 도래할 것을 예측하였고 맥스 레브친은 IT기술로 이를 뒷받침할 수 있는 구체적인 기술을 제시함으로써 1998년 컨피니티라는 회사를 설립하게 되었다. 즉, 두 사람은 대화 속에서 미래결제시스템이라는 목표를 정하고 이를 실현할 수 있는 구체적 핵심역량을 논의하기 시작하였고 이는 초기에 출시한 결제시스템인 팜 파일럿을 PDA 제품을 가지고 상호 거래하도록 만들었으나 이 서비스를 필요로 하는 사람이 없어서 실패하였다.

그러나 이 실패에 굴하지 않고 이번엔 이메일을 통하여 결제하는 방법을 모색하였는데 누구든지 페이팔 웹사이드에 로그인하여 손쉽게 돈을 이체할 수 있게 되었다. 그런데 문제는 사용자가 많지 않다고 한다. 이를 극복하기 위하여 노력하던 중 페이팔은 전자상거래업체인 이베이가 필요하였다. 그 당시 이베이는 대량거래를 주도하는 수만 명의 고객을 보유하고 있었다. 이에 페이팔이 이베이에 자회사로 들어감으로써 이베이의 결제플랫폼이 되었고 이베이의 고객을 확보할 수 있었다.

〈페이팔 본사〉

〈피터 틸 페이팔과 엘론 머스크〉

한편, 금융경제 시장에서 페이팔과 경쟁한 업체는 엘론 머스크가 운영하던 엑스닷컴이었는데 2000년대 들어서면서 닷컴버블 현상으로 두 업체는 고민하기 시작하였다. 닷컴버블(dot-com bubble)이란 인터넷 관련 분야가 성장하면서 주식시장에서 지분 가격의 급속한 상승을 한 1995년부터 2000년에 걸친 거품 경제 현상이다. 이 시기에 인터넷 관련기업들의 주가가 급속히 상승하였다. 이에 닷컴붕괴로 금융시장이 충격을 받자 자본금이 부족한 페이팔과 엑스닷컴은 둘 다 망할 위기에 처하였다. 이에 피터 페이팔과 엘론 머스크는 2000년 3월 50:50의 비율로 두 회사를 하나로 합치기로 결정하여서 미국 나스닥 주가 폭락에도 살아남을 수 있었다.

이처럼 페이팔이 끊임없는 시장의 변화에도 살아남아 발전할 수 있는 비결에 대해서 창업자 페이팔이 말하기를 "사회를 바꿀 영향력을 가진 아이디어를 만들기 위하여 역할을 분담하는 전문가들이 협업하는 것"이라고 표현하였다. 페이팔의 공동창업자 맥스 레브친도 2002년 12월 페이팔이 이베이에 매각된 이후에 또 다시 창업에 나서서 동영상 공유 웹사이트인 슬라이드 닷컴을 설립하였다. 맥스 레브친은 "아이디어는 창업에 반드시 필요한 요소이고 완벽한 아이디어가 성공의 기반이 된다. 하지만 좋은 팀이 있다면 완벽하지 않은 아이디어라도 성공할 수 있다."고 좋은 팀의 중요성을 언급하였다. 또한 슬라이드 닷컴 역시 협업에 기초하여 창업이 가능하였다고 말한다. 즉, 피터 틸 페이팔이 펀딩을 담당하고 키스라보이스는 비즈니스모델을 정립하는 것을 도와주었으며 자신은 IT기술을 담당하였다는 것이다.

결국 페이팔이 성공하게 된 이유에 대해서 맥스 레브친은 네 가지 요소를 언급하고 있다. 첫째, 함께 도전할 수 있겠다는 믿음(신뢰), 둘째, 자신이 맡은 영역에 대한 실력, 셋째, 공통된 기반에 바탕을 둔 다양성, 넷째, 시장을 바꿀 수 있다는 자신감 등이다. 이와 관련하여 맥스 레브친에 의하면 서로를 신뢰한다는 것은 안전하거나 확실하게 투자하는 것이 아니라 위험을 감수할 용의가 있다는 것이고 신뢰할 만한 팀을 구성하기 위해서는 실력은 기본이고 함께 공유할 수 있는 배경이 있어야 신뢰를 구축할 수 있으며 팀의 결속력이 강해진다. 나아가 다양성도 여러 가지 배경이라 하여 무조건 다른 의견을 내는 것이 아니라 공통된 기반(common ground)에 기초한 배경이 필요하다. 즉, 믿고 있는 방향으로 같이 달려가기도 바쁜데 그 방향에 대하여 자꾸 논의를 반복하면 더욱 힘들어 지므로 방향에 공감하지 못하면 그 팀을 떠나는 것이 맞다고 주장한다.

대부분 사람들은 실리콘밸리가 페이팔 설립 전후로 나뉜다고 본다. 즉, 페이팔은 단순히 전자결제시스템만 제공한 기업이 아니라 새로운 형태의 협업의 모범사례를 보여주었고 실리콘밸리의 벤처와 협업의 생태계를 더욱 활발하게 만들었다는데 더 큰 의미가 있다.

제11장

동학적 협업팀의 활동과 통제

제1절 동학적 협업팀의 활동

제2절 동학적 협업의 통제와 범위

동학적 협업팀의 활동

1. 기존의 팀과 동학적 팀의 차이

하나의 팀이란 일반적으로 일이나 주어진 활동과 관련하여 함께 관련된 사람들의 집합체로 간주된다. 보다 구체적으로 언급하면 팀이란 결과를 얻기 위하여 상호보완적인 기술, 공동의 목표, 상호호혜적인 자율과 집단적인 책임을 가진 소수의 사람들로 간주할 수 있다. 따라서 팀은 동일한 방향으로 함께 지지하는 한 그룹의 협력자들을 말한다. 팀의 목표를 달성하기 위한 수단으로 성공적인 협업을 창출하고 발전시키려면 참여자의 지지와 에너지를 모아야 할 것이다.

오늘날 복잡한 비즈니스 환경에서 성공은 종합적인 협업의 원리에 기초한 효과적인 팀워크가 보다 강조되어야만 가능하다. 동학적 협업팀dynamic and collaborative team이란 협업에 참가하는 팀원들이 서로 대화를 통하여 각자의 아이디어를 제시하고 이를 조언하면서 초기의 아이디어를 보다 나은 아이디어로 발전시켜 나가는 연속적인 과정을 지속해나가는 팀을 말한다. 즉, 팀원들 간에 지속적인 상호작용과 아이디어의 피드백이 반복적으로 이루어지면서 일이 추진되는 팀을 의미한다. 이는 제7장에서 제시한 창의적 조직의 협업팀이 수행하는 활동들이 지속적이고 반복적으로 이루어져서 상승작용을 일으키면서 추진되는 것을 말한다. 이 동학적 협업팀은 개인의 작업에서 나오지 않는 새롭게 생성되는 효과를 만들어 낼 수 있다. 어떤 이들은 이를 시너지 효과라고 부른다.

동학적인 협업은 각 팀 내에 구성원들이 목적과 역할, 책임을 명확히 하고 팀의 운영원칙을 준수하면서 상이한 역량과 개인적 자질을 통합한다. 나아가 늘 함께 대화하고 아이디어를 주고 받으면서 공유하며 서로 조언하면서 목표를 향하여 나아가는 일련의 반복적이고 지속적인 활동을 보여주는 것을 말한다. 효과적인 팀에서 팀의 구성원들은 결과에 대한 책임을 공유하고 함께 일해서 개인적 노력의 단순 합보다 더 큰 성과를 성취한다. Dilts(2016)는 1,000명의 개인이 달성한 것보다 더 큰 성과를 20명이 협업을 통하여 성취한 예를 소개하고 있기도 하다. 결과를 위하여 상호보완적인 기술, 공동의 목표, 상호 자율과 집합적인 책임을 공유한 집단적 소수는 놀라운 성과를 만들어 낼 수 있다.

한편, 기존의 팀에서 팀의 리더에 의해서 단순히 지시를 받고 업무를 수행하는 경우에도 개인들이 각각 달성한 성과보다도 더 큰 성과를 달성할 수 있다. 그러면 이러한 기존의 팀과 동학적인 팀과의 차이는 무엇인가? 동학적인 팀에서는 협업의 비전과 목표를 팀리더뿐만 아니라 팀원이 항상 공유하고 상호 자율과 책임을 공유하며 서로 겸손과 존중, 신뢰의 정신에 바탕하여 협업에 필요한 기술과 지식, 그리고 경험을 공유한다는 것이다. 반면 기존의 팀에서는 주로 팀리더에 의하여 목표가 정해지고 그 목표를 팀원들에게 지시하여 각자가 역할을 수행하게 함으로써 목표를 달성하고자 한다는 점이다. 따라서 기존 팀 조직에서 일을 수행할 때마다 리더의 허락을 받아서 처리해야 한다. 그러나 협업을 위한 팀은 목표를 리더와 팀원이 항상 공유하고 각자의 역할이 팀 내에서 자율적으로 정해지고 그에 따른 책임을 진다는 점이 상이하다. 다시 말해서 동학적 협업의 팀은 모든 구성원이 공동의 비전을 공유하고 총체적인 메타리더십의 체계 내에서 결과를 위하여 함께 협력하며 항상 공동의 목표, 상호 자율과 책임을 지속적으로 연대해서 진다는 점이 기존 팀조직과 다른 점이다.

2. 동학적 협업팀의 활동

　　여기서 동학적인 협업팀이 행하는 활동들을 시간의 진행 속에서 살펴보고자한다. 동학적 팀에서는 비전과 목표를 공유하고 각 팀원들이 협력하고 자율과 책임하에서 각자의 역할을 수행할 때 결과에 대한 책임을 연대해서 진다고 언급하였다. 동학적 팀에서 팀원들은 공동의 방향을 공유하고 공동체 의식을 가지게 된다. 따라서 동학적 팀은 서로 영감과 에너지를 주고받으며 나아가기 때문에 보다 빨리, 보다 쉽게 목표를 달성하게 된다.

　　만약 팀원이 팀의 역할에서 벗어날 경우 혹은 궤도에서 이탈을 느낄 때는 동학적 팀의 결속과 연대가 강하기 때문에 팀원이 복귀하도록 자극을 주게 된다. 즉, 공동체 의식과 강한 연대로 인하여 팀이 나아가는 방향과 목표에 머무르게 하는 힘이 발생한다는 것이다. 동학적 팀에서는 서로 도움을 주려고 하고 도움을 받아들이려 하는 유대가 강하게 작용한다. 동학적 팀에서 리더는 팀의 속도조절이 필요할때는 앞에서 팀원들을 격려하고 함께한다. 그리고 일반 팀과는 다르게 과업을 함께돕고 나눈다. 기존의 조직에서 팀원이 뒤처지거나 부진할 때 팀리더가 과업을 함께돕는 것은 찾아보기 어렵다. 오히려 뒤처지는 것을 호통치고 윽박지르는 양상을 일반적으로 많이 볼 수 있다. 호통치고 야단치는 것보다는 격려하고 돕는 동학적 팀에서 생산성은 보다 높다고 알려져 있다. 여기서 격려는 마음이나 핵심가치를 공유하고 다른 사람의 사정을 이해하고 함께해 주는 것을 말한다. 이 격려하는 힘이 조직을 살아나게 하고 힘있는 조직이 되게 한다. 만약 한 팀원이 아프거나 지치게 되면 팀 내 다른 팀원들이 낙오되지 않도록 그 팀원을 돕고 보호해 주려 한다. 팀이강할 때뿐만 아니라 어렵고 약할 때도 함께하는 것이 동학적 팀이고 팀문화가 되어야 한다.

　　만약 팀리더가 지칠 때, 다른 동료가 그 팀리더를 대신해서 리더를 맡고 어려운 일들을 처리해 나간다. 동학적 팀에서 팀원들은 그들의 기술, 능력, 타고난 소질, 재능, 자원 모두가 서로 상호의존적이고 공유되기 때문에 팀은 지속적으로 나아갈 수 있다.

3. 동학적 팀의 무리짓기

팀의 무리짓는 행동은 인간만이 보이는 것은 아니다. 동물의 세계에서도 흔히 볼 수 있다. 기러기떼 같은 조류나 열대 우림의 사파리에서도 흔히 볼 수 있다. 이러한 동물들의 무리짓기도 때론 복잡하게 보이지만 그 나름대로 팀워크를 유지한다. 가령, 인도기러기bar-headed geese떼는 규칙적으로 히말라야 산을 넘어가기도 하고 심지어 공기가 희박하고 기온이 영하 50도까지 떨어지는 9,375m나 되는 에베레스트 산을 이동한다고 한다. 흰기러기떼는 북아메리카의 극지방에서 중앙아시아까지 시속 80km로 매년 8,000km를 넘는 거리를 이동한다. 이러한 장거리 이동에도 팀이란 무리짓는 행동이 있어서 가능하다. 개별 기러기가 이동한다면 가능하지 않은 이동거리라고 여겨진다. 무리의 리더가 있어서 날개치고 오르는 행동을 보임으로써 구성원들이 따라 날도록 유도하고 V자 대형을 이루어서 개별 기러기가 날기 위하여 들이는 노력의 70% 가량만 들여도 가능하도록 만든다.

이와 같이 새들이 목표를 향하여 무리지어 이동하는 모습은 나름대로의 규칙성을 가지고 있다. 이들 활동을 구분하면 다음과 같이 정리할 수 있다. 첫째, 개별 새들의 움직임은 임의적이다. 둘째, 새들은 다른 동료 새들을 확인한다. 셋째, 새들은 다른 동료새들과 가까이 거리를 유지하지만 너무 근접하지는 않는다. 넷째, 새들은 전체 새떼의 일반적인 방향을 따라간다.

이러한 새들의 행동은 공모양의 둥근 구형체로 이동하는 것 같이 보여진다. 각 구형체는 다음과 같은 규칙을 가지면서 이동한다. 첫째, 국지적인 팀 내에 있는 동료의 평균위치를 향하여 날아가는 결합하기, 둘째, 혼잡한 국지적 팀 내 동료들의 충돌을 피하는 간격을 유지하기, 셋째, 국지적 팀 내 동료의 평균 머리부분을 향하여 일렬로 정렬하기 등이다. 각 구형체는 자발적인 단위로서 구성되지만 각 구형체는 전체 집단 공동의 규율에 따라서 통제되고 각자 하나의 공동작용하는 팀으로 기능하게 된다.

이와 같은 동물들의 집단적인 팀워크는 동학적 팀에 그대로 적용될 수 있다. 즉, 이러한 무리짓기는 개별 구성원이 하나의 통합된 전체 가운데 한 구성원으로 어떻게 역할을 해야 할지를 보여주는 것이라고 할 수 있다. 즉, 동학적인 팀에서 개별 구성원들은 첫째, 개인적으로 나름의 열정과 동기를 가지고 자신을 팀에 연결시켜야 하고, 둘째, 팀원과 공유되는 방향의 공통된 목표와 연동하여 각자의 역할을 수행하여야 한다. 셋째, 팀을 넘어선 전체 속의 일부로서 결속력으로 연계되어야 한다.

4. 동학적 협업팀의 발전을 위한 촉진요소

동학적 협업팀은 함께 연계된 사람들 사이에서 발생하는 관계와 그들 자신의 일이나 활동의 두 가지 차원으로 형성된다. 동학적인 협업팀의 발전은 팀 발전에서 포함하고 있는 두 가지 측면을 촉진하는 것을 의미한다. 팀이 발전하려면 팀원들 간에 관계를 격려하고 강화시켜야 하고 다른 한편으로 과업을 달성하기 위하여 필요한 일의 범위, 역량, 그리고 활동을 정의하고 역할을 명확히 할 수 있어야 한다.

동학적 협업팀을 발전시키기 위한 중요한 기초가 되는 촉진요소들이 있다. 가령, 모든 것을 잘 받아들일 수 있는 개방된 채널상태coach state를 만드는 과정은 팀 구성원 간에 관계를 강화하기 좋은 상태를 만들어 준다. 또한 최상의 성과를 찾고 공유하거나 비전의 공유를 통한 시너지를 향상시키는 것, 타인의 입장이 되어보는 것making a 'second position' analysis, 제3자의 위치에서 상생의 협업을 창출하는 것 등, 이 모든 것이 협업 촉매요소들로서 동학적인 팀워크를 향상시키는 데 매우 중요하다.

나아가 동학적 팀 발전을 위하여 필요한 추가적인 요소들로는 다음과 같은 것들이 있다. 첫째, 공동의 비전과 임무의 관계 속에서 공유된 가치를 확인하고 서로 다른 역량과 활동을 파악하고 가지런히 정돈한다. 둘째, 동학적 팀워크와 역동적인 협업을 위하여 필요한 핵심성공요소들을 정의하고 팀의 상호작용 기간 동안 지속적으로 이러한 성공요소를 반영하는 연습을 제도화함으로써 의사소통 하부구조와 창의력 하부구조를 만든다. 셋째, 다양한 팀구성원의 힘과 도전을 확인하고 이를 격려하며 팀구성원들이 그들 간의 차이를 알아보고 그들의 공동의 임무와 비전에서 차이를 사용하도록 도와주어야 한다.

제2절

동학적 협업의 통제와 범위

협업은 내부 조직 간에 이루어질 수도 있고 외부 조직에 개방하여 이끌어 갈 수도 있다. 내부 조직이건 외부 조직이건 간에 새로운 조직이나 개인이 협업의 조직에 들어오게 되면 협업의 제도와 팀문화에 맞지 않는 충돌이나 갈등이 발생할 수 있다. 특히 외부의 자원을 협업에 이용할 경우 팀문화를 이해하지 못하거나 자유분방하게 일하기를 원하는 경우 협업의 목표에 반하는 방향으로 나아갈 수도 있다.

이처럼 개방된 협업을 할 경우 발생하는 혼란과 갈등을 막기 위해서는 어느 정도의 통제의 기능이 필요하다. 즉, 협업의 정신과 팀워크에 비추어서 수용이 어려운 방향은 의견을 조율하는 과정이 필요하다. 가령, 한 개인의 과업이 전체에 영향을 미치는 경우도 있고 전체에는 별 영향을 미치지 않는 경우가 있다. 한 개인의 일이 전체에 영향을 미치는 경우는 당연히 팀워크를 통하여 결과를 산출하기 이전에 통제하는 과정이 이루어져야 한다.

1. 참여자의 범위 결정

협업의 대상을 결정할 때 어디까지 참여자를 결정할 것인지를 정해야 할 수도 있다. 기존의 팀이 어느 정도 목표와 핵심역량을 가지고 있을 때와 그렇지 못할 때 참여자의 범위는 달라질 것이다. 전자의 경우는 어느 정도 기존의 팀에서 문제를 해결할 수 있으므로 참여자의 범위를 좁히는 것이 나을 것이다. 참여자의 범위와 숫자가 작을수록 협업이 수월하고 통제하기도 편할 것이다. 신상품에 대한 소수의 전문가나 소수의 기술을 가진 전문가를 참여시킬 경우에 이를 사용할 수 있을 것이다.

반면에 아직 내부 역량이 부족하여 해결하지 못한 문제를 해결하고자 할 경우 참여자의 범위를 확대하는 것이 필요하다. 다양한 아이디어와 결과물을 얻고자 할 때 혹은 보다 새로운 혁신적인 아이디어가 필요할 때 범위를 확대하여 접근하는 것이 좋을 것이다. 이 경우 기존의 유명한 전문가들은 참여하지 않을 가능성이 높고 넓은 범위의 참여자를 다 통제하려면 어려움이 있을 수 있다. 또한 참여자의 범위가 넓다 보니 참여자의 성향이 진실되지 못하거나 다른 사람의 아이디어를 이용하거나 하여 독창성이 없는 것을 제안할 수도 있다는 것을 염두에 두고 통제의 과정을 거치는 것이 필요하다.

2. 운영과정의 통제

이전에 언급하였듯이 협업을 진행하는 팀에서 가장 중요한 것은 팀이 운영되는 시스템인 제도와 리더십이 매우 중요하다. 이에 더하여 팀문화가 잘 조성되어 있으면 이상적인 팀이 될 수 있을 것이다. 특히 팀리더는 팀의 목표와 아이디어의 중심에 서 있어야 하고 팀원들이 새롭게 생각할 수 있도록 자극을 줄 수 있어야 한다. 이 말은 팀 내에 축적된 지식이 많은 직원이 팀리더를 맡고 많은 아이디어를 만들고 새로운 아이디어를 제기할 수 있어야 한다.

그런데 협업의 과정에서 협업의 목표나 진행방향 혹은 문화에 반하는 방향으로 일이 진행될 때에 이를 적절하게 되돌리는 일은 팀 자체적으로 수정할 수도 있고 조직 전체 차원에서 요구에 의하여 수정될 수도 있다. 이는 상황에 따라서 다르게 나타날 수 있을 것이다. 어느 경우가 되든 간에 팀의 목표와 안정적 과업 수행을 위해서는 적절한 통제가 필요할 수 있다. 여기서 말하는 통제는 이전에 '계획과 즉흥성'에서 언급한 계획과는 다른 개념으로 봐야 한다. 계획은 일이 진행되는 방향과 과정을 세워두거나 아이디어의 성격과 범위, 일의 범위와 방식을 정해두는 것 등이 될 수 있을 것이다. 이에 반하여 통제는 내부의 실수나 외부적 돌발변수의 등장으로 목표와 진행과정 등의 경로이탈이 발생할 경우 이를 수정하는 행위를 말한다.

그런데 팀은 어느 정도의 통제를 하는 것이 적절한가에 대한 어려움에 직면한다. 사실 통제는 보기에 따라서 규제로 보이기도 하고 일을 지연시킬 수도 있다. 일반적으로 자유가 많으면 창의적이고 업무효율이 높아지지만 규제가 많아지면 자원이 낭비될 뿐만 아니라 팀원들에 대한 일의 의욕을 떨어뜨리고 업무효율을 저하시키는 작용을 한다. 따라서 가급적 규제나 통제는 줄이는 것이 좋지만 통제가 불가피한 경우에는 이를 놓치면 더 큰 손실과 문제를 가져올 수도 있다.

통제의 유형에는 조직 전체에서 통제하는 경우와 자체 통제방식이 있을 수 있다. 가령 특정 공단 지역에 대기 오염이 심각할 경우 정부가 나서서 규제를 강화하여 오염기업을 규제하고 처벌할 수도 있을 것이다. 반면에 공단에 입주한 기업 스스로 과도한 대기오염물로 인근지역에 미치는 오염피해가 심각하니 스스로 협의하여 오염수준을 준수하도록 서로 합의하고 통제하는 방법이 있을 수 있다. 가장 이상적인 형태는 자체 통제 방식으로 스스로 문제를 감지하고 이를 발생시키지 않도록 운영하는 것이다. 이를 위해서는 팀원들 간에 합의된 규칙을 제정하고 이를 자발적으로 준수하는 것이 중요하다. 그 다음으로 자율적으로 준수하도록 서로가 서로를 통제해주는 방식이 보다 나은 방식이다. 중앙통제에 의존하게 되면 타율적으로 운영방식을 바꿔야 하고 팀원들의 소극적인 대응을 가져와서 자발적인 운영과 처리방식에 부합하지 않기 때문이다. 또한 자칫 중앙통제에 의존하여 많은 통제가 이루어질 경우 그 조직 전체를 경직되게 만들어서 해당 되는 팀의 팀워크뿐만 아니라 이웃 팀의 생산성도 떨어뜨리는 등 전반적인 효율을 저하시킬 수 있기 때문이다.

그런데 실제 조직 내에서 협업이 원활하게 잘 진행되어 별 문제를 보이지 않는 조직에서도 통제는 필요하다. 보통 협업이 지속적으로 잘 이루어진 팀은 조직에서 모든 직원들이 그 팀에서 일하기를 원하고 오래 머무르기를 희망한다. 조직의 절대적인 지지를 받는 팀이기에 중앙차원에서 통제를 하지 않을 수도 있다. 그런데 모든 팀은 오래되면 될수록 매너리즘에 빠지고 때로는 도덕적 해이가 오기 때문에 중앙의 통제가 없다고 생각하면 실수와 잘못을 범하거나 잘못된 방향으로 의사결정을 할 수도 있다. 이런 상황을 방지하기 위해서는 협업의 정신과 방법에 따라서 아무리 잘 운영되는 팀도 자체적인 통제뿐만 아니라 적절한 중앙의 통제는 필요하다.

나아가 협업의 결과물을 통제할 것인가 하지 않을 것인가도 중요하다. 협업에서 나온 결과물은 나오는 대로 다 출시하여 시장에 맡길 것인지 아니면 조직의 중앙에서 통제하여 바람직한 결과물만 나가도록 허용하는지의 문제이다. 이러한 결과물의 통제는 주로 참여자의 범위와 운영과정의 통제에 따라서 이루어진다. 참여자가 보다 개방될수록 시장에 맡기는 편이 낫고 참여자의 범위가 좁으면 중앙통제를 선택하는 것이 낫다고 알려져 있으나 일률적인 기준은 없다. 방법은 결과물을 다 공개하고 그 필요한 것을 시장의 수요자가 알아서 취사선택하게 하는 방법도 있고 중앙선택에 따라서 공급자인 조직이 이상적인 결과물을 취사선택하여 이를 제공하는 방법도 있다. 나아가 일정 범위에서는 수요자들에게 결과물을 선택할 수 있게 하고 이것이 가능하도록 결과물의 범위를 좀 넓혀서 제공할 수도 있을 것이다.

협업에서는 모두가 힘을 모아서 결과물을 만드는 것이므로 처음부터 각자의 작업의 범위를 정하여 진행되고 중앙에서든 혹은 팀 내에서든 작업에 대한 중간 평가와 통제가 이루어져야 할 것이다. 이 때 중간성과가 높은 팀원일수록 보다 중요한 작업들이 할당될 것이고 그렇지 못한 팀원은 역량에 상응하는 일들이 주어질 것이다. 앞에서도 언급했듯이 협업에서도 소수의 열성적 참가자들이 핵심적인 역할을 맡게 되는 경우가 많은데 이들이 관리와 통제를 담당하게 되는 경우가 일반적이다. 따라서 이들 소수의 핵심 관리자들이 판단을 잘못하거나 잘못된 방향으로 운영하게 되면 다수의 참여자가 이를 추종할 경우 협업의 생산성은 저하될 수 있고 조직의 성과는 떨어질 수 있다.

사례 15

빌바오의 구겐하임 미술관(Guggenheim Bilbao Museum)의 협업

빌바오는 산업 혁명 시절 철광석 광산의 발견으로 스페인 북부의 산업을 주도하는 도시이다. 또한 빌바오는 스페인에서 4번째로 큰 도시이자 조선소로 유명한 옛 도시이다. 빌바오의 항구는 유럽 각지에서 철광석과 그 산물을 실어가기 위해 찾아든 배들로 늘 북적였고, 도시는 새로운 일자리와 돈줄을 찾아서 이곳저곳으로부터 흘러든 이들로 발 디딜 틈이 없었다. 모든 산업이 그렇듯, 빌바오를 먹여 살리던 철강 산업은 1980년 이후 거품이 꺼지며 급격한 쇠락의 길로 접어들기 시작했다. 돈줄을 찾아 모여들었던 사람들은 하나 둘 도시를 떠나고, 빈 제철소와 항구는 폐허가 되어 흉물처럼 도시에 남았다. 이제 빌바오는 옛 산업 시대의 영화만을 간직한 '퇴물 도시'가 되어 버렸다. 빌바오는 녹슨 고철 덩어리, 흉물같은 항구, 낡은 시가지로 전락되었다. 1990년대 후반, 더 이상 도시의 피폐함을 두고 볼 수 없는 시민들 사이에서 도시를 재건하기 위한 작은 움직임들이 시작되었다. 무엇보다 괴물처럼 남아있는 옛 항구를 처리하는 것이 급선무였다. 고즈넉했던 네르비온 강의 옛 풍경을 시민들은 그리워했을 것이다.

그들은 도심지 근처에 남아있던 옛 항구를 시 외곽으로 옮기고, 그 주변을 하나씩 정비하는 것으로 빌바오의 옛 모습 찾기를 시작했다. 그와 함께 여러 공공 시설물들을 계획하여 낡은 도시의 이미지를 하나 둘 바꾸어 나갔다. 작은 손들이 움직이자 도시는 점차 활기를 띠었다. 긴 꿈에서 깨어나듯 도시가 조금씩 들썩이기 시작했다. 옛 명성을 되살리고 활성화시키기 위해, 조선소와 중공업지대였던 빌바오를 문화도시로 거듭나기 위해 빌바오 시에서는 공항이나 지하철 역사나 최첨단의 보행용 다리들을 새롭게 건설하는 것과 아울러 네르비온 강변을 중심으로 추진되던 재개발계획에 뮤지엄 건설을 포함시켰다.

시가 의도했던 것처럼 세계적인 건축가 프랑크 게리가 설계하여 새롭게 건설된 뮤지엄으로 인해 빌바오는 활성화되었을 뿐만 아니라 관광 0 순위로 떠오를 만큼 성공적이었다. 정치, 경제, 문화적인 협력자로서의 뉴욕과 빌바오가 만나는 '대서양축'이 연결되었다.

구겐하임 재단은 바스크 지역사회가 마련한 1억 달러의 기금을 바탕으로 구겐하임 뮤지엄 프로그래밍과 주요 컬렉션의 수집뿐만 아니라 큐레이터 활동까지 주관했다. 이 뮤지엄은 빌바오의 경제를 되살려 놓은 역할뿐만 아니라 미래의 개척자요 시민들의 자긍심을 불어넣어주는 계기로 작용했다. 전 세계의 많은 도시들이 빌바오를 교훈으로 삼아 적지 않은 문화적 자극을 받았다.

무엇보다 시민들의 열과 성으로 구겐하임의 세 번째 미술관을 이 도시에 유치한 것은 절대적인 성과였다. 폐허의 도시에 새로 자리 잡은 전세계 대표 미술관 브랜드 '구겐하임' 그 이름 하나만으로도 빌바오는 다시 세계의 주목을 받기 시작했다. 세계가 놀란 거대한 예술품인 빌바오 미술관은 곡선과 입체감을 만들기 위해 설계에는 비행기나 선박과 같은 대규모의 제품디자인에 사용되던 CAM기반의 디지털 제조프로그램이 사용됐고, 외벽재료로는 지금껏 건축에 한번도 사용하지 않았던 티타늄이 사용되었다. 티타늄 덕분에 볼록한 효과를 표현해 낼 수 있었다. 프랑크 게리는 모형작업을 통해 형태 분석을 한 후 스페이스 프로그램과 형태 구성적 관계를 스케치했다. 그리고 다음단계에서는 그의 파트너들이 구체적인 아날로그 모형으로 생성한 후 이것을 역공학 작업을 통해 디자인을 완성했다. 게리의 작업과정에서 중요한 점은 형태가 단순히 시각적 재현이 아닌 수학적으로 기술된 형태라는 것이다. 일반적으로 시각적 재현을 위한 프로그램들은 곡면상 임의의 점에 대한 정밀한 공간좌표 값을 산출할 수 없다. 하지만 그는 디지털 프로젝트(digital project)라는 소프트웨어에 의해 복잡한 3차원 곡면의 기하학적 형태를 기술할 수 있었다.

빌바오 미술관은 과학적인 제조방법과 디자이너의 감각이 융합된 건축물로 손꼽힌다. 최근 거대 구조물 건축은 기능 위주의 설계와 시공의 한계를 벗어나 컴퓨터 시뮬레이션을 통한 가상 작업으로 인해 상상으로만 그려지던 건물들이 실제 우리 생활 속에 나타나고 있다. 이러한 디지털 디자인 작업은 설계자와 시공자 간의 협업을 통해 효과적으로 이루어지고 있다. 또한 디지털 디자인 형태의 물리적, 수학적 부문을 인간을 대신해 지원할 수 있게 됨에 따라서 이를 이용한 디자인들이 대두되고 있다. 자연과학분야의 수학적 성과에 대한 창조적 활용, 위상학적 비 유클리드 형태, 애니메이션 기법을

〈빌바오 미술관 전경〉

활용한 유동적 건축, 유전자 알고리즘에 따른 인공지능 공간개념, 생물학적 외형이나 생명현상을 암시한 바이오모픽 건축 등이 있다.

이는 건축물 하나가 도시 이미지를 바꾸고 성장 가능성을 보여준 중요한 사례이다. 이 사례를 바탕으로 세계의 주요도시에서도 유사한 사례의 계획들이 일어나고 있고 우리나라의 동대문에서도 상징적인 건물과 주변 인프라가 구축되어지고 있다. 도시를 바라보는 두 가지 시각이 있는데 이는 도시계획(city planning)과 도시 디자인(urban design)이다. 도시계획은 경제와 관련이 깊고 도시 디자인은 건축 분야로서 두 분야는 아름답고 역동적인 도시를 만들어 내기 위해서 협업이 필요하다.

제12장

협업과 개방형 사무실의 관계

직장에서 사무실을 개방형으로 만드는가? 아니면 폐쇄형으로 만드는가? 에 대한 논란이 많이 일고 있다. 협업을 위한 사무공간으로는 최근 개방형 사무공간이 많이 추진되고 있는 반면에 업무의 집중도를 위해서는 폐쇄형 공간이 바람직하다는 주장도 만만치 않다. 사실 작업환경이 업무에 미치는 영향은 업무의 성격에 따라서 근무공간의 형태는 다르게 구성하는 것이 업무의 효율을 향상시키는데 도움이 될 것이다. 가령, 폐쇄형 공간의 단점으로는 사람들이 출근하면 자기 자신의 사무실에서 줄곧 머무르면서 화장실 갈 때를 제외하고는 나오지 않게 된다. 이는 직원들 간에 대화의 기회를 막게 되고 보이지 않는 장벽을 세워서 두려움을 높일 수 있다는 것이다. 반면 폐쇄형 공간의 장점은 다른 사람들의 방해를 받지 않아서 주어진 업무에 집중할 수 있고 업무의 구상을 차분히 자유롭게 할 수 있다는 점이다.

　　그런데 최근 미국 직장의 70%는 사무실 환경을 개방형으로 만들고 있다고 한다. 이러한 개방형 사무실이 직원들 간의 협업을 강화하고 소통를 원활하게 해주므로 생산성 향상을 통하여 성과를 높여 준다는 논리이다. 따라서 협업과 관련해서는 소통과 대화를 위하여 사무공간을 개방형으로 가져가야 한다고 주장하는 이들이 많다. 그 예로 재택근무나 시간 유연제 근무를 택할 경우 직원 간에 만나기가 어렵고 서로 대화와 소통할 기회가 없어진다는 논리이다. 즉, 협업을 강화하여 생산성을 높이려면 개방형 공간과 정해진 근무시간 등이 소통을 원활하게 해줘서 성과 향상으로 연결된다는 것이다. 개방형 공간은 사무실 점유면적을 줄여줘서 비용이 절감되고 직원들 간 접촉용이성이 증대할 수 있다고 보는 것이다.

그러나 작업 환경이 업무에 미치는 영향에 관한 많은 연구들은 개방형 사무 공간이 주는 이익보다는 그로 인한 폐해와 손실이 훨씬 더 크다는 것을 보여주고 있다. 한 대표적 연구(Brennan et al., 2002)는 개방형 사무실로의 전환이 직원들에게 미치는 영향을 쾌적한 근무환경, 스트레스, 팀원들 간 관계, 업무성과 등의 관점에서 측정하고자 했다. 실험결과에 의하면 개방형 사무실이 직원들에게 모든 관점에 걸쳐서 부정적인 영향을 준 것으로 나타났다. 직원들에 의하면 쾌적한 근무환경의 파괴로 인한 만족도 저하, 팀원들 간의 관계악화, 업무성과 저하, 나아가 육체적 스트레스 증가 등이 나타났고 실제 직원들 간의 인간관계에 대한 만족도는 시간이 흐를수록 더 하락했다는 것이다. 즉, 개방형 사무실 구조는 직원들의 근무환경을 악화시키고 스트레스를 증가시켰으며 생산성을 더 떨어뜨렸다는 것이다. Evan and Johnson(2000)에 의하면 개방형 사무실이 소음에 노출된 환경으로 일의 의욕이 떨어지고 스트레스가 증가하여 생산성이 떨어진다고 주장한다. Pejterson et al.(2011)도 개방형 사무실의 소음이 직원들의 질병을 유발하여 더 자주 아프게 만든다고 주장한다. 결과에 의하면 개인사무실에서 일하는 사람들이 병가를 가장 적게 사용했고 2인용 사무실을 사용하는 사람들은 개인사무실 직원보다 50%, 개방형 사무실 직원들은 62%를 각각 더 사용하였다. Kim and De Dear(2013)에서도 방대한 자료에 기초하여 업무환경에 대한 자료를 가지고 실증한 결과, 동일하게 개방형 사무실 구조의 만족도가 가장 낮은 것으로 나타났다. 개방형 사무실 구조는 직원들에게 협력적인 환경에 속한 것처럼 분위기를 주지만 소음, 청각적 프라이버시, 스트레스, 집중도, 창의적 사고 등에 악영향을 미쳐서 업무를 더 자주 방해하고 스트레스를 증가시키며 집중을 방해하여 생산성을 떨어뜨려서 개방형 사무실이 주는 협업의 이점보다 더 큰 손실을 가져온다고 주장한다.

이러한 여러 가지 연구 결과에 의하면 협업을 위하여 폐쇄적인 사무실 공간의 벽을 허물고 개방형으로 전환하는 것이 서로 협력적인 업무와 성과를 창출하는 것이 아니라 오히려 더 큰 손실과 피해를 가져올 수 있다는 것을 보여주고 있다.

가장 중요한 것은 협업을 위하여 보다 중요한 근무의 가치를 손상해서는 안 된다는 점이다. 조직의 생산성은 개인의 창의성, 자율성을 뒷받침해 줄 수 있는 쾌적한 근무환경과 좋은 근무환경을 제공해 주는 것이 보다 더 중요하다. 쾌적한 근무환경이란 환경적으로 잘 정돈되어 있고 소음으로부터 자유로워서 업무에 집중할 수 있는 외적 환경을 주로 의미한다면 좋은 근무환경이란 필요에 따라서 함께 할 수 있고 주로 혼자 업무에 집중할 수 있는 조직환경을 제공해 주는 것을 말한다. 내부적으로 좋은 근무환경으로는 지시통제에 의한 업무수행보다는 창의성과 자율성을 발휘하여 업무를 처리할 수 있고 근무시간과 장소에 제한을 두는 것이 아니라 성과에 초점을 맞춘 일처리를 중요시하는 방식을 의미한다.

따라서 협업을 위하여 개방형 사무공간을 고집하기보다는 폐쇄형과 개방형을 포함한 다양한 형태의 업무공간을 제공하고 어디서든지 자유롭게 일할 수 있도록 직원들에게 선택하도록 하는 것이 필요하다. 즉, 가능한 개방형을 포함한 다양한 근무환경을 제공하고 직원들에게 선택권을 주는 것이 바람직하다. 그리고 이상적인 근무공간은 책상, 카페, 팀회의실, 소파 등 다양한 형태의 공간을 조성하고 일할 공간을 선택할 수 있도록 자율권을 주는 것이다. 이처럼 자유로운 근무공간은 조용하고 편안한 환경을 제공하며 직원 간 접촉을 원활하게 하여 협업의 이점을 오히려 높여줄 수 있다.

결국, 협업을 위한 좋은 사무실은 단순히 개방형 공간을 확대하는 것이 아니라 직원들의 자율성과 자유를 최대한 제공하는 근무공간이 되도록 조성해 주고 자연스럽게 만남이 이루어질 수 있는 공간과 환경을 만들어 주는 것이 보다 중요하다.

스티브 잡스의 마지막 유산 애플파크와 협업

기업의 성공 키워드를 꼽으라면 단연 '소통'과 '협업'이다. 구성원이 참신한 아이디어를 도출하고 공유하며 함께 일하는 과정은 기업의 최고 성과를 이루기 위한 중요한 요소이다. 이 때문에 대기업부터 스타트업에 이르기까지 혁신하려는 기업들은 잘 소통하고 매끄럽게 함께 일할 수 있는 방법을 고민한다. 조직 규모가 커질수록 소통과 협업을 위하여 수시로 조직 체계를 바꿔가며 효율적인 방법을 찾기도 하고 직급과 서열을 파괴하는 조직 문화의 정립을 시도하기도 한다. 소통과 협업을 원활히 하는 방안으로 대표이사부터 말단 사원까지 수평적 분위기를 만들고 자유롭게 이야기할 수 있는 공간으로 공간구조를 변화시키고 있다. 최근 이와 관련하여 기업의 일하는 문화를 바꾸고자 다양한 시도를 하고 있다. 사무실에 출근해 정해진 자리에서 일하는 고정 관념을 허물고 편한 공간에서 일할 수 있는 환경을 제공하기도 한다. 부서와 업무에 상관없이 직원끼리 자연스럽게 교류할 수 있도록 자유로운 근무형태를 권장한다.

특히 애플 등 혁신기업들은 디지털 플랫폼을 기반으로 기존 세계 시장의 판을 바꾸고 있다. 이들이 바꾸는 세상은 우리 모두에게 기존의 틀을 벗어날 것을 요구하고 있다. 이런 기업에서는 일과 놀이의 개념을 바꾸고 있다. 일을 통하여 즐거움을 찾고 놀면서도 일을 생각하는 총체적 몰입과 총체적 놀이의 시대로 변화하고 있다. 이러한 일과 놀이의 변화에 맞추어 스티브 잡스의 유작으로 알려진 애플의 신사옥 '애플파크(Apple Park)'가 전 세계의 주목을 받는다.

인간에 대한 깊은 이해를 바탕으로 기술과 인문학의 교차점에 있고자 했던 스티브 잡스의 마지막 유산 애플파크는 매끈한 곡선, 깎아낸 알루미늄, 끝없는 유리, 벽 속의 정원, 마치 애플의 신제품처럼 2017년 11월 17일 선보였다. 1백채가 넘는 건물에 나눠 일하는 직원들을 보며 그는 자신의 회사가 "여기저기 잡초처럼 자라고 있다."고 말했다. 그는 직원을 한곳에 모으기 위해 새 캠퍼스를 짓고 건물의 경계선이 모호한 업무 환경을 만들었다. 새로운 사무동 링은 1만 4천 명을 위해 지은 26만 제곱미터의 한 동짜리 건물과 환경 친화적인 설계로 에너지 사용량이 30% 절감된다. 유리로 이런 규모의 건축물을 만드는 것 자체가 경이로운 시도이기도 하지만 진짜 핵심은 이 건물을 통하여 수많은 사람이 서로 연결되고, 걷고, 이야기를 나눌 수 있다는 사실이다. 건물에 투입하는 게 가치가 아니라, 건물을 통해 얻어낼 수 있는 게 가치라는 것이다.

애플의 여느 제품과 마찬가지로 형태는 기능을 반영했다. 스티브 잡스는 세계적인 하이테크 건축가 노먼 포스터에게 4가지 채널을 주문했다. 첫째, 사옥은 협업이 가능한 공동체 작업공간이라는 느낌을 주어야 한다. 둘째, 직원들이 언제나 움직이는 느낌을 갖도록 유동성을 가져야 한다. 셋째, 근무자들의 상상력을 끌어낼 수 있도록 열린 공간(open-space)이 되어야 한다. 넷째, 실내에 근무하지만 자연 속에서 근무하는 착각을 줄 수 있도록 해야 한다는 것이다. 사람끼리는 물론 자연에도 개방된 사무 공간, 즉 팟이라고 일컫는 구역이 핵심이었다. 필립 글래스의 곡을 자동 연주하는 피아노처럼 사무를 위한 팟, 팀워크를 위한 팟, 어울림을 위한 팟 등 단위 공간의 반복이 잡스의 발상이었다. 최고 경영자도 독실이나 특별한 편의를 누리지 않는다. 잡스는 또한 공용 공간을 통해 발상을 더 자유롭게 나누는 느슨한 구조를 제안했다.

애플 파크의 신사옥은 위에서 내려다보면 UFO와 유사한 형태의 원형 건물로 연면적 280만 평방피트(26만㎡) 규모이다. 조감도상 우주선(Spaceship)을 연상시키는 둥근 고리 형태의 외관, 여기로 출퇴근할 직원 1만 4천여 명을 수용할 175에이커(약 21만 4천평, 70만 8천㎡) 면적의 4층 건물 규모로 매우 크다. 애플파크 건물 안에는 연구개발센터, 대규모 직원용 피트니스센터, 카페, 애플스토어 등이 함께 포함되어 있다. 건물 중앙에는 친환경 공원이 있고 지붕에는 태양전지가 설치돼 일과시간의 전력소비량 75%를 충당할 17메가와트 전기를 공급한다. 건물 옥상에 설치된 17메가와트 태양광은 지구 상에서 가장 큰 태양광 중 하나이며 본관은 세계에서 가장 큰 자연환기식 건물로 지어져서 1년 중 9개월 동안은 난방이나 냉방이 필요하지 않다고 한다. 애플은 이 건물의 모든 전력을 재생에너지로 충당할 것이라고 덧붙였다.

신사옥의 중심부에 위치한 '스티브 잡스 극장(Steve Jobs Theatre)'은 애플의 대표 제품인 '맥북 에어'를 연상케 하는 디자인으로 설계됐다. 강당 입구는 금속 탄소 섬유 지붕으로 돼 있으며, 높이 6m의 유리 실린더 형태로 건설됐다. 애플파크는 잡스가 공들인 마지막 프로젝트로 그의 철학이 담겼다. 건물은 '개방성', '연결성'을 강조하는 애플의 제품을 상징한다. 애플의 최고운영책임자(CEO)인 제프 윌리엄스는 "애플 제품을 설계하는 것과 같은 방식으로 건물을 설계했다."고 말한다. 그는 "구불구불하게 자리잡은 건물들을 연결시켰고 직원들이 공동 작업을 할 수 있는 자유롭고 개방된 환경을 조성했다."고 언급한다. 애플 직원들은 10만 평방피트(9,290㎡) 규모의 피트니스 센터와 공원 등을 이용할 수 있다. 애플에 의하면 신사옥은 이질적인 직원을 하나로 모으고 협업을 통하여 새로운 제품을 창조하도록 설계됐다고 밝혔다. 가장 자연스럽게 만나고 지나칠 수 있도록 하여 소통이 원활하도록 설계함으로써 업무 성과를 높이고자 설계되어 있다고 한다. 또한 사무실과 회의실의 틀을 깨고자 벽으로 공간을 분리하지 않고 개방된 공간에 수백 개 책상을 배치한다. 모두 직원의 소통과 협업에 방점을 둔 디자인을 채택했다.

집중해서 자기 일을 하다가도 바로 다른 무리의 사람들과 부대끼며 다른 이들과 협업할 수 있는 에피소드가 생길 수 있는 구조처럼 일하는 공간을 중요시하였다. 잡스는 애플 사옥 프로젝트를 통하여 엔지니어에게 필요한 엄청난 집중력과 혁신을 이끌어 내려 했다. 잡스는 단지 아름다움만 좇은 게 아니다. 자연 속을 누빌 때 영감을 얻는 자신처럼, 애플 사원들도 그럴 수 있는 환경을 그렸다. "어려운 문제가 생겨 생각이 필요할 때, 저는 자연으로 향합니다. 여기서는 모두가 그럴 수 있어요! 건물 밖의 세상과 함께 호흡하면서 일할 수 있는 것이죠. 덮개와 개방 메커니즘은 모두 센서와 연결되어 있어 바람의 방향이며 공기의 흐름을 감지하지요." 건물 내부에 있는 인간이 그렇듯 숨 쉬는 건물 사무 공간의 완벽함이 인력에도 영향을 미쳐 그에 걸맞은 제품을 고안해낼 거라는 주장이다. 환경 그 자체가 엔지니어, 디자이너, 심지어 카페 운영자마저 더 높은 수준의 품질과 혁신을 꿈꿀 수 있도록 북돋워준다는 것이다. 링은 우주선처럼 생겼다. 하지만 링의 극적인 요소 뒤에는 애플 경영진의 마스터플랜이 숨어 있다. 생산성 향상은 물론 지진과 가뭄 등의 자연 재해를 견디며 이 모든 것을 꿈꾼 남자의 선견지명을 실현해 줄 것이라는 믿음이다. 일반에게 공개되는 애플스토어와 카페는 애플 방문자 센터 오픈으로 새로운 관광명소가 되고 있다.

잡스는 아트리움의 넓은 공간을 중심으로 회사의 모든 중심 동선을 연결하고, 여기에 메일 박스, 운동 공간, 하나뿐인 화장실, 카페테리아 등 건축물의 지원시설들을 집중시켜 놓음으로써 가능한 한 모든 사람들의 동선이 겹치도록 공간을 설계하기를 원하였다. 많은 사람들이 처음에는 이것이 시간 낭비고, 정말 어리석은 아이디어라고 생각했다고 한다. 그러나 이러한 만남을 자연스럽게 만드는 공간조직의 변화는 직원 간의 대화증진을 통한 아이디어의 교환으로 보다 높은 성과를 가져온 것으로 알려지고 있다.

〈애플 파크의 전경〉

이러한 만남을 통한 소통과 협업을 증진시키기 위하여 애플뿐만 아니라 구글, 페이스북 등 세계적 대기업은 고정좌석과 칸막이를 없애는 공간구조 변화를 시도하고 있다고 한다. 또한 이동 중에도 언제 어디서든 서류를 결재하고 전화를 받는 등 업무를 처리할 수 있는 모바일 시스템을 접목하기도 하고 조직 간 경계와 직급 장벽을 무너뜨려서 더욱 활발히 아이디어를 만들고 실행하기 위한 시도가 이루어지고 있다.

일부에서는 푸른 자연 속에 마치 도넛 모양의 우주선이 착륙하는것 같은 자연친화적인 모습을 보고 링의 공간 배치가 너무 경직되어 있고, 구글이 계획한 마운틴 뷰 센터와 달리 애플 파크는 일하는 장소 변경 등 잠재적인 변화에 적응할 준비가 되어 있지 않다고 비판했다. 마운틴 뷰 센터는 새로운 프로젝트에 따라 쉽게 움직일 수 있는 블록을 닮은 경량 구조로 되어 있다. 구글, 아마존, 텐센트 등의 기업 본사를 설계한, 저명한 글로벌 기업 NBBJ의 건축가 스콧 와이엇은 "애플파크가 디자인의 정석을 따른 아름다운 건물인 것은 사실이지만, 기술을 선도하는 기업의 본사 건물로는 적합하지 않다."고 평가한다.

그럼에도 불구하고 애플 파크에서는 떠난 그의 흔적을 쉽게 찾을 수 있을 것이다. 링의 곡선 위 반짝이는 빛에서, 나무의 흔들림에서, 그리고 우리가 보고, 또 볼 수 없는 수천 가지 디테일에서 말이다.

제13장

결 론

이상과 같이 이 책을 통하여 협업과 창의적 조직에 관련된 다양한 주제들을 살펴보았다. 언급하였듯이 협업은 공동의 목표를 중심으로 상이한 기관이나 개인들이 함께 일함으로써 시너지 효과를 발휘하여 성과를 향상시키고자 함이다. 협업에는 다양한 요인들이 작용하지만 그 중에서도 사람과 문화가 중요하다. 사람들은 서로 잘 맞는 사람들도 있고 서로 잘 맞지 않는 사람이 있을 수도 있으나 기본적으로 협업의 정신에서 강조한 바와 같이 사람을 대할 때, 겸손, 존중, 배려를 기반으로 상대가 일을 처리할 수 있는 능력을 인정하는 신뢰를 보내는 것은 매우 중요하다. 이러한 정신이 결여되어 있으면 충돌이나 갈등이 일어나는 원인이 된다. 이러한 정신이 기반이 되고 그 위에 실현가능한 구체적 목표를 세우고 리더십과 의사소통, 네트워크, 협업의 적절한 과정과 구조 등 협업의 기술과 툴이 활용되어야 할 것이다.

오늘날 우리의 삶은 너무 복잡하게 얽혀있고 복잡한 문제들을 해결하기 위해서는 다양한 분야의 지식이 요구되고 있다. 즉, 각 개인의 지식과 전문분야로 할 수 있는 일도 있지만 보다 차원높은 성과를 얻으려면 서로 지식을 공유하고 아이디어를 혼자 소유하지 말고 공유해 나가야 보다 더 좋은 아이디어들이 생성되어 나오게 된다. 다양한 아이디어를 얻으려면 조직 내에 위계질서를 중시하는 계급을 강조하기 보다는 계층을 줄이고 자유로운 의사표현이 가능한 수평적인 조직을 유지하는 것이 필요하다. 특히 조직의 리더에게 많은 의사결정권을 집중시켜서는 안되고 자율권을 하위 조직에 위임하고 업무의 의사결정에 현장에서 일하는 각 구성원들이 스스로 문제를 찾고 보다 나은 방식으로 일을 처리할 수 있는 기회를 마련토록 해 주는 것이 필요하다. 이처럼 조직의 일하는 방식은 조직의 문화에 의해서 형성되고 좋은 조직 문화가 자리잡은 조직은 그렇지 못한 조직보다 조직의 성과 달성에 보다 기여할 것이다. 그러므로 좋은 조직문화를 존중하고 이에 부합하는 인재들이 일을 할 때, 조직은 보다 발전하는 것이다. 사실 '조직문화는 팀 리더와 팀원들이 어떻게 발전시키느냐?'도 중요하지만 조직의 '최고 의사결정자와 임원들이 어떤 목표로 조직의 가치와 조직문화의 방향을 정립하느냐?'는 더욱 중요하다. 즉, 조직의 최고 의사결정권자들이 우선적으로 바람직한 조직문화를 제공하기 위하여 꾸준히 노력해 나가야 할 것이다.

특히 협업의 리더는 팀이 정해진 구체적 목표와 방향으로 나아가도록 의사결정의 과정을 투명하게 하고 역할분담을 통한 팀원들의 자율권을 부여해 줘야 할 것이다. 협업의 리더는 업무중심의 리더뿐만 아니라 인간중심의 리더가 되어서 협업의 방해요소를 제거하고 원활한 소통이 이루어지도록 하는 역할이 필요하다. 협업의 정신과 문화 등 협업의 요건을 강조하고 실천하고, 명확한 목표를 설정하고 업무의 책임을 정기적으로 확인하며, 팀의 활성에너지가 되어야 할 것이다.

협업팀에서는 각 구성원의 번뜩이는 개인 창의성은 구성원들 간에 논의과정에서 점점 좋은 아이디어로 발전하는 집단창의성으로 변화된다. 이러한 집단창의성을 갖는 좋은 아이디어를 만들기 위해서는 깊은 경청과 참여자들의 자유로운 아이디어 개진, 많은 질문들이 있어야 하고 심지어는 그 과정에 많은 실수와 잘못된 아이디어도 동시에 존재하기 때문에 이를 잘 걸러내는 과정이 필요하다. 특히 장래의 비즈니스 환경은 보다 더 경쟁적이고 앞을 예상하기 어렵기 때문에 조직은 악보나 사전원고가 없어서 즉흥적으로 대응해야 하고 창의적 해결책을 만들 것을 요구하고 있다. 이런 상황에서 조직은 작은 즉흥적인 부분에서 큰 즉흥적인 부분에 이르기까지 각자의 문제에 맞는 집단창의성을 발휘해야 할 것이다. 특히 급진적인 혁신을 원한다면 그 조직은 보다 즉흥적인 조직이 되어야 할 것이다. 과거에는 계획과 구조화가 조직이론에서 지배적인 때도 있었으나 오늘날과 같이 변화가 빠르고 혁신적인 아이디어가 시장을 지배하는 시대에는 느슨한 조직이 상대적으로 쉽게 분리되고 새롭게 결합될 수 있어서 변화에 신속하게 대응할 수 있고 더 좋은 성과를 거둘 수 있다.

과거 업무현장에서는 거의 모든 직원들이 같은 시간대에 출근하고 같은 사무실에서 일하며 함께 회의에 참석하는 등 동시성을 가졌다. 점심식사도 주로 함께 하였고 휴식시간에는 커피자판기 앞에서 일회용커피를 나누며 대화하곤 하였다. 그런데 오늘날 업무현장은 출근시간도 다르고 때로는 원격으로 일을 처리하고 서로 다른 프로그램에 관여하는 등 한 자리에 모여서 회의를 진행하는 것이 점점 어려워지고 있다. 즉, 직원들이 동시성을 갖는 업무환경을 갖지 못함에 따라서 이를 가능하게 하는 커뮤니케이션을 위한 네트워크로서 슬랙Slack, 구글 앱스Google Apps, 베이스캠프Basecamp와 같은 협업 툴들이 필수적인 요소로 등장하고 있다. 이처럼 협업네트워크는 혼자서 일하는 뛰어난 개인들을 능가한다. 네트워크를 통하여 서로의 생각을 교환하고 정보를 얻으며 보다 나은 아이디어를 추가하여 만들어 나갈 수 있다. 협업네트워크를 통하여 다양한 발견이 이루어지고 그 중 수많은 실패 속에서 최상의 발견이 이루어진다. 협업의 네트워크는 소유해서는 안되고 서로 흐르게 하여 대對 고객, 대對 기업, 경쟁자들이 함께 공유하며 발전해 나가야 한다.

협업의 과정과 구조란 협업이 원활하게 진행되도록 해주는 하드웨어로서 협업이 일관되고 효율적으로 진행되도록 만들어 준다. 효율적인 협업의 과정과 구조가 설치되면 협업 구성원들은 불필요한 탐색비용이나 거래비용을 줄이고 업무를 신속하고 원활하게 진행하고 몰입할 수 있다. 협업의 과정과 구조는 목표설정부터 관련자확인, 대화와 소통, 리더십, 갈등관리, 자원투자, 전략, 규정, 역할분담, 권한과 과업의 분배, 규칙제정, 조직형태 결정, 네트워크의 범위설정 등 협업의 전반을 포괄한다. 그 중 이 책에서는 Salonen(2012)의 협업과정과 구조의 사례를 소개하였다. 즉, 협업의 과정으로는 발견, 정의, 개발, 전달을 단계화하였고 협업의 구조로는 개방과 폐쇄, 수직과 수평의 형태를 제시하였다.

협업에 기초한 동학적 협업팀이란 팀 내에서 각자 구성원들이 공동목표 하에 역할과 책임을 정하고 팀의 운영원칙을 준수하면서 각기 다른 역량과 자질을 결합하여 함께 일하는 것을 말한다. 완전한 동학적 협업팀이 될 때 공동목표, 보완적 기술, 자율과 집합적 책임을 공유한 소수는 놀라운 성과를 만들어 낼 수 있다. 동학적 팀에서 개별 구성원들은 공통된 목표로 하나가 되어야 하고 열정과 동기를 가지고 자신의 팀에 헌신해야 하며 팀 전체 속의 일부로서 연계되어 각자 역할을 수행해 나가야 한다.

이상과 같이 협업을 통한 창의적 조직으로 나아가기 위한 중요한 사항들과 단계들의 내용을 정리하였다. 이러한 것들을 기초로 우리의 조직이나 개인이 이상적인 협업에 적합한 정신과 자질이 갖추어져 있는지 점검해 보는 것은 중요하다. 현재의 우리 상황을 바로 인식할 때 부족한 부분을 깨닫고 보완할 점들을 개선시켜 나갈 수 있기 때문이다. 지금까지 한국 사회는 생존경쟁이 치열하여 상대의 앞서감이 나의 뒤처짐으로 인식되는 사회구조 하에 조직이 운영되어 왔다고 해도 과언이 아니다. 이런 경쟁조직에서는 나의 지식과 정보와 노하우가 경쟁자로 인식되는 상대에게 알려지게 되면 나의 경쟁력을 잃게 된다는 우려를 할 수도 있다. 따라서 이런 경쟁조직에서는 지식의 유출을 꺼려하고 상대와 협력하지 않으려는 경향이 팽배한 조직을 만드는 면이 있었다. 나아가 상대를 협력자로 생각하기보다는 경쟁자로 간주하고 서로를 믿지 못하는 불신사회가 조성되는 경향이 없지 않았다. 사실 한국 사회는 Freedom House에서 신뢰에 관하여 매년 조사하는 항목가운데 국가기관이나 이웃을 신뢰하느냐는 물음에 선진국과는 다르게 30% 내외의 매우 낮은 신뢰도를 보여 왔다. 이와는 다르게 선진 사회의 신뢰도는 대부분 70%를 넘는 수준이다.

　　과도한 경쟁으로 인한 불신사회의 지속은 협업의 시너지 효과를 얻는데 매우 불리한 장애 요소가 되고 있다. 더불어 잘사는 사회가 되기 위해서는 이러한 과도한 경쟁과 그로 인한 신뢰의 저하는 반드시 극복되어야 할 과제이다. 이를 극복하기 위해서는 지금부터라도 어려서부터 가정과 학교에서 형제와 이웃이 대우받아야 할 존재로서 인간존중의 정신을 가르치고, 직장에서 유대와 결속이 공고하고 서로의 신뢰가 깊어질 수 있도록 서로 겸손과 존중의 협업정신을 가르치는 노력이 강화될 필요가 있다. 상대를 이기거나 상대를 앞서야 올라가는 경쟁시스템은 새로운 시대에 필요한 제도는 아니다. 조직의 의사결정 또한 권위를 가진 상위의 의사결정자가 독점해서 행사하는 권위주의 제도도 시대가 요구하는 형태는 아니다. 함께 일하는 공동체 구성원 각자가 자기의 생각을 거리낌 없이 표현하고 생각을 자유롭게 공유할 수 있고 다른 사람의 의견을 사심 없이 깊이 경청해 줄 수 있는 수평적이고 개방적인 시스템으로 전환이 필요한 시대를 맞이하고 있다. 이제 사회조직은 과도한 경쟁을 조장하는 교육제도와 결과위주의 조직문화를 지양하고 협동하는 교육, 협업하는 조직문화를 중심으로 방향 전환을 해야 할 시기가 되었다.

　　조직에서 새로운 아이디어와 융합을 통한 시너지를 창출하기 위해서는 기존의 생산방식이나 기업문화가 아닌 이에 맞는 조직시스템이 필요하다. 이 책에서는 한국 사회를 바꾸기 위한 하나의 제도로서 협업을 제시하였다. 협업은 한국 경제와 사회가 한 단계 높은 경제와 사회로 가기 위하여 구축해야 할 중요한 제도이자 조직문화이다. 협업은 개인의 역량과 지혜를 쌓아올림으로써 단순히 개인이 거두는 성과를 뛰어넘는 수십 배 내지 수천 배의 결과를 달성할 수도 있게 해준다.

　　결국 우리 조직이 어떤 제도와 리더십을 가지느냐가 우리의 미래를 결정하게 될 것이다. 여기서는 조직의 제도로서 협업을 제시하였고 이에 필요한 협업의 리더십을 제시하였다. 익숙하지 않은 제도가 정착되려면 오랜 시간이 필요하고 인내가 요구된다. 하지만 이것이 우리가 나아가야 할 방향이라면 지금 당장 이를 받아들이고 시행착오를 거치면서 지속적으로 시도해보는 것이 필요하다. 새롭게 시도하는 가운데 학습하고 배우면 멀지 않은 시기에 올바른 협업의 제도와 문화도 발전하고 조금씩 정착될 것이다.

조직이 퇴화하지 않으려면 항상 새로운 변화에 개방적이고 유연한 사고를 가지고 대응하는 것이 필요하다. 조직의 성과를 높이기 위한 협업을 조직 내에 정착시키려면 최고관리자의 마인드와 이를 뒷받침할 수 있는 협업의 제도와 문화, 협업 결과에 대한 정확한 성과평가와 그에 따른 정당한 보상을 주는 보상제도가 반드시 뒷받침되어야 할 것이다.

결국 조직은 보다 높은 성과를 달성하기 위하여 창의적 아이디어를 필요로 하고 수준 높은 창의적 아이디어는 개인이 아니라 개인이 모여 협업하는 과정에서 나오는 집단창의성을 통하여 얻을 수 있기 때문에 혁신을 요구하는 조직은 협업으로 나아가야만 할 것이다. 협업은 개인이 달성할 수 있는 성과를 넘어선 집단창의성이 가져다주는 시너지를 불러 일으켜서 창의적 조직을 더욱 발전시켜줄 것이다.

미술의 역사를 바꾼 위대한 발명 튜브물감과 인상주의

고대 화가들의 경우 점토, 먹지, 혹은 분필을 이용하여 그림을 그렸다. 이렇게 유기적인 재료들로 만든 안료들은 매우 안정적이고 내구성이 있어서 오늘날에도 사용되고 있고 그 제조법도 고대에 만들었던 방식과 유사하다.

중세의 화가들은 대개 직접 물감을 만들거나 조수나 조색가들의 도움을 얻어서 물감을 만들었다. 화가들이 쓰는 물감은 만들기가 쉽지 않고 시간이 많이 소요되며 제조비용이 비싸다. 그 과정을 살펴보면, 장인이나 약재상으로부터 미가공 상태의 안료를 구매한 다음에 이를 평평한 대리석 판이나 유리판 위에 두고 유리로 된 공이를 이용하여 손으로 빻아서 가루로 만든다. 그 다음 보조물질(왁스, 계란, 오일)을 혼합하여 물감을 만들었다. 당대의 유명한 화가들은 다수의 제자, 조수와 조색가들을 작업실에 갖추고 공장처럼 물감제작을 시키면서 그림을 그렸다고 한다. 이렇게 만든 물감은 즉시 작업실에서 사용하거나 작은 용기나 동물의 가죽으로 만든 주머니 혹은 소나 돼지의 방광에 담아서 보관하였다고 한다. 이런 물감은 실내에서 작업할 때 쓰기에 나쁘지 않았지만 야외에서 쓰기에는 불편하였다. 자주 용기가 터지거나 물감이 새기 쉽고 한번 사용하면 다시 밀봉하지 못하기에 물감이 굳어버리므로 재사용할 수 없다는 게 가장 큰 단점이었다. 화가들은 심지어 풍경화를 그릴 때에도 실내에서 기억에 의존하여 채색을 하였다.

우리가 사용하는 지금의 유화가 개발되기 전에는 주로 프레스코(fresco)나 템페라(tempera)로 그림을 그렸다. 본격적으로 오늘날의 유화가 시작된 것은 초기 르네상스 시대인 15세기경 플랑드르의 화가 얀 반 아이크(Jan Van Eyck, 1390~1441)에 의한 것이라고 한다. 얀 반 아이크는 프레스코와 템페라의 문제점을 보완하기 위한 실험을 하는 가운데서 오늘날의 유화와 같이 안료에 테레빈의 일종인 브루게스 화이트바니시(bruges white varnish)를 린시드와 섞어서 쓰면 물감을 다루기가 쉽고 바니시의 양에 따라 건조속도를 조절할 수 있다는 사실을 알게 되었다. 얀 반 아이크는 그의 형제와 함께 고민하면서 유화를 발전시켰는데 그 유화는 색채의 투명도가 우수하고 화면의 건조가 비교적 빠른 이점이 있었다. 그 후 후대의 사람들에 의하여 발전을 거듭하였다.

18세기 산업혁명의 초기에 화가가 사용하는 색과 재료의 신세계가 개척되었다. 1832년에는 영국에 설립된 윈저 앤 뉴튼(Winsor & Newton)사는 고품질과 오랫동안 사용 가능한 새로운 재료들을 생산하려고 노력하였다. 유리로 만들어져서 실험관 같았던 첫 번째 튜브는 시도는 좋았지만 깨지기 쉽고 사용하기 불편했다. 1841년에 영국의 초상화 화가인 존 랜드(John G. Rand)는 어떻게 하면 물감을 잘 보관하고 휴대할 수 있을지 고민하였다. 화가였던 존 랜드는 팔레트에 있는 물감이 늘 마른다는 점에 불안감이 많았다. 고민 끝에 물감을 짜서 작은 아연 튜브에 물감을 넣어보았다. 이렇게 1841년에 세계 최초로 실용적으로 포장한 금속 튜브가 만들어지게 되었다. 그리고 1860년 영국의 화가 헨리 뉴튼(Henry Newton)이 주석 튜브를 시험적으로 사용하였다. 주석 튜브는 주석으로 만들어서 스크류 캡으로 밀봉할 수 있으며 접을 수 있는 튜브는 물감의 수명을 연장시켜 주고 물감이 새지 않으며 뚜껑을 반복적으로 여닫을 수 있어 물감을 재사용할 수 있게 해주었다. 헨리 뉴튼은 여기서 더 나아가 보다 질높은 튜브물감을 개발하기 위하여 안료 과학자 윌리엄 윈저(William Winsor)를 만나서 안료의 주요 성능과 특성에 관한 지식을 교환하였다. 이와 같이 그림을 그리는 화가가 색감과 색상을 연구하는 안료과학자와 협업함으로써 보다 품질이 좋고 오랫동안 사용가능하며 휴대하기 쉽고 간편한 튜브형 유화물감을 윈저 앤 뉴튼사를 통하여 생산하게 된 것이다. 이처럼 분야가 다른 전문가가 서로 만나서 논의하면 새로운 아이디어를 얻기가 쉽고 서로가 알지 못하는 새로운 아이디어를 만들어 내기가 쉬워진다.

　　이와 같이 19세기에 들어오면서 화가가 실험적으로 사용해 볼 수 있는 값이 싸고 새로운 물감이 만들어졌다. 화가들은 산업 화학자들이 만든 크롬 노랑과 에메랄드 녹색과 같은 새로운 튜브안료들을 살 수 있게 됨에 따라서 더 이상 직접 색을 만드느라 고생할 일이 없어졌다. 화가들은 팔레트에 사용할 색을 다 짜놓고 아주 짧은 순간도 놓치지 않고 화폭에 기록할 수 있게 되었다. 그리고 화가들에게 물감을 판매했던 화구상들은 동일한 질과 일정한 표준에 따르는 새로운 색을 대량으로 생산하기 위하여 공장을 설립했다. 물감의 제작이 화가가 작업실에서 직접 제작하던 것에서 생산자나 기술자가 제작하는 방식으로 변화하면서 화가는 온전히 창작에만 몰두할 수 있게 되었다. 이로써 물감을 쉽고 유연하게 운반, 저장, 사용할 수 있게 되었다. 화가들은 작업실에 벗어나 마음껏 야외에서 그림을 그릴 수 있게 되었다.

〈튜브물감 이전 시대에 안료를 가는 화가의 조수〉

　미술의 역사를 바꿀 만큼 혁신적인 아이디어는 과연 어떤 것이었을까? 실제 공간을 그림에 옮길 때 깊이를 표현하는 원근법 덕분에 르네상스 시대에 수많은 걸작품이 나왔고 야외에서 그림을 그릴 때 꼭 필요한 튜브물감의 발명으로 인상주의 회화가 등장하였다. 또한 넓은 벽에 손쉽게 색을 입힐 수 있는 스프레이 캔 덕분에 그라피티 예술이 탄생하였다. 오늘날 더 이상 특별하지 않지만 이러한 발명과 발견을 통해 새로운 예술장르가 탄생하게 되었다.

　인상파가 19세기에 등장한 배경에는 튜브물감의 역할이 크다. 화가들이 작업실에서 벗어나 마음껏 야외에서 그림을 그릴 수 있게 되었기 때문이다. 특히, 튜브물감은 빛과 시시각각으로 움직이는 색채의 변화 속에서 자연을 묘사하고, 색채나 색조의 순간적 효과를 이용하여 눈에 보이는 세계를 정확하고 객관적으로 기록하고자 한 인상주의의 발전에 결정적인 역할을 하게 되었다. 많은 화가가 이 흐름에 합류했고 변화를 선도했던 이들은 오랜 규칙을 뒤집기 때문에 걱정과 우려의 대상이었다. 그러나 조롱과 비판에도 소신을 굽히지 않고 새로운 변화를 선도하였다.

〈튜브물감〉

　　피에르 오귀스트 르누아르(Pierre-Auguste Renoir)는 "튜브물감이 없었으면 세잔, 모네, 피사로도 없고 인상주의도 없었을 것이다."라고 물감을 발명한 사람에 대한 존경심을 표현하였다. 이 작은 발명이 회화의 장을 바꾸고 새로운 문화를 꽃피우게 하였다. 그리고 이러한 아이디어는 치약, 크림, 화장품, 의약품 등의 포장용기로 널리 사용되고 있으며 새로운 튜브시대를 열었다. 오늘날 유화의 기법은 작가들마다 다르며, 상상의 범위를 넘는 새로운 시도들도 이루어지고 있다.

참고문헌

가너드, 하이디(2017), "스타급 인재를 협업으로 이끄는 길," 「Harvard Business Review Korea」, 1–2월호.

김윤권(2014), 「정부조직관리의 협업행정에 관한 연구」, 한국행정연구원.

김한준(2016), 「현장의힘」, 한국경제신문.

그랜트, 애덤(Adam Grant)·리벨, 렙(Reb Rebele)·크로스, 롭(Rob Cross)(2016), "협업이 초래하는 과중한 짐," 「Harvard Business Review Korea」, 1–2월호, pp. 79–89.

비어드, 엘리슨(2015), "현실적 협업," 「Harvard Business Review Korea」, 9월호, pp. 146–147.

이장원·김대환·안정호(역)(2011), 「협업」, 교보문고.

이준기(2012), 「오픈 콜라보레이션」, 삼성경제연구소: 서울.

이호건·장준수(2016), 「콜라보파워」, 책이있는마을.

장현희(역)(2013), 「협업의 기술」, 제이펍.

차백만(역)(2012), 「콜라보」, 유비온.

플린, 프란시스(Francis J. Flynn)·브라운–사라시노, 브룩(Brooke Brown–Saracino)·엘스바흐, 킴벌리(Kimberly D. Elsbach)(2015), "창의적인 동료와 협업하기," 「Harvard Business Review Korea」, 10월호.

Balland, P. A.(2012), "Proximity and the Evolution of Collaboration Networks: Evidence from Research and Development Projects within the Global Navigation Satellite System (GNSS) Industry," *Regional Studies*, Vol. 46, pp. 741–756.

Bernala, B. and R. Levy(2014), "Collaboration Networks in a French Cluster: Do Partners Really Interact with Each Other?," (https://hal.archives–ouvertes.fr/hal–00995175).

Brennan A., Chugh, J. S., and T. Kline(2002), "Traditional Versus Open Office Design: A Longgitudinal Filed Study," *Environment and Behavior*, Vol. 34(3), pp. 279–299.

Burkus, D.(2016), *Under New Management*, Houghton Miffilin Harcourt Publishing Co.

Crommity, J. and U. De Stricker(2011), "Silo Persistence : It's not the Technology, Its' the Culture!," *New Review of Information Networking*, Vol. 16(2), pp. 167−184.

Cross, R., Parker, C. and S. P. Borgatti(2002), "Making Invisible Work Visible: Using Social Network Analysis to Support Strategic Collaboration," *California Management Review*, Vol. 44(2), pp. 25−68.

Dilts, R. B.(2016), *Generative Collaboration*, Dilts Strategy Group: CA(U.S.A.).

Economist Intelligence Unit(2008), "The Role of Trust in Business Collaboration," *The Economist* : London (https://graphics.eiu.com/upload/cisco_trust.pdf).

Evans, G. W. and D. Johnson(2000), "Stress and Open−Office Noise," *Journal of Applied Psychology*, Vol. 85(5), pp. 779−783.

Forbes(2011), "Breaking Down Silos," (http://onforb.es/uFZlwz).

Foster, R. W.(2010), "Breaking Down the Silos," *Point of Beginning*, Vol. 35(1), pp. 40−41.

Gardner(2017), H. K., *Smart Collaboration*, Harvard Business Review Press : Boston, Massachusetts.

Galinsky A. and M. Schweitzer(2015), *Friend and Foe*, Crown Business : New York.

Gratton, L. and T. J. Erickson(2007), "Eight Ways to Build Collaborative Teams", *Harvard Business Review*, Vol. 85(11), pp. 101−109.

Hager, M. A. and T. Curry(2009), "Model of Collaboration," ASU Lodestar Center.

Hansen, M. T.(2009), *Collaboration*, Harvard Business Review Press : Boston, Massachusetts.

Harvard Business Review Press(2016), *Virtual Collaboration*, Boston, Massachusetts.

Hoekman, J, Frenken, K, R. J. W. Tijssen(2010), "Research Collaboration at a Distance : Changing Spatial Patterns of Scientific Collaboration within Europe," *Research Policy*, Vol. 39, pp. 662−673.

Kim J. and R. De Dear(2013), "Workspace Satisfaction: The Privacy−Communication Trade−off in Open−Plan Offices," *Journal of Environmental Psychology*, Vol. 36, pp. 18−26.

Kozuch, B.(2009), "The Culture of Collaboration, Theoretical Aspect," *Journal of*

Intercultural Management, Vol. 1(2), pp. 17−29.

Lee, S. Y. and J. L. Brand(2005), "Effects of Control over Office Workspace on Perceptions of the Work Environment and Work Outcomes," *Journal of Environmental Psychology*, Vol. 25(3), pp. 323−333.

Mattessich, P. W., Murray−Close, M. and B. R. Monsey(2001), *Collaboration : What Makes It Work(2nd Edition)*, Fieldstone Alliance : U.S.A.

Noori, H. and A. Tan(2013), "Maximizing Your Organization's Collaborative Capacity Through Goal−Based Transient Collaborations," *Journal of Global Strategic Management*, Vol. 14, pp. 89−101.

Pejtersen J. H., Feveile, H., Christensen, K. B., and H. Burr(2011), "Sickness Absence Associated with Shared and Open−Plan Offices : A National Cross−sectional Questionnaire Survey," *Scandinavian Journal of Work, Environment and Health*, Vol. 37(5), pp. 376−382.

Pitt, J.(1998), *Community-Based Collaboratives : A Study of Inter-organizational Cooperation at the Neighborhood Level*, Aspen Institute : Washington, D.C..

Salonen, E.(2012), "Designing Collaboration," MA Communication Design : MA(U. S.A)

Sawyer, K.(2017), *Group Genius; The Creative Power of Collaboration*, Basic Books : New York.

Stone, F.(2004), "Deconstructing Silos and Supporting Collaboration," *Employment Relations Today*, Vol. 31(1), pp. 11−18.

Talsma, T. H.(2016), "Eliminating Silos in Regionally Distributed Organizations to Encourage Knowledge Sharing," Grand Valley State University, Senior Projects. Paper 8(http://scholarworks.gvsu.edu/lib_seniorprojects/8).

Tett, G.(2015), *The Silo Effect*, Simon & Schuster Paperbacks : New York etc.

Tschannen−Moran, M.(2001), "Collaboration and The Need for Trust," *Journal of Educational Administration*, Vol. 39(4), pp. 308−331.

저자 소개

● 강상목(姜尙穆)

현재 부산대학교 경제통상대학 학장 겸 경제통상대학원 원장으로 재직 중이다. 부산대 경제학과에서 학사, 석사, 박사학위를 받았다. 미국의 Department of Economics, University of Chicago에서 2년간 수학하면서 George Tolley교수 및 Gale Boyd 박사(Duke대 교수)와 공동연구하였다. 이후 Purdue University, Oregon State University, University of Connecticut에서 방문학자 및 연구원으로 Ralf Färe, Shawna Grosskopf, Jeff Reimer, Subhash Ray 교수와 효율성 및 생산성 관련 주제를 공동연구하였다.

지금까지 SSCI와 등재지 등 학술논문으로 130여 편을 저자 혹은 공동저자로 게재하였고 총 27건의 저서 및 연구보고서를 발간하였다. 대표적 저서로는 「효율성, 생산성, 성과분석」(법문사, 2015), 「환경과 인간」(율곡출판사, 공저, 2000), Energy, Environment and Transitional Green Growth in China(Springer, 공저, 2018), Green Growth: Managing the Transition to a Sustainable Economy(Springer, 공저, 2012) 등이 있다. 학술수상 경력은 국토연구원의 최우수논문상(2009), 우수논문상(2011), 한국환경정책학회의 최우수논문상(2014)이 있다.

부산대 경제학과 교수 및 부산대 일반대학원 글로벌경제컨설팅 계약학과의 주임교수로서 주로 환경과 자원경제, 효율성과 생산성, 기업과 산업경제 분야의 강의를 담당하고 있다. 학회활동으로는 현재 한국환경경제학회 수석부회장(차기 학회장) 겸 편집위원장, 한국환경정책학회 이사 등으로 봉사하고 있다. 직장경험으로는 에너지관리공단, 통계청, 환경정책평가연구원(KEI), 미국 시카고 RCF컨설팅회사(Chief Project Analyst) 등에서 근무한 바 있다.

본서 출간의 계기는 직장 생활을 하면서 대학원 과정에 다니는 학생들과 대화하면서 협업(Collaboration)에 관한 아이디어를 얻게 되었다.

● 박은화(朴銀花)

현재 현대차증권 울산중앙지점장으로 재직 중이다. 부산대에서 경제학박사 학위를 받았다. "한국 증권산업의 생산용량에 기초한 단기비용효율 측정과 분해" 등 증권업과 관련된 세 편의 논문을 게재하였다. CJ그룹, 현대중공업그룹, 현대차그룹 등에서 특강 프로그램을 진행하였다. 경상일보에 주간증시 동향을 기고하고 있고 금융투자협회를 통해 강의 및 부산일보 돋보기에 정기적으로 글을 기고하고 있다. KBS라디오 방송 및 MBC TV 방송 매체를 통해 주식동향 및 금융상식에 대해 방송한 바 있다.

부산대 일반대학원의 글로벌경제컨설팅 계약학과 겸임교수를 맡으면서 대학원 과정에 다니는 학생들에게 협업(Collaboration)을 강의하고 있다.

협업과 창의적 조직
– 협업은 어떻게 창의적 조직을 만드는가?–

2018년 7월 1일 초판 인쇄
2018년 7월 10일 초판 발행

공 저	강 상 목 · 박 은 화	
발행인	배 효 선	

발행처　도서출판　**法 文 社**

주 소 10881 경기도 파주시 회동길 37-29
등 록 1957년 12월 12일 제2-76호(윤)
TEL (031)955-6500~6 FAX (031)955-6525
e-mail (영업) bms@bobmunsa.co.kr
　　　　(편집) edit66@bobmunsa.co.kr
홈페이지 http://www.bobmunsa.co.kr
조 판 (주)성 지 이 디 피

정가 22,000원　　　ISBN 978-89-18-10255-9